KB153537

부의 혁명

부의 혁명

미래의 부는 어떻게 오는가

제프리 E. 가튼(예일 대학교 경영대학원 학장) 지음

강남규 옮김

|참솔|

지난 35년 동안
내 인생의 중심이었던 INA에게 이 책을 바칩니다.

THE
POLITICS

OF

FORTUNE

지은이의 고백

9 · 11 테러와 엔론 사태라는 격동의 와중에 이 책은 쓰여졌다. 내 글이 한권의 책으로 탄생하는 과정에 참여해준 모든 이들에게 감사드린다. 촉박한 출판일정에도 불구하고 헌신적으로 도와준 이들이 없었다면 이 책은 세상에 선보이기 힘들었을 것이다.

특히 지은이는 프리랜스 편집자인 사라 리핀코트, 하버드 비즈니스 스쿨 출판사 Harvard Business School Press의 편집장 커스텐 샌드버그를 비롯해 아만다 엘킨, 어린 코리, 줄리 드볼 등으로부터 많은 도움을 받았다.

그리고 오랜 동안 지은이의 에이전트로 활동하고 있는 레이프 새거린에게도 감사의 뜻을 전하고 싶다. 또한 조교인 윌 워커는 촉박한 마감이 주는 스트레스를 꿋꿋이 견디어내면서 방대한 자료를 조사해주었다. 그 덕분에 지은이는 이 책을 무사히 탈고할 수 있었다.

메리 앤 그린은 주말도 잊은 채 밤새워 원고를 정리해주었다. 지은이가 이 책에 앞서 쓴 두권의 책도 그녀의 도움이 있었기에 출판될 수 있었다. 감탄스러운 능력을 발휘해주면서 늘 밝은 표정으로 어려운 작업을 인내해준 그녀에게 특별한 감사의 마음을 전한다.

2002년 8월
코네티컷 뉴 헤이븐에서

1_ 세계는 지금 지각변동의 시대

비즈니스 리더는 무엇을 해야 하나

차세대 리더가 가져야 할 힘

"진정 차세대 비즈니스 리더가 가져야 할 힘은 무엇인가?" 예일 대학교 경영대학원 학장인 지은이의 마음을 사로잡고 있는 화두는 바로 이것이다. 상아탑의 일원으로서, 누군가를 가르쳐야 하는 선생으로서 오랜 시간 동안 이 화두에 집중하였다. 그 결과 사회적 · 경제적 · 정치적 환경을 어떻게 이해하고 판단할 것인지를 알려주는 게 비즈니스 교육의 핵심이라고 생각하게 되었다.

차세대 비즈니스 리더들이 살아갈 '세계'는 미국이 1980년대 이후 누려왔던 황금기와는 아주 다른 곳이다. 아무도 예상하지 못했던 두 가지 사건이 흐름을 완전히 바꿔놓았기 때문이다. 바로 2001년 9·11 테러와 엔론-아서 앤더슨Enron-Arthur Andersen LLP의 회계부정 사건(엔론 사태)이었다.

9·11 테러는 '안전한 땅'이라고 여겨왔던 아메리카 대륙에서 살아가고 있는 사람의 생명과 안전 문제를 표면화하는 계기였으며 경제에 엄청난 변화를 야기했다.

엔론 사태는 미국식 자본주의의 도덕성을 한순간에 흔들어놓았다. 이후 줄줄이 불거진 기업의 각종 불법과 탈법행위는 미국이 그토록 자랑하던 투명경영·주주가치·시장규율이 의미없는 수사에 지나지 않았음을 여실히 보여주었다.

두 사건은 경영에도 새로운 위험을 내포하고 있다. 테러는 직원의 생명을 위협할 뿐 아니라 생산설비의 안전과 경영활동의 지속성마저 감소시켰다. 게다가 경영자가 안전 등에 들어갈 비용을 예측할 수 없게 했다. 비용의 불확실성을 키운 것이다.

엔론 사태는 '기업이 외부의 감시나 간섭을 받아야 한다'는 논리에 힘을 보태주었다. 의회, 투자자, 미디어 등이 최고 경영자, 이사회, 금융시장 감독자, 신용평가회사 등을 의심의 눈초리로 지켜보게 된 것이다.

총체적인 의미에서 9·11 테러와 엔론 사태는 시장자율을 근간으로 하는 열린 사회의 생명력을 약화시키는 결과를 낳았다. 자본주의 사회가 딛고 서 있어야 할 상호간의 신뢰가 두 사건으로 인해 무너졌다는 얘기다.

또한 두 사태는 정부가 시장에 직접 개입하는 것이 정당하다는 논리를 부활시켰고, 개입범위가 어느 정도여야 하는지가 중요한 논점으로 떠올랐다. 19세기 말처럼, 정부가 야경국가의 기능을 뛰어넘어 사회의 여러 부문에 간섭하고 나설 가능성이 높아졌다는 것이다.

정부의 입김이 커질수록 비즈니스 리더의 활동범위는 줄어들기 마련이다. 기업이 무엇을 생산하고 어떤 서비스를 제공할 것인지 결정할 수 있는 범위도 축소된다. 또한 시장의 활력이 떨어지기도 한다. 기업의 수익이 하락할 뿐 아니라 경제성장도 위축될 가능성이 높다. 게다가 비즈니스 리더는 국가의 후생을 유지·향상시키는데 주변인으로 전락할 수도 있다.

정부는 '작을수록 좋다'는 논리가 힘을 잃고 '선한 목적'이라면 경제와 시장을 좌지우지해도 좋다는 주장이 힘을 얻을 가능성이 높다. 그렇게 되면 기업의 경영활동 비용이 증가하고, 위험을 감수하며 혁신할 수 있는 기회가 줄어들 것이다.

국가안보를 이유로 테러리스트에 대한 정보수집과 감시를 강화할수록 개인의 프라이버시와 자유는 침해될 수밖에 없다. 국방예산이 늘어나는 만큼 경제성장과 개인의 복지에 필수적인 투자가 위축되는 것이다. 또한 자본이동에 대한 감시가 철저할수록 활발해야 할 국제교역과 이민이 줄어들 수밖에 없다. 미국이 테러와의 전쟁을 명분으로 전세계 국가들과 공조할수록 자유무역 확대를 위한 노력은 뒷전으로 밀려나기 마련이다.

엔론 사태에 이어 발생한 월드컴WorldCom, Inc 파산으로 불거진 기업 내부자들의 파렴치한 행태에 많은 사람들이 분노하고 있다. 그러나 금융시장의 복잡한 속내를 고려하지 않고 내부자의 불법과 탈법행위를 막기 위해 새로운 법규정을 제정하거나 기존 법규정을 강화하면, 기업은 신규투자를 꺼리게 되고 그 결과 경제성장이 둔화될 가능성이 높다. 일자리 창출, 신기술 개발, 지역사회 발전 등이 제대로 이루어지지 않게 되는 것이다.

지은이는 공화당과 민주당 정부에서 모두 일해본 경험을 갖고 있다. 닉슨, 포드, 카터, 클린턴 행정부를 위해 일했기 때문에 이데올로기적 편향에 물들지 않았다고 자신할 수 있다.

시장과 기업활동이 자유로워야 한다고 믿는 반면, 안전 · 안보와 시장이 위기를 맞았을 때는 정부가 효과적으로 대처할 수 있다는 점을 인정한다. 극단적인 시장 자유를 부르짖거나 정부의 개입을 상찬하는 것은 터무니없는 변덕이라 여기고 있으며, 모든 사람이 부당하게 시장경제를 비난하거나 정부의 구실을 폄하할 때 균형을 잡아주려고 노력했다.

이런 점에 비추어볼 때 지금 이 순간은 정부가 너무 앞서 나간다고 누군가가 비판해야 할 때라고 본다.

테러와 엔론 사태 등으로 정부는 무언가 획기적이고 분명한 정책을 내놓아야 한다는 중압감에 시달리고 있는 듯하다. 그렇다고 개인의 삶과 자유를 억압할 정도로 극단적인 대책을 내놓으라고 주문할 수는 없지 않은가?

더욱이 정부가 경제의 근간인 시장의 활력을 떨어뜨릴 정도로 간섭하고 압박하는 것은 타당하지 않다. 안방까지 위협하는 테러를 막기 위해 물샐 틈 없는 장벽을 치는 것은 좋지만 그만큼 시민의 일상적인 삶은 달라질 수밖에 없기 때문이다.

미국인은 이미 엔론 사태에 버금가는 금융·경제 스캔들을 이미 경험한 적이 있다.

1990년 드렉셀 번햄 램버트Drexel Burnham Lambert(정크본드의 황제 마이클 밀켄 등의 스캔들로 부당 내부자 거래 등을 일삼다 들통난 금융회사)와 1998년 롱텀 캐피털Long-Term capital Management(월스트리트 부호들의 자금을 끌어모아 러시아 등에 투자하다 파산한 회사) 사태를 통해 기업 내부자의 부도덕성, 이해상충(개인의 사적인 이해가 업무수행 과정에서 객관성을 유지하기 어렵도록 영향을 미치는 경우), 투명성 부족 등이 어떤 결과를 낳는지 생생하게 체험했다. 그렇다고 미국 경제 시스템과 기업의 지배구조 등을 근본적으로 부정하지는 않았다.

그럼 무엇이 문제인가. 정부의 시장개입이 본격화하고 새로운 법규가 제정되면 타성이 막강한 힘을 발휘한다. 법규는 시장 상황과 경제 여건 등이 변했는데도 화석처럼 굳어져 폐기하기 어렵고 정부의 시장개입은 더욱 강화되는 경향을 보인다.

'위대한 사회 건설' Great Society과 '거대 정부' Big Government 등 1960~70년대 논리를 곱씹어볼 때, 한번 확장된 정부의 기능을 축소하기란 여간 어려운 일이 아니었다. 실제로 당시 정부의 기능이 얼마나 확대되었는지는 국내 총생산GDP 대비 조세부담률,

정부 법규의 복잡함과 방대함, 정부의 자의적인 법적용 실태를 살펴보면 여실히 드러난다.

한마디로 지난 20세기 정부의 권한과 기능은 1차세계대전, 대공황, 2차세계대전을 겪으면서 오직 팽창해왔을 뿐이다.

1987년 영국 경제전문 주간지인 『이코노미스트』가 선진국의 정부는 어떤 기능을 하고 있는지 조사한 바 있다.

누가 거대 정부의 시대는 이미 지났다고 말하는가? 20세기 초 산업화한 국가의 재정 규모는 국민소득의 1/10 수준이었지만, 지난해 (1986년) 거의 절반에 육박했다 (미국의 재정 규모는 그 기간 동안 3%에서 33% 수준으로 10배 이상 늘어났다). 10년의 세월이 흐르고 또다른 10년의 세월이 지나면서 정부의 재정 규모는 오직 한 방향으로만 움직였다. 증가했을 뿐이다![1]

역사적 경험에 비추어보면서, 9 · 11 테러와 엔론 사태 이후 세계의 각국 정부가 어떤 방향으로 움직이고 있는지 눈여겨볼 필요가 있다.

미국 등 주요 국가의 정부는 1989년 베를린 장벽이 무너진 이후 정치적 자유와 경제 개방을 추진하는 쪽으로 움직여왔다. 하지만 테러와 엔론 사태 이후 정반대의 방향으로 반전하려는 움직임을 보이고 있다. 규제완화, 공기업 민영화, 국경을 뛰어넘는 자본 · 상품 · 용역 · 인력 이동의 자유화가, 이제는 과거의 추억으로 변할 가능성이 높아지고 있다는 얘기다.

규제완화, 민영화, 자유화 등을 중단했을 때 여기서 어떤 비용을 치러야 할지 계산하기란 쉽지 않다. 기업가의 모험정신을 억제했을 때 지불해야 할 비용이 얼마인지 어떻게 계산할 수 있겠는가? 우리가 더이상 누릴 수 없게 될 상품과 서비스의 가치도 측정할 수 없을 뿐 아니라, 사람들의 재능과 에너지가 법규를 근거로 얼마나 억압될 것인지도 알아볼 수 없다.

계량화할 수 없는 비용에는 중국과 멕시코 등이 자유무역 확대로 얻을 수 있는 이익을 더이상 얻을 수 없을 때 치르게 될 비용도 포함되어야 한다. 이들 나라의 수많은 사람들은 자유무역 확대가 계속 추진된다면, 지금보다 더 나은 생활을 즐길 수 있을 뿐만 아니라 개인의 자유도 신장될 수 있을 것이다.

가장 중요하지만 계량화할 수 없는 손실은, 정부의 간섭이 강화되는 바람에 빚어질 개인의 자유와 프라이버시의 침해다. 지금까지 당연한 것으로 여겨졌던 자유가 비용을 지불해야 누릴 수 있게 되거나, 어떤 비용을 치르고서도 얻을 수 없게 될 가능성이 높아진다는 얘기다.

전략적인 변곡점 시대

인텔 회장인 앤드루 그로브Andrew Grove의 말을 빌려 표현한다면, 세계 각국은 '전략적인 변곡점' Strategic Inflection

Point에 서 있다고 말할 수 있다. 즉, 기본 전략을 수정하고 국가의 발전 방향을 바꾸어야 하는 기로에 서 있다는 것이다.

그로브는 1996년에 출간한 『생존의 강박관념Only the Paranoid Survive』에서 기업 등에 닥쳐오는 전략적인 변곡점의 예를 소개하였다.

일본 기업이 1980년대 새로운 기술과 전략으로 메모리 칩을 생산하여 시장을 석권했을 때다. 마침 개인 컴퓨터 시대의 여명기였던 그 순간 인텔 등 미국의 기업들은 일본 기업의 도전에 직면해 전략적으로 방향을 전환하지 않았다면 생존하지 못했을 것이다. 즉, 메모리 부문을 포기하고 비메모리 분야에 집중적으로 투자했기 때문에 펜티엄 시리즈를 개발해 세계시장을 석권할 수 있었다는 얘기다. 그로브는 바로 이런 변화를 추동하는 '힘'을 강조한 것이다.[2]

전략적인 변곡점은 비즈니스 리더나 기업에게만 해당하는 게 아니다. 정치적·경제적·사회적 분위기의 변화 때문에 발생하기도 한다. 1930년대 대공황, 1941년 일본의 진주만 기습, 히로시마·나가사키에 원자폭탄 투하, 중국의 개방과 개혁, 베를린 장벽의 붕괴 등이 대표적인 예라고 할 수 있다.

그리고 미국이 어떤 방향으로 선회할지는 일단 접어두더라도 9·11 테러와 엔론 사태 또한 전략적인 변곡점이라고 할 수 있다. 두 사건의 어느 하나를 따져보더라도 기존 세계의 종말과 새로운 세계의 시작이라고 판단할 수 있을 뿐만 아니라, 두 사건이 함께

끼친 영향을 볼 때 세계는 새로운 지각변동의 시대에 진입했다고
말할 수 있다.

9·11 테러와 엔론 사태 이전인 2000년 초 미국 증시를 다시 상
기해볼 필요가 있다. 기억의 저편에 머물고 있는 먼 과거처럼 보
이지만 겨우 2년 정도 흘렀을 뿐이다. 그때 미국 등 주요 나라의
증시는 새로운 천년의 희망과 인터넷 투기 열풍에 휩싸여 하늘
높은 줄 모르고 치솟고 있었다.

전세계의 경제는 하루가 다르게 통합되어 모자이크 형태를 탈
피하고 있었으며, 기업은 재고자산의 감소에 즐거운 비명을 질렀
으며, 정보통신의 발달로 제때에 필요한 만큼 제품과 서비스를
유통시키며 경영혁신을 구가했다. 비용절감을 위해 세계 구석구
석을 생산기지로 삼아 전지구적인 물류망을 앞다투어 구축해 나
가고 있었다.

미국인은 1980년대 중반 이후 초장기 대세상승세를 보이고 있
는 증시에 믿음과 애정어린 눈길을 주고 있었으며, 주식투자 열
풍은 아시아의 중국에서 라틴 아메리카의 부에노스 아이레스까
지 거세게 몰아쳤다. 제너럴 일렉트릭의 전직 최고 경영자 잭 웰
치Jack Welch와, 시스코 시스템스의 대표 존 챔버스John Chambers
는 영웅이었으며 시대의 상징이었다.

세계 각국도 나름의 '잭 웰치'와 '존 챔버스'를 갖고 있었다.
투자자와 일반 시민들이 자국의 '잭 웰치'에 가슴이 떨렸고, '존
챔버스'에 흥분했던 것이다. 엔론은 '신경제의 기수'로서 각광받

았다. 규제완화는 주요 나라의 행동철학이었으며, 미국은 세계화를 가속화하기 위해 무역과 투자 장벽을 무너뜨리는데 외교역량을 총동원했다. 시장개방이 시대정신이었고, 국제정치의 화두였으며, 국경은 의미없는 선으로 전락했다.

각국의 정치 엘리트와 비즈니스 리더들은 평화와 번영의 시대가 눈앞에 와 있다고 확신했으며 미국 자본주의가 최고의 모델이라는데 의견을 같이했다.

그러나 2000년 당시의 이런 풍경은 이미 빛바랜 사진이 되어버렸다. 테러와 엔론 사태 이후 기업들은 몸을 움츠리고, 도전적이며 과감한 혁신보다는 회계장부를 좀더 꼼꼼하게 작성하는데 열중하고 있다. 영웅으로 대접받던 최고 경영자는 사라진 지 오래되었다.

심지어 '베를린 장벽이 무너진 뒤 사회주의 영웅들이 받았던 대접만큼도 못 받고 있는 게 요즈음 비즈니스 리더들이다.' 3) 특히 '비즈니스 리더는 얼마 전까지 제왕적인 추앙과 존경을 받으면서, 기업의 구세주, 미국 경제의 지도자 등으로 상찬되었지만 어느날 갑자기 지탄받고 공격받는 존재로 전락했다.' 4)

미국과 세계경제가 톱니바퀴에 모래가 끼인 것처럼 삐그덕거리기 시작했고, 기업경영에 들어가는 비용은 치솟았다.

미국의 경제잡지 『포천』은 2001년 9 · 11 테러 이후, 미국 기업이 2002년에 부담해야 하는 안전비용 등이 눈덩이처럼 불어나기 시작했다고 지적했다. 물류비용이 급증해 무려 650억 달러에 이를 전망이고, 각종 보험료 등으로 350억 달러가 들어갈 전망이라고 전했다.

또한 기업은 생산설비와 직원들의 안전을 위하여 180억 달러를, 사이버 테러를 대비하기 위해서는 150억 달러를, 여행과 물류의 안전에는 120억 달러를 추가로 부담해야 한다고 『포천』은 내다보았다.[5]

미국 기업들이 추가로 부담해야 하는 비용을 모두 합산하면 무려 1,500억 달러에 이르고, 국내 총생산의 1.5%에 달한다.

이 비용은 앞에서도 설명했지만, 첨단 보안시스템이 추가로 설치된 건물 등을 임대하고, 인터넷 시스템의 침입을 차단하며, 출장과 여행시간 연장 등에 따른 것이다. 그러나 그 비용의 총액에는 기업의 임직원이 느끼는 심리적 불안에 따른 손실은 포함되어 있지 않다.

스탠더드 & 푸어스Standard & Poor's의 수석 경제분석가인 데이비드 위스David Wyss가 추산한 결과를 보더라도, 미국 기업이 2002년에 추가로 부담하게 될 각종 안전비용은 1,350억 달러에 이른다. 직장과 산업시설의 보안을 위해 200억 달러를 추가로 지출해야 하고, 정보통신의 안전을 보장하기 위해 백업 시스템을 구축하는데 150억 달러를, 그리고 보험료 할증분만도 무려 350억 달러를 더 투입해야 한다는 얘기다.

스위스의 취리히 파이낸셜 서비스 그룹Zurich Financial Service Group의 수석 경제분석가인 데이비드 헤일David Hale은 미국 기업의 2002년 순이익이 각종 비용 증가 때문에 5~6% 정도 줄어들 것이라고 예상했다.[6] 하지만 전문가들이 예측한 비용은, 또다른 테러가 발생했을 때 들어갈 비용과 견주어볼 때 푼돈에 지나지 않는다고 볼 수 있다.

그런데 또다른 비용이 존재한다는 사실을 아무도 눈치채지 못하고 있다. 기업이 테러 등을 염려해 과거보다 많은 재고자산을 보유해야 하기 때문에 엄청난 자금이 묶이게 된다. 또한 개발도 상국의 정치적·경제적·사회적 불안 때문에 해외자본 유입이 줄어들 수 있는데, 이 또한 심각한 손실이 아닐 수 없다. 이는 세계 교역 규모의 축소와 비슷한 효과를 낳을 것이다.

테러와 엔론 사태는 미국 시장에 대한 해외투자자의 믿음을 약화시킬 가능성이 높다. 미국은 '하루 10억 달러'를 해외에서 차입해야 각종 적자를 메울 수 있다. 해외투자가 줄어든다면 심각하고 고통스러운 결과를 낳을 수 있다는 얘기다.

테러와 기업 내부자의 불법행위는 주식시장에도 좋지 않은 영향을 끼칠 것이 분명하다. 테러와 엔론 사태 이후 미국 증시가 입은 상처는 2002년 1분기 이후에도 계속되고 있다. 그 결과 기업, 특히 우량 기업의 가치마저도 시장에서 제대로 평가받지 못하는 상황이 벌어지고 있다. 이는 기업의 자본조달 비용이 증가할 수밖에 없다는 것이고, 미국과 세계경제의 성장이 제대로 이루어지지 않을 가능성이 높다는 얘기다.

그러나 기업의 비용 증가와 경제에 대한 악영향이 '가장 큰 악재'라고 할 수는 없다. 테러와 엔론 사태의 여파를 종합적으로 분석해보면, 전에는 상상조차 할 수 없었던 파장이 일고 있다.

시민의 자유와 개인의 프라이버시가 보호되고, 기업의 자유로운 생산과 경영활동에 필수적인 자유시장의 힘을 신뢰하고, 정부의 개입은 최소한으로 그치는 것이 바람직하다는 '열린 사회의 신념'이 흔들리기 시작하는 현상이 가장 심각한 파장이라고 할 수 있다.

그 신념은 이미 상당 부분 흔들리고 있으며 정부의 개입은 확대되고 있다. 시계바늘이 거꾸로 움직이고 있다는 얘기다. 또한 전세계에서 군사적 긴장이 고조되고 있으며 미국은 자국의 안전에만 집착하는 태도를 보이고 있다.

세계화는 기본적으로 '양날을 가진 칼'이라고 할 수 있다. 교역을 확대하면서도 테러와 마약 등 위험한 거래도 늘어나게 하는 구실을 한다는 것이다. 기업 내부자의 탈법과 불법행위는 미국식 자본주의 모델의 뿌리를 약화할 뿐만 아니라 패권국가로서 미국의 지위를 흔들기에 충분하다.

흔들리는 신뢰, 어떻게 회복할 것인가

선진국이 최근 20여년 동안 진보와 번영의 시대를 그런대로 구가할 수 있었던 것은 공공 - 민간 부문(공적 - 사적 영역)이 적절한 관계를 유지했기 때문이다. 그러나 테러와 엔론 사태 이후 관계가 흔들리기 시작하고 있다.

언론은 1980~90년대 최고 경영자들을 영웅으로 묘사하는 헤드라인을 앞다투어 뽑아냈다. 워싱턴 정가는 시장의 자유를 옹호하는 수사로 가득했다. 또한 비즈니스 리더는 '기업'이 정부의 지원 없이도 경제성장을 이루어낼 수 있는 시대에 미국이 진입했다고 믿었다. 실제로 공공 부문과 민간 부문이 훌륭하게 관계를 유지하고 있었던 것이 경제적 번영의 촉진제였다.

정부가 인터넷을 개발했으나 독점적인 권리를 주장하지 않았고, 연방준비제도이사회FRB가 적절한 금융정책을 실시했으며, 재무부는 안정적인 재정정책을 추진했다.

클린턴 행정부는 자유무역 정책을 꾸준히 밀고 나갔다. 이 모든 요인들이 복합적으로 작용해, 1990년대 초장기 경제호황의 바탕인 '저인플레이션-재정흑자'가 가능했던 것이다.

의회는 금융·물류·통신 부문의 각종 규제를 철폐하는데 적극적이었고, 더욱이 행정부가 팔을 걷어부치고 나선 다자간 무역협상이 통상확대를 낳았다. 바로 이런 사실이 정부와 민간기업이 왜 적절한 균형을 유지해야 하는지를 설명해준다.

세계 각국은 복잡하기 짝이 없는 경제라는 기계장치를 의도하는 방향대로 움직일 수 있는 능력을 갖고 있지 않다. 기업은 거대화했고, 강력한 파워를 보유하고 있으며, 전세계적인 관심대상이 되었다. 또한 기술적으로 매우 복잡한 유기체로 진화했다. 국가는 2차대전 이후 꾸준하게 성장하고 발전해왔지만, 다른 한편에서는 더 취약해져 왔다고 볼 수 있다.

뉴욕 맨해튼의 쌍둥이 빌딩이 무너져 내린 사태가 미국과 세계 경제에 어떤 충격을 주었는지 잘 알려져 있다. 더 나아가 누군가 국가의 핵심 인프라인 에너지 단지, 정보통신 센터, 식료품 공급 라인 등에 테러를 가했을 때 그 피해와 충격이 얼마나 클지 쉽게 짐작할 수 있다.

조금은 다른 얘기지만, 세계적인 명성을 보유하고 있던 기업인 엔론과 아서 앤더슨 등이 얼마나 쉽게 붕괴했는지 우리는 생생하게 목격했다. 따라서 현재 최고 기업이라고 할 수 있는 제너럴 일렉트릭, 메릴 린치 등도 먼지털기를 당하면 하루아침에 몰락할 수 있는 것이다.

취약성은 여러가지이다. 먼저 현대사회의 다양한 요소가 서로 맞물려 돌아가고 있다는 점이고, 다른 하나는 정부와 기업조직 등에 대한 점증하는 투명성 요구라고 할 수 있다. 여기에다 정보통신과 미디어의 발달로 정보의 전달이 빛의 속도로 이루어지고 있고, 공공조직이나 민간조직에 대한 대중의 불이 점점 커지고 있는 점도 중요한 취약성이라고 할 수 있다.

결국 공공 부문이나 민간 부문이 정치 · 경제 · 사회 시스템을 입맛대로 좌지우지하지 못하는 상황이라는 얘기다. 함께 일하고 노력해야 가능하다는 것이다.

공공과 민간 부문의 조화는 미국을 글로벌 시스템 속에서 살펴볼 때 더욱 중요해진다. 세계경제는 몹시 불안하다. 세계경제의 참여자를 통제하거나 관리할 규정 · 기구도 변변치 않다. 지금부터 이런 규정과 제도를 마련해 나간다고 해도 수십년이 걸릴 전망이다. 현재 정치와 비즈니스 리더들은 국민 국가 시스템에 익숙해져 있기 때문에 글로벌화한 임무를 맡기에는 능력이 부족한 것도 사실이다.

세계질서가 무정부 상태에 빠지면 공공이든 민간이든 모두 패닉 상태에 빠져 붕괴될 수밖에 없다. 그러나 두 부문의 리더가 힘을 합해 새로운 질서와 제도를 마련하기 위해 노력한다면 세계경제가 부드럽게 작동하는 혜택을 즐길 수 있을 것이다.

미국은 패권국가로서 할일이 너무나 많지만, 공공과 민간 부문이 마주보지 않는다면 아무것도 이루어낼 수 없다.

향후 몇 년 동안 테러와의 전쟁, 엔론 사태로 추락한 신뢰도를 어떻게 회복할 것인지는 핵심 화두가 될 것이다. 무수한 토론과 논쟁이 벌어질 것이며, 그 결과에 따라 경제와 사회를 지배하는 룰이 바뀌게 될 것이다.

미래에 대해 수많은 질문이 쏟아지고 있다.

시민은 얼마나 자유롭게 여행할 수 있는가? 개인의 프라이버시는 얼마나 희생되어야 하는가? 정부는 금융 · 무역 · 이민 · 통신 등을 얼마나 제약해야 하는가? 한 나라가 전쟁을 수행하면서 국민들이 평화롭고 번영된 삶을 누리도록 할 수 있는가?

누군가는 이러한 질문에 답해야 한다. 이 질문에 대한 정확한 답을 찾는데 가장 중요한 핵심은 '누가, 어떻게'이다.

정부 – 기업의 새로운 파트너십

비즈니스 리더들이 고민해야 할 어젠다(의제)를 제시하는 것이 이 책의 목적이다. 하지만 그 어젠다가 모든 문제를 반영한다고 말할 수는 없다. 단지 복잡하고 난해한 현실을 일부 반영하고 있을 뿐이다.

또한 지은이라고 해서 새로운 패러다임을 정확하게 제시할 수 있는 것도 아니다. 단 기업, 정부, NGO(비정부기구) 등이 함께 움직여 나갈 방향을 그런대로 알고 있을 뿐이다.

기업, 정부, NGO는 어떤 사회를 건설해야 하는지에 대한 비전을 함께 공유할 필요가 있다. 그후 미국 등 세계의 많은 나라가 지키려고 애썼던 시민의 자유를 얼마만큼 제한할 것인지 결정해야 한다.

각 부문의 리더들은 군사적인 관점이 아닌 경제적인 관점에서 안보논리를 재구성할 필요도 있다. 리더들은 국내 문제가 세계적 이슈가 될 수 있다는 사실을 유념해야 하는 것이다.

특히 비즈니스 리더는, 새로운 패러다임이 단순히 분기실적 예상치를 넘겨 월스트리트를 비롯한 금융자본의 입맛을 당기게 하는 수준을 뛰어넘는 것임을 명심해야 한다.

직원, 고객, 납품업자, 지역사회 등 한 기업을 둘러싼 이해당사자의 이익을 초월해 전사회의 이익을 고려해야 한다는 얘기다. 환경보호, 한 차원 높은 비즈니스 도덕성이 새로운 패러다임의 구성 부분이라고 할 수 있다.

비즈니스, 정치, 사회의 리더들은 핵심적인 사회적 · 정치적 · 경제적 이슈를 판단할 때 무엇보다 공공의 이익을 최우선으로 해야 한다. 물론 '무엇이 공공의 이익인가'는 아주 난해한 질문이라고 할 수 있지만, 몇 가지 특성을 이해하는 것은 그리 어려운 일이 아니다.

첫째, 공공의 이익은 다소 이기적이고 단기적인 개인의 이익을 단순히 덧셈한 것이 아니다. 시장경제가 '시장화한 사회'를 의미하는 것도 아니다. 가격과 경쟁이 사회의 모든 요소를 지배하는 것이 아니라는 얘기다. 사회가 복잡하고 '시장중심화한 사회'의 공공이익은 단순히 투표의 결과이거나 여론조사를 근거로 한 공무원의 판단이라고 할 수도 없다. 산업화하고 정보화한 국가의 공공이익은 그런 차원을 넘어선 것이라고 할 수 있다.

선진국은 다양한 이익단체와 여러 개의 정당을 필요로 한다. 특히 미국의 비즈니스 리더들은 사회에서 중요한 구실을 한다. 따라서 그들은 단순 이익집단을 뛰어넘어 전략적인 관점에서 공공정책을 평가하고 판단해야 한다.

정부와 국민에게 이슈가 되고 있는 정책이 장기적으로 어떤 결과를 낳을 것인지 공공의 이익을 바탕으로 설명할 수 있어야 한다. 그리고 한 정책에 따르는 리스크와 보상이 어떤 것이고, 누가 가장 큰 영향을 받을 것인지 설명할 수 있어야 한다. 즉, 공공의 이익을 바탕으로 이런 판단과 평가를 내릴 수 있는 비즈니스 리더가 바로 '차세대 리더'라고 할 수 있다.

차세대 비즈니스 리더는 경제 시스템을 전반적으로 발전시킬 수 있는 방법을 제시해야 하고, 열린 시장과 민주주의를 강화할 수 있는 국내정책과 국제정책을 권고할 수 있어야 한다. 또한 효율적인 자본주의를 약화시킬 수 있는 기업 관행 등을 냉정하게 비판할 수 있어야 한다.

기업인이 자기 이익만을 추구하거나 정부의 정책에 반기를 드는 게 새로운 패러다임은 아니다. 정부와 재계가 뉴 파트너십을 구축해 공공의 이익을 확대하는 게 바람직하다는 얘기다.

이 파트너십은 시장경제의 논리를 정책결정에 반영할 수 있을 뿐만 아니라 민간 부문의 장점과 인적·물적 자원 등을 공공의 이익을 위해 활용할 수 있도록 해준다. 이는 정부의 기능과 권한을 불필요하게 확대하는 것이 아니라, 정부기능의 효율성을 강화하는 것이라고 말할 수 있다.

정부와 기업의 파트너십을 강조한다고 해서 비즈니스 리더가 특권적인 지위를 차지해야 한다고 주장하는 게 아니다. 또 기업인이 공공정책을 결정하는데 이익단체, 전문가 그룹, 노동계보다 더 큰 목소리를 내야 한다는 것도 아니다.

역사적인 시각으로 보았을 때, 이 시점은 비즈니스 리더들이 국가의 문제에 특별한 관심을 기울여야 하고, 이를 해결하는데 역량을 발휘해야 할 때이다. 그리고 정부와 기업이 서로 마주보고 힘을 합해 노력하는 것이 절대적으로 필요한 때이다.

무엇을, 어떻게, 왜?

현재 국가가 당면한 중요한 이슈들을 살펴볼 때 거의 모든 이슈는 공공과 민간 부문의 파트너십을 통해서만 해결될 수 있는 것이다. 그러나 새로운 시대에 적합한 정책과 경영 시스템은 아직 개발되어 있지 않다. 이 순간부터 그 시스템을 서둘러 개발하고 발전시킬 필요가 있다. 이를 위해서는 공공과 민간 부문이 각각 보유하고 있는 장점·자원·기술 등을 효율적으로 투입해야 한다.

수많은 난제들이 정부와 비즈니스 리더 앞에 놓여 있다.

첫째, 국가와 사회의 인프라를 각종 공격에서 보호해야 한다. 정보통신, 교통, 에너지, 식수, 보건 등 국민의 안전과 직결되는 인프라를 보호해야 한다는 것이다. 이를 위해 어떤 정책이 필요하고, 누가 책임지고, 또 누가 그 비용을 부담할 것인지 결정해야 하며, 안전·안보의 강화로 빚어지는 비용 상승을 최소화하려는 노력도 기울여야 한다. 또한 기업경영의 소프트웨어와 설비자산을 지키는데 들어가는 비용을 비롯해 추가로 부담해야 할 보험료, 새로 늘어나는 물류와 여행경비 등을 최소화해 기업의 수익이 줄어드는 것을 줄여야 한다.

특히 미국의 사회간접자본은 상당부분이 민간자본의 소유로 운영되고 있기 때문에 비용을 누가 얼마나 부담하고, 효율적으로 인프라를 지켜낼 것인지를 결정·집행하는 새로운 모델이 필요하다. 바로 새로운 모델을 구축하는데 정부와 기업의 효율적인 파트너십이 핵심이라고 할 수 있다.

둘째, 엔론 사태 이후 줄줄이 터져나오고 있는 기업의 불법과 탈법행위를 해결하기 위해 무엇이 잘못되었는지, 누가 책임을 져야 하는지, 어떻게 시스템을 개선할 것인지 면밀히 분석해볼 필요가 있다. 엔론 사태 이후 의회, 증권거래위원회SEC, 검찰, 재계 등이 합동으로 벌이고 있는 조사를 통해 구체적으로 어떤 불법과 탈법행위들이 저질러졌는지는 잘 드러나고 있다.

대책을 마련하는데는 중용의 미덕이 필수적이라고 할 수 있다. 기업 내부자의 스캔들에 분노한 나머지 과잉대응하는 것도 위험하고, 경기가 회복해 대중의 관심이 멀어짐에 따라 중요한 이슈들이 유야무야되는 것도 위험하다. 과잉대응과 대중의 무관심 모두 바람직하지 않다는 것이다.

정부는 그동안 경제계의 문화로 자리잡은 각종 요인들을 부검하듯이 철저하게 조사 · 분석해야 한다.

이와 함께 정부의 법규나 시장의 자율규제의 타당성 또한 조사 · 분석되어야 하고, 기업의 경영자가 주주와 이해당사자의 장기적인 이익에는 눈을 감고 단기적인 이익에만 집중하도록 한 보상 시스템(스톡옵션 등)도 점검해보아야 한다.

이해상충으로 시장의 투명성과 도덕성을 약화할 수 있는 요소는 어떤 것인지 살펴볼 필요도 있다.

조사 · 분석 · 점검을 통해 어떻게 하면 기업의 신뢰도를 높일 수 있는지 찾아내야 하고, 투자자 등이 기업을 신뢰할 수 있도록 하는 방법을 도출해내야 한다. 정부와 기업이 건전한 파트너십을 발휘해 이런 노력을 할 경우 따로 노력하는 것보다 더 좋은 결과를 낳을 수 있다.

셋째, 정부와 비즈니스 리더들은 의료보호 · 사회보장 · 연기금제 등 사회안전망을 어떻게 유지 · 강화할 것인지를 함께 고민해야 한다.

사회안전망은 기본적으로 각종 안보예산과 충돌하는 측면이 있다. 비즈니스 리더들은 사회안전망에 필요한 자금을 제공해야 한다. 사회안전망이 붕괴했을 때 노동자의 일할 의욕과 생산성은 급격히 추락할 가능성이 높다. 하지만 사회안전망을 유지 · 강화한다는 것은 기업의 비용 상승을 유발할 가능성이 크다. 따라서 공공과 민간 리더들은 어떻게 이를 해결할 것인지 머리를 맞대고 해결책을 찾아내야 한다.

넷째, 세계경제를 담당하고 있는 정책 담당자들은 교역 · 투자 확대의 모멘텀을 계속 유지할 필요가 있다. 모든 나라들이 자국의 안전을 최우선으로 할 경우 필연적으로 장벽이 높아질 수밖에 없다. 시장은 블록화하고 반세계화 운동으로 개방과 자유화는 억제될 수밖에 없다.

노력하지 않아도 세계화는 서서히 진행될 거라고 보는 것은 합리적인 태도라고 할 수 없다. 사실 노력하지 않을 경우 세계화는 중단될 수밖에 없다고 보는 게 타당하다. 세계화를 추동할 수 있는 새로운 규정과 기구를 만들어야 하고, 이를 위해 공공과 비즈니스 리더들이 호흡을 맞추어야 한다.

다섯째, '빈곤에 허덕이는 사람들을 어떻게 구제할 것인가' 이다. 선진국은 지난 수십년 동안 '가난한 나라를 도와 빈곤을 퇴치하겠다'고 립서비스만 되풀이해왔다. 이 순간에 구체적이고 분명한 해결책을 내놓지 않으면, 우리 시대의 가장 중요한 도덕적 책무인 빈곤퇴치를 외면했다고 비판받을 것이다.

정책 담당자와 비즈니스 리더는 교역과 원조 등을 통해 가난한 나라의 생계, 교육, 공공보건을 어떻게 해결할 것인지 새로운 접근방식을 내놓아야 한다. 빈곤퇴치는 경제계와 정부뿐 아니라 NGO까지 가세해 노력해야 하는 핵심과제이다.

더욱이 가난한 자들이 절망한 나머지 폭력에 의존하게 될 때 심각한 위험을 불러올 수 있다. 최근 발생한 테러는 이슬람계가 정치적·경제적 앞날이 암울한 나머지 폭력에 의존한 것이라는 점에서 시사하는 바가 크다.

여섯째, 다국적 기업이 나라나 지역사회를 위해 '시민'으로서 역할을 충분히 해야 한다는 말은 거센 논란을 불러일으키고 있다. 기업은 나라마다 서로 다른 법규와 구체적이지 않은 기준 등에 애를 먹고 있다.

환경, 노동, 비즈니스 관행, 해당 국민들이 원하는 기업의 역할 등이 상이하기 때문에 한편으로는 주주의 이익을 위해 최선을 다해야 하면서도, 다른 한편에서는 지역사회나 국가를 발전시키는 도덕적인 의무를 수행해야 한다. 그렇지 않을 경우 기업의 이미지 등에 심각한 상처를 입을 수 있다.

두 가지 목적이 서로 충돌하는 것을 막기란 아주 어렵고 어떤 비즈니스 리더도 이 문제를 쉽게 해결할 수 없다. 하지만 분명한 한 것은 기업이 본국뿐 아니라 진출한 나라, 국제기구, NGO 등과 전략적인 협력관계를 수립할 필요가 있다는 점이다. 전략적 관계를 바탕으로 건전한 결정을 내릴 수 있기 때문이다.

일곱째, 미국이 세계 패권국가로서 대외정책의 방향을 극단적으로 선회할 경우 전세계적으로 비즈니스 환경이 불안해질 수 있다. 현재 미국의 군사적 파워와 경제적 힘의 불균형이 극단적인 형태로 드러나고 있어 전세계가 상당히 불안한 눈초리로 지켜보고 있다. 국제 협력을 강조하고 있지만, 실제 행동은 아무도 필요 없다는 듯이 하고 있으니 말이다. 사정이 이렇다보니 전통적 맹방인 영국, 캐나다, 독일, 일본마저도 미국의 일방주의를 우려하고 있는 실정이다.

부시 행정부는 테러에 대한 응징에 눈이 먼 나머지 군사적 응징, 정보 교류 등에 강조점을 두고 있다. 테러 응징에 도움이 된다면, 자유민주주의 체제의 근간이 자본주의의 발전에 저해되는 억압적 체제와도 손을 잡을 태세이다.

이처럼 미국의 대외정책이 세계경제의 협력을 저해하고 있기 때문에 정책 담당자와 비즈니스 리더는 안전·안보와 경제적 목적, 기타 사항을 하나로 통합하는 노력을 해야 할 것이다.

마지막으로 여덟째, 새로운 패러다임은 비즈니스맨을 육성하기 위한 교육에 새로운 접근방식을 요구하고 있다. 최고 경영자는 단기적인 목적뿐만 아니라 장기적인 목적을 위해 적합한 교육을 받을 필요가 있다. 기업 내부의 효율성을 높이기 위해 초점을 맞추어야 하고 정부나 지역사회, 국제기구, NGO 등과 적절한 관계를 수립할 수 있는 시각과 능력을 갖추어야 한다.

비즈니스 리더는 경제·사회·정치 시스템뿐만 아니라 다양한 가치, 문화 요소 등 기업에 상당한 영향을 끼칠 수 있는 요인들을 제대로 이해할 수 있어야 한다.

전쟁은 장군 혼자 수행하는 것이 아니듯, 새로운 세계에 적합한 비즈니스 교육은 너무도 중요하다. 때문에 기업에만 맡겨두어서는 안 된다. 세계 각국의 정부, 노동계, 과학계, 학계, 각종 재단 등이 모두 적절한 역할을 해야 하는 것이다.

비즈니스 리더가 정부와 NGO 등과 협력해 해결해야 하는 과제들은 이처럼 중차대한 것들이다.

2_ 역사가 말해주는 것

경제개발위원회 CED

반세기가 넘는 세월을 거슬러 올라가 1940년대로 가보자. 그때 미국은 2차세계대전에 휘말려 들어가는 시기였고 경제는 전시경제로 재편되기 시작했다. 생필품 배급제와 가격통제가 본격화되었고, 젊은 경영인들은 징집영장을 받아놓고 고민하고 있었다. 그들은 최전선 어딘가에 배치되어 경영과는 거리가 먼 임무를 수행해야 했던 것이다.

그러나 정작 심각했던 시기는 전쟁기간이 아닌 전쟁 이후였다. 최대 1,900만 명에 달했던 참전군인들이 종전으로 고향에 돌아왔을 때, 그들이 가족과 함께 먹고 살 수 있는 길을 열어주어야 했기 때문이다.

정부와 비즈니스 리더들은 어떻게 이들에게 충분한 일자리를 제공할지 노심초사했다. 그들은 대공황 때 인위적으로 일자리를 만들어 제공한 경험이 있었지만, 그때는 미국이 고립주의와 보호무역을 고수하고 있었기 때문에 전후 상황과는 달랐다.

정책 담당자와 비즈니스 리더들은 고립주의와 보호무역 시대로 돌아갈 수도 없었고 돌아갈 뜻도 없었다. 당시 유명한 경제학자였던 로버트 나산Robert Nathan은 "공황을 예방하기 위해서 정책 담당자와 비즈니스 리더는 발상의 전환을 해야 했다"며 "전쟁이 끝난 뒤 손을 놓고 방관했다가는 다시 공황을 경험할 수밖에 없고 더 나아가 자유기업 시스템이 더이상 존재할 수 없는 위기에 몰릴 수 있다"고 경고했다.[1]

비즈니스 리더들은 급박한 상황을 돌파하기 위해 적극적으로 움직였다. 자동차회사 스투드베이커Studebaker Co.의 회장인 폴 G. 호프먼Paul G. Hoffman, 광고회사 벤턴 & 보울스Benton & Bowles의 공동설립자인 윌리엄 벤턴William Benton, 이스트먼 코닥의 재무책임자인 매리언 B. 폴섬Marion B. Folsom은 1942년 현안을 정면 돌파하기 위해 경제개발위원회CED, Committee for Economic Development를 설립했다.

위원회의 의장은 호프먼이 맡았고, 애초 창립멤버는 20명이었으나 이후에는 민주 · 공화 양당을 지지하는 전 비즈니스 리더들의 모임으로 발전했다.

대표적인 면면을 살펴보면, 스콧 페이퍼Scott Paper의 최고 경영자 토머스 맥케이브Thomas McCabe, 『타임』『라이프』『포천』을 장악하고 있던 미디어 재벌 헨리 루스Henry Luce, 소매점 왕인 마셜 필드Marshall Field, 프랜차이즈 체인점 회사인 R. H. 메시R. H. Macy Company의 재무 책임자였던 버드슬레이 럼Beardsley Ruml 등이 보인다.

위원회는 당시 미국 상무부 장관 제시 존스Jesse Jones가 비즈니스 리더들을 움직여 조직된 것인데, 전쟁이 끝난 뒤 평화가 찾아오면 어떻게 전시경제를 평시경제로 전환할 것인지에 대해 재계의 의견을 제시하였다.[2]

경제개발위원회가 순탄하게 출범한 것은 아니다. 정부내 회의적인 시각뿐만 아니라 재계의 내부 알력 등으로 잡음과 구설수가 표면화하기도 했다.

미국 역사는 정경유착으로 점철된 역사를 갖고 있다. 남북전쟁 시기 기업들은 정부의 감시·감독을 거의 받지 않고 미대륙 구석구석에 손을 뻗칠 수 있었다.

하지만 20세기로 들어선 이후 개혁주의자 시어도어 루스벨트 Theodore Roosevelt 대통령을 중심으로 한 워싱턴은, 제멋대로인 기업과 금융계에 대해 법규를 동원한 규제의 칼날을 들이대기 시작했다.

특히 프랭클린 루스벨트Franklin Roosevelt는 1930년대 공황을 이유로 경제계와 시장에 대해 엄격한 감시와 감독을 실시했다. 따라서 비즈니스 리더는 2차대전이 발발할 즈음에는 정부의 감시·

감독과 어떻게 싸워야 하고, 어떻게 협력해야 하는지를 체득하고 있었다.

경제사가인 칼 슈리프트기서Karl Schriftgiesser는 『비즈니스 시대의 도래, 1942~60년 경제개발위원회의 이야기와 영향』에서 1940년대 초반 미국 재계는 19세기 후반의 단순한 경제논리에 매몰되어 있었다고 말했다. '개인, 개인, 개인의 이익이 모든 진화의 원천이고, 정치·경제의 기본 논리이며, 인간 행동의 원칙'이라고 믿었다는 것이다.[3]

비즈니스 리더들은 이에 따라 뉴딜정책 이후 시장과 경제에 대한 개입을 강화하고 있던 워싱턴에 대해 의혹의 눈초리를 던지고 있었다. 하지만 일부 경제 이론가들은 정부기능의 확장이 20세기 들어서면서 이미 본격화해 공공과 민간 부문의 상호작용이 더욱 강화되었다고 지적했다. 이들은 기업이 혼합경제(효율적인 자원배분, 공평한 소득분배, 경제 안정화 등은 순수 시장경제pure market economy에서 달성될 수 없다고 보고 정부가 국민경제 영역에 적극적으로 개입하는 것을 말한다)의 틀 안에서 번성할 수 있었다고 말하기도 했다.

이들의 주장은 텍사스 출신으로 비즈니스 리더이면서 정치인이었고, 상무부 장관이었던 보수주의자 제시 존스에 의해 채택된다. 그는 전후 미국 경제는 생산이나 교역 가운데 어느 한쪽만을 강조한다고 성장하는 게 아니라, 두 가지를 모두 추구해야 제대로 번영할 수 있다고 믿었다. 비즈니스 리더와 정책 담당자들이 밀접한 관계를 맺으면서 경제 목표를 향해 노력해야 한다고 생각했던 것이다.

그는 비즈니스 리더들을 규합해 경제개발위원회CED를 구성했고, 회원들 스스로 초대 집행부를 구성하도록 뒷배를 봐주었다. "시민으로서 정책적인 마인드를 갖춘 비즈니스 리더들"이 참한 상설기구를 만들어 경제 목표를 달성하도록 한 것이다.[4]

그는 경제개발위원회가 정부와는 일정한 거리를 두면서 독립적으로 활동해야 하고, 위원회가 내놓은 각종 보고서와 정책 대안은 특정 정파의 이익과는 상관없어야 한다고 믿었다. 실제로 위원회가 내놓은 각종 보고서와 정책은 2차대전이 끝난 뒤에 경제정책을 수립하는데 상당한 영향을 끼쳤다.

경제개발위원회CED의 초기 활동방향은 자유기업 시스템을 유지하면서 어떻게 완전고용을 달성할 수 있는가였다. 당시는 2차대전 때 전시경제하의 정부 역할이 계속될 가능성이 높다고 보는 견해가 우세했다.

그리고 경제개발위원회 멤버들의 특성이 도그마적인 자유시장 논리를 맹신하는 게 아니라, 아주 실용적인 사고방식을 갖고 있었기 때문에 경제가 전시체제에서 평시체제로 이행하는데 정부가 상당한 구실을 하는 것이 마땅하다고 생각했다.

경제개발위원회의 각종 리서치와 경제정책은 자유주의 경제학자인 존 케네스 갈브레이스John Kenneth Galbraith와 보수주의 경제학자인 허버트 스타인Herbert Stein이 비즈니스 리더들과 함께 만든 것이다. 위원회는 '특정 정파나 사회적 · 경제적 이해집단의 이익과는 상관없이 독립적이고 중립적인 조사와 분석, 그리고 정책을 권고하는 것'이라고 강조했다.[5]

경제개발위원회는 경제정책 분석과 정책 권고 등을 통해 1940년대 후반에서 1960년대 중반까지 워싱턴에 상당한 영향을 끼쳤다. 위원회의 보고서와 정책 권고는 경제부처에서 널리 읽혔으며 언론의 관심도 받았다. 그리고 정치인들이 다루기 힘든 근본적인 경제 이슈를 직접적으로 다루었다.

또한 경제개발위원회는 가격통제를 점차적으로 폐지할 수 있는 방법은 무엇인가? 균형 재정을 달성하는데 어떤 조세 시스템이 이로운가? 전후 경제에서 재정과 금융정책의 관계는 무엇인가? 연방정부의 채무관리 방안, 도시 재개발 방안, 연방주의 재실현 방안, 정부조직의 관리체계 개선방안 등 동시대의 현안들에 대해 과감한 의견을 개진했다.

경제개발위원회의 보고서는 재계의 이익을 대변할 것이라는 선입견과는 달리, 특정 이익이나 이데올로기와는 상관이 없었고, 중도적인 입장을 견지했다. 위원회 멤버들이 불만을 터뜨리기도 했지만, 그것이 공공의 이익을 최우선시하는 태도를 유지하는데 장애가 되지는 않았다.

더욱이 미국 상공회의소나 전미제조업협회NAM 등의 이익단체처럼 다른 단체의 이익을 무시하거나, 아니면 다른 단체의 이익과 상충되는 요구를 하는 것도 아니었다. 실제로 상공회의소 등은 회원의 이익을 지나치게 극대화하는 논리를 주장하거나 특정 정당의 주장을 되풀이하는 경우가 많았다.

경제개발위원회의 정책 권고 가운데는 전후 경제 회복을 위해 세금인하와 함께 정부의 재정지출 확대 등이 포함되기도 했다. 또한 위원회는 실업문제를 해결하기 위해 정부가 적극적으로 나서서 대책을 마련하라고 권고하기도 했다.

심지어 다른 경제단체와는 달리 노동운동을 적극적으로 지지하기도 했는데, 미국의 해외시장 개척을 위해 전쟁으로 폐허가 된 유럽을 미국이 적극적으로 도와야 한다고 주장했다. 특히 국제통화기금IMF과 세계은행을 설립하는데 이론적 · 정책적 논리를 제공했다.

경제개발위원회 멤버들의 우수한 역량 · 명성이 위원회의 보고서와 정책 권고에 상당한 힘을 더해주었다. 그들은 자신들의 기업을 운영하는 데서 뿐만 아니라 루스벨트 행정부의 뉴딜 이후 공공의 이익을 위해 봉사하는 데서도 존경과 주목을 받았다. 몇몇은 트루먼과 아이젠하워 행정부에서 외교관이나 대통령의 경제정책 자문관, 장관 등으로 발탁되기도 했다.

그들은 비즈니스 리더 가운데 특별한 부류라고 할 수 있었다. 대공황의 음울한 사회 분위기와 정부조직의 생리를 동시에 경험한 인물들이라고 할 수 있다.

경제개발위원회의 회원 대부분이 중도파이어서 극단적인 우파와 뉴딜 논리에서, 그리고 사회주의와 무제한적인 자유방임 가운데서 중용의 미덕을 지켰다.

경제협력원 ECA

미국의 역사에서 비즈니스 리더들이 정부의 정책에 큰 영향을 끼친 사례가 또 하나 있다. 조지 마셜George Marshall 국무장관은 1947년 1월 5일 하버드 대학에서 역사적인 연설을 했다. 이름하여 전후 유럽부흥계획인 '마셜 플랜'의 얼개를 제시한 것이다. 그는 전쟁의 잿더미에서 유럽을 구제해야 한다고 강력하게 주장했다.

마셜은 유럽 스스로 일어설 수 없다는 사실을 강조하면서 미국의 도움이 없다면 시장이 유럽을 부활시킬 수 없다고 말했다. 내버려둔다면 결국 "유럽은 정치적 · 경제적 · 사회적으로 처참한 붕괴를 맞을 수밖에 없을 것"이라고 그는 경고했다.[6] 그리고 유럽의 황폐화가 가속될 경우, 미국은 거대한 시장을 잃게 될 것이며 경제는 심각한 타격을 받을 것이라고 지적했다.

마셜이 주창한 이러한 정책은 이후 냉전시기 미국의 외교 · 무역 정책의 주춧돌이 되었다. 수십억 달러와 엄청난 물량의 농산물과 공산품이 대서양을 건너 유럽으로 향했다. 이는 전후 기념비적인 경제원조 정책이었으며, 이기주의와 이타주의가 변증법적인 합일을 이루는 예로 역사에 기록되었다.

마셜 플랜의 성공은 미국과 유럽의 관계에서 가장 위대한 성공으로 평가받고 있으며, 미국과 유럽의 민간 부문에 정부가 어떻게 개입했는지를 보여주는 극적인 예라고 할 수 있다.[7]

미국의 비즈니스 리더들은 마셜 플랜의 초안 작성에서 집행까지 모든 단계에 적극적으로 참여했다. 그들이 참여했던 통로는 경제협력원ECA Economic Cooperation Administration이었다. 협력원은 1948년에 설립되어 공공과 민간 부문의 인사들이 참여했던 중추조직이라고 할 수 있다.

멤버들의 면면을 살펴보면, 크라운 젤러바흐 코퍼레이션Crown Zellerbach Corporation의 회장인 제임스 젤러바흐James Zellerbach, 머크Merck & Co.의 회장 조지 W. 머크George W. Merck, 인랜드 스틸 코퍼레이션Inland Steel Corporation의 클래런스 랜덜Clarence Randall, 뉴저지 스탠더드 오일의 세실 버릴Cecil Burrill, 제너럴 모터스의 찰스 윌슨Charles Wilson, 인터내셔널 하베스터International Harvester의 존 맥카프리John McCaffrey, 브라운 브러더스 해리먼Brown Brothers Harriman의 W. 애버렐 해리먼Averell Harriman, 디트로이트 은행의 조지프 다지Joseph Dodge 등을 꼽을 수 있다. 다지는 이후 일본 부흥계획을 추진하는데 핵심 역할을 한다.

경제협력원은 트루먼 행정부의 제안과 의회의 법제정으로 설립된 특별기구였다. 유럽의 민간 부문과 협력을 통해 '폐허의 유럽'을 다시 부활시키는 것이 주 목적이었다. 산업과 농업 생산을 재개하는데 도움을 주고 생산물의 분배와 유통, 그리고 무역 질서를 다시 확립하는데 기여할 뿐 아니라 신용 시스템을 재건하는데 목적을 두고 있었다.

경제협력원은 미국 국무부, 농무부 등과 끈끈한 관계를 유지하면서 활동했다. 미국내에서 산업간 협력위원회를 구성했을 뿐만 아니라 대서양을 가로질러 협력위원회를 만들어 유럽 갱생에 주력을 다했다.

경제협력원은 미국과 유럽 경제의 활력을 촉진하기 위해서 활동했을 뿐만 아니라 민간 부문이 제대로 이니셔티브를 쥘 수 있도록 도움을 주었다. 그리고 민간 부문이 적극적으로 혁신을 추진하면서 미국 기업이 효율적인 경영 시스템을 갖출 수 있도록 지원했다.

경제협력원은 이외에도 기술적인 지원 프로그램과 협의체를 구성해 활동했으며, 공공과 민간 부문의 협력을 바탕으로 범국가적인 비즈니스 네트워크를 구성하는데 기여했다. 또한 마셜 플랜이 성공할 수 있도록 적극적으로 측면지원에 나섰다.

21세기형 기구를 설립하자!

그렇다고 1940년대 유물인 경제개발위원회와 경제협력원을 복사해 21세기에 옮겨놓는 것이 바람직하다는 얘기가 아니다. 그때와 지금은 60여년의 세월만큼 시대적 상황과 사회적 · 경제적 · 정치적 시스템이 다르다.

하지만 정책 당국자와 비즈니스 리더들은 그때나 지금이나 새로운 국제정치 질서의 태동과 맞물려 발생하고 있는 산업구조의 변화에 직면해 있다. 정책 담당자나 비즈니스 리더들이 서로를 필요로 하고 있다는 점도 그때나 지금이나 동일하다고 할 수 있다. 협력하지 않으면 아무것도 얻을 수 없는 처지에 몰려 있는 셈이다. 그리고 그때나 지금이나 모두 비즈니스 리더가 경제발전을 촉진하는데 아주 중요한 역할을 맡아야 하는 상황이라고 할 수 있다.

경제개발위원회와 경제협력원의 특징이나 성격 가운데 일부를 현재 상황에 응용한다면 상당한 효용이 있을 것으로 보인다.

먼저 가장 중요한 특징으로 당시 멤버들은 개별 기업이나 산업의 이익을 뛰어넘어 실용적인 관점에서 공공의 이익을 위해 일했다는 점이다. 객관적인 조사를 통해 정책 권고안을 만들어 정책화를 추진했다. 특히 경제개발위원회는 복잡한 정책을 추진하는데 아주 효율적인 시스템을 제공했다.

그리고 경제개발위원회와 경제협력원은 조직차원에서 특정 정당을 위해 일하지 않았다. 특정 정치인을 옹호하지 않았으며 자신들이 로비스트로 비쳐지는 것을 피했다. 단지 정부가 폭넓은 계층과 이해집단의 이익을 위해 정책을 선택해야 할 때 적절한 조언을 했을 뿐이다.

경제계와 정부의 관계는 4가지 형태로 분류할 수 있다.

첫째, 재계가 정부를 적으로 여기는 관계이다. 자신들의 이익에 반대하는 상대로 정부를 자리매김시킨다는 얘기다. 두번째는 정부를 '물주' Sugar Daddy로 간주하는 것이다. 세번째는 재계와 정부가 파트너십을 구축해 교육투자, 우주개발, 보건복지 확충, 도시개발, 교통체계 구축, 경제개발 등을 위해 공동노력하는 것이다. 네번째는 재계와 정부가 '전략적인' 파트너십을 구축해 미래의 공동이익을 위해 국가가 나아갈 방향을 모색하는 것이다.

경제개발위원회와 경제협력원은 이 4가지 가운데 세번째와 네번째 관계를 적절하게 융합해 추진했다고 볼 수 있다.

두 기구를 오늘의 현실에 적용하기 위해서는 반드시 기본적인 정신을 되살려 시대에 맞게 응용할 필요가 있다. 오늘날 비즈니스 리더들이 60여년 전에 경제개발위원회와 경제협력원의 멤버들이 했던 역할을 실행하고 싶다면, 다음의 사항을 반영해 '새로운 파트너십'을 구축할 필요가 있다.

◆ 특정 산업의 이익에 기울지 않고 경제개발위원회처럼 공공의 이익에 헌신할 수 있는 비즈니스 리더들의 조직 구성.

◆ 정부와 협력해 안보와 대외정책 등의 이슈를 전문적으로 조사 · 분석할 수 있는 특별자문기구 설립.

◆ 금융시장의 투명성 확립뿐 아니라 공공과 민간 부문의 관리 시스템에 필요한 인재양성을 위해 전세계적인 교육 시스템을 구축하는 등 임무를 수행할 수 있는 고위급과 명망가들의 조직 구성.

◆ 사이버상의 안전과 이슬람 세계의 경제개발 등을 위해 인

적 · 물적 자원을 가동하기 위한 공공 - 민간 합동조직 구성.
◆ 경제개발이나 대외정책 등을 추진하는데 개별 기업의 이익
  이 아니라 범국가적인 이익을 추구하는 로비조직 결성(기본
  적인 동기가 개인적인 이익이더라도 공공의 이익과 부합하면 문제
  될 것이 없음).

현재 공공 - 민간 합동기구가 전혀 없는 것은 아니다. 비록 현존
기구들의 역할, 목적, 지속성 등이 아주 제한적이거나 일시적인
것이 걱정되지만, 이 기구들은 공공정책을 조사 · 분석하고 대안
을 제시하기 위해 나름대로 노력하고 있는 것은 사실이다.

구체적으로 말해 경제개발위원회가 현존하고 있지만, 역량과
영향력이 1940년대 후반~1960년대 중반만큼 강하지 못하다. 국
가계획협회The National Planning Association도 나름대로 공공정책
대안을 내놓고는 있지만 9 · 11 테러와 엔론 사태 이후 변화된 상
황을 감당하기에는 역부족이다.

미국 경쟁력위원회Council on Competitiveness는 나름대로 열심히
일하고 있고, 훌륭한 연구 성과와 대안을 발표하고 있지만 '국가
경쟁력 제고'라는 좁은 목적을 위해 일하고 있다. 기업인, 노동계,
NGO의 유력인사들이 참여한 화해연합Concord Coalition도 재정정
책을 중심으로 일하고 있을 뿐이다.

미국 100대 기업 최고 경영자들의 조직인 비즈니스 라운드테이
블Business Roundtable도 교역과 교육에 대해 의미있는 역할을 하

고 있지만, 공공의 이익보다는 회원들의 이익을 위해 역량을 집중하고 있는 게 흠이다. 더욱이 라운드테이블이 제시한 정책 대안은 경제개발위원회처럼 객관적이고 중립적인 전문가들의 철저한 조사 · 검토를 통해 마련된 것이 아니므로 많은 사람들의 동의를 받기는 힘들다.

공공과 민간 부문의 리더들이 관심을 가져야 할 사항은 도시개발뿐 아니라 정보통신의 발전까지 매우 폭넓고 다양하다. 분야별로 자문기구와 특별위원회 등이 상당수 있기는 하다. 그러나 여기서 말하는 것은 다양한 비즈니스 리더들이 참여해 아주 폭넓은 이익을 위해 헌신할 수 있는 조직이다. 재계와 정부가 적절한 관계를 다시 수립해 '공동의 선'을 위해 노력할 수 있는 장치구실을 해야 한다. 이런 조직이 구성되면 모든 현안을 조사 · 분석해 적절한 정책을 제시할 수 있을 것이다.

이제, 이기주의 시대는 갔다

공공과 민간 리더들이 참여한 폭넓은 조직이 가능할까? 현재 비즈니스 리더들이 1940년대 경제개발위원회 등과 같은 조직을 통해 공동선을 위해 일할 수 있을까?

모두 가능하다고 말할 수 있다.

미국의 정치 · 경제 시스템은 환경변화에 아주 신속하게 반응할 수 있다. 이런 실용적인 유연성이야말로 미국 시스템의 강점이다.

역사적인 맥락에서 볼 때 미국은 시대에 걸맞는 민주적인 정치와 시장 시스템을 발전시켜왔다. 버블과 불황, 전쟁과 평화, 민주당과 공화당 정권 등이 밀물과 썰물처럼 교차하는 동안에 구축된 시스템을 보유하고 있다는 것이다. 사회주의가 위협적인 세력으로 성장하지도 않았을 뿐만 아니라 극우세력이 변변하게 힘을 써본 경험도 없다. 미국 시스템은 이런 역사적인 경험 때문에 다른 나라들과는 차별화한 성격을 갖고 있다고 말할 수 있다.

지난 2001년 9·11 테러로 비즈니스 리더들이 활동할 수 있는 환경이 급격하게 변했고, 미국 사회가 공공과 민간 부문 리더들에게 기대하는 것도 달라졌다는 주장이 호소력 있게 제기될 수 있다.

지은이는 엔론 사태가 개인의 탐욕과 기업의 무제한적인 수익 추구를 정당화한 시대를 대표하는 범죄라고 생각한다. 따라서 국민은 기본적이고 전통적인 가치를 추구하는 쪽으로 시대 분위기가 변하는 것을 받아들일 준비가 되어 있다. 바로 지금 나라사랑과 공동체 정신이 부활하는 시대를 맞이할 수도 있다.

새로운 시대의 도래를 점친 연구결과는 이미 나와 있다. IAS Institute for Advanced Study의 교수인 알버트 O. 허쉬맨Albert O. Hirschman은 1982년 비슷한 테마를 연구해 발표한 적이 있다. 그는 사회 구성원이 개인주의와 이기주의에 탐닉해 내향적인 분위기를 보이다가 외향적으로 바뀌어 공공의 이익을 추구하는 분위기로 변하는 일정한 주기를 간파했다. 즉, 개인이 소비에 탐닉하는 시기가 지나면, 잠에서 깨어나 기지개를 펴듯이 공공의 이익을 추구하는 시대가 뒤따른다는 것이다.

한 시대는 사회 구성원의 통념을 흔들어놓는 사태가 발생될 때 종말을 고한다. 소비중독시대는 구성원이 어떤 충격에 의해 소비만으로 인간의 행복이 달성되지 않는다는 사실을 깨닫는 순간 끝난다는 얘기다.

실제로 재즈와 탐닉의 시대였던 1920년대는 1929년 증시 대폭락에 이어 발생한 대공황으로 마침표를 찍고, 1930년대 시민정신의 부활로 이어졌다. 시민이 공공의 선을 위해 적극적으로 공동체의 이슈에 관심을 갖게 된 것이다. 시민들의 이런 관심은 특히 2차대전 발발로 더욱 강화되었다.

전후 최대 경제호황기였던 1960년대의 미국인은, 개인의 이익과 욕망을 탐닉했으나 베트남전쟁으로 잠에서 깨어났다. 정치의식이 고양되어 소비자 운동, 환경보호 운동, 양성평등 운동을 적극적으로 펼쳐나간 것이다.[8]

역사학자인 아서 M. 슐레징거Arthur M. Schlesinger 2세도 비슷한 패턴을 지적한 바 있다. 그는 『미국 역사의 주기The Cycles of American History』에서 자유방임주의의 시대가 끝난 뒤에는 '개혁적이고 공공의 목적을 우선시하는 정부'가 출범했다고 말한다. 또한 "개혁적인 정부의 출범은 미국 역사의 필연적인 결과이다. 이는 국민을 위해 봉사하는 정치인을 고대하고 개인의 자유와 함께 공공의 선을 추구하려는 미국인의 특성만큼이나 본질적인 것이다. 개인의 이익과 기업의 자유를 추구하는 속성 또한 미국인의 기본 성격이라고 할 수 있다"고 주장한다.[9]

미국인이 이제 공공의 이익에 관심을 갖게 될 것이라고 믿는데는 분명한 이유가 있다. 그들은 1990년대 증시가 미국의 건강함을 나타내는 잣대라고 여겼고 복지와 관련해 자유시장이 정부보다 더 많은 혜택을 줄 것이라고 믿었다.

『파이낸셜 타임스』에서 리처드 톰킨스Richard Tompkins는 다음과 같이 썼다.

"미국인은 1980년대 탐욕과 소비중독증에 취해 있었지만, 시간이 흐름에 따라 자신들의 욕망에 염증을 느끼기 시작했다. ……이어서 1990년대는 미국 역사에서 가장 자아도취적인 시대로 변하여갔다."

그리고 『타임』의 칼럼리스트 로저 로젠블래트Roger Rosenblatt는 1980년대와 1990년대에 대해 "미국인은 현재에 극단적으로 탐닉했고, 낙관론에 취해 있었다"고 갈파했다.[10]

새로운 밀레니엄은 이에 따라 1980년대와 1990년대에 대한 반성으로 출발할 가능성이 높다. 즉, 개인의 이익보다는 공공의 선을 중시하는 태도로 바뀌어 갈 것으로 보인다는 얘기다.

더욱이 미국인뿐 아니라 전세계 시민들은 인류가 안고 있는 중대한 문제점에 대하여 직접 관련이 있는 주요 세력들이 힘을 합해야만 해결될 수 있다고 믿기 시작했다. 오늘날 시장이 안고 있는 복잡한 문제를 해결하는데 필요한 정보와 경험을 공유하는 파트너십만이 큰 힘을 발휘할 수 있다고 생각하기 시작한 것이다. 한마디로 '나 홀로 접근법'은 이미 효력을 잃어버렸고 '팀워크의 시대'가 도래한 셈이다.

제너럴 일렉트릭의 전직 회장인 잭 웰치가 지적한 대로 '문제를 해결하는 것은 게임에 참여하는 모든 사람들의 지혜를 모으는 것'이다.[11]

부시 행정부는 대통령 자신을 포함해 부통령, 재무장관, 국방장관이 모두 기업의 최고 경영자 출신으로 구성되어 있다. 행정부는 시민들이 이기주의에 탐닉했던 것을 떨쳐버리고 다시 공공의 선에 관심을 갖기 시작한 시대상황을 적절하게 이용할 수 있는 기회를 잡았다고 볼 수 있다.

부시 행정부는 기업 최고 경영자들의 정권답게 임기초에 공격적인 조세감면 정책을 실시했는데, 자신들의 이익을 위해 그런 정책을 채택했다고 볼 수도 있다.

하지만 부시와 그의 참모들은 9·11 테러와 엔론 사태 이후 재계와 최고 경영자들에 대한 정책을 전면 수정하고(자유방임에서 벗어나 기업의 회계 투명성 등을 강화하기 위해 취한 일련의 조처를 보자), 국가의 이익을 고려하는 정책을 취하기 시작했다.

부시 행정부의 정책 변화는 미국 금융시장에 대한 투자자들의 신뢰를 회복하기 위해 절실한 상황에서 추동되었다고 볼 수 있다. 부시 대통령이 9·11 테러와 엔론 사태 이후 행한 연설 등을 살펴보면 그 사실을 분명히 알 수 있다.

그는 2002년 1월에 발표한 연두교서State of the Union에서 "미국인은 조국이 공격을 받은 뒤 이웃과 조국, 역사에 대해 의무를 짊어지고 있는 시민임을 자각하게 되었고, 물욕보다는 공공의 선에 더욱 큰 관심을 갖기 시작했다"고 발표했다.

또 부시는 비즈니스 리더를 상대로 한 연설에서 책임과 신뢰의 중요성을 강조하기도 했다. "미국은 책임의 시대에, 책임을 소중히 하는 문화가 자리잡는 시대로 접어들었다. …… 그리고 그 문화에는 기업의 책임도 포함된다. 기업의 책임은 모든 인간관계의 책임과 마찬가지로 도덕성과 신뢰성을 바탕으로 한다. 이러한 가치를 계속 기대하고 실천한다면 우리의 경제와 조국은 더욱 강력해질 것이다."[12]

부시의 연설 내용은 우리의 앞날에 혹시 일어날 수 있고, 일어날 가능성이 있는 사건들의 단초를 제공하는 긍정적인 징조라고 말할 수 있다.

3_ 전략적인 변곡점에서
기업 / 기업인의 신뢰회복

개혁 대상이 된 비즈니스 리더들

비즈니스 리더가 공공정책을 마련하고 실시하는데 중요한 역할을 하기 위해서는 무엇부터 해야 할까?

지난 20년 동안 수단과 방법을 가리지 않고 이익을 추구하는 과정에서 잃어버린 신뢰를 회복하기 위해 필사적인 노력을 기울여야 한다.

미국의 역사를 살펴보면, 기업에 대한 국민의 사랑과 미움은 날실과 씨실처럼 교차했다. 대기업은 기회, 신분상승, 기술진보의 터전이었다. 지역 주민에게 가장 많은 일자리를 제공해주었고, 불우이웃돕기를 위해 거액을 쾌척하는 등 튼튼한 사회 안전판 구실을 했다. 또한 가난한 삶에서 거부로 성장한 성공 스토리의 산실이 되었으며, 실제로 앤드루 카네기에서 빌 게이츠까지 전설적인 영웅들을 배출하기도 했다.

하지만 사람들은 대기업의 무소불위 권력을 불신에 가득찬 눈으로 쳐다보기도 했고, 대기업을 독점과 음모의 화신으로 평가하기도 했다.

시어도어 루스벨트 대통령은 '거대한 부의 범죄행위'라는 말까지 동원해 대기업을 비판했고, 드와이트 D. 아이젠하워Dwight D. Eisenhower 대통령은 '군산복합체'의 출현을 경고하기도 했다.

어떤 시대이든 비즈니스 리더의 성공과 경영 스토리에 감동하는 편과, 그들의 부의 축적에 분노하는 편이 있다. 그런데 근래 들어 비즈니스 리더에 대한 비판이 우위를 보이기 시작했다.

국가는 지난 2001년 9·11 테러를 계기로 국민의 안전을 지키는 최후의 파수꾼으로 재등장한 반면, 비즈니스 리더들은 1990년대 인터넷 거품이 꺼지면서 1980년 이후 20년 동안 누려왔던 명성과 신뢰를 잃기 시작했다.

더욱이 엔론 사태 이후 줄지어 발생한 기업의 불법과 탈법행위는 경제계가 안고 있는 문제점을 드러내 보이는 계기가 되었다. 의심스럽기 짝이 없는 재무제표, 터무니없는 사기행위, 신용평가 회사를 비롯해 애널리스트와 회계감사들의 직무태만, 금융 당국자와 기업내 이사진의 무능 등이 햇빛 아래로 드러났다.

기업이 망해 수많은 직원들이 일자리를 잃고 길거리로 나앉아야 하고, 투자자의 자산이 허공으로 사라져가는 와중에도 비즈니스 리더들은 스톡옵션의 엄청난 마술로 거의 피해를 보지 않는다는 사실이 알려지자 국민들의 분노는 극에 달했다.

어떤 이는 엔론 사태는 극단적인 사례일 뿐이라고 주장한다.

하지만 글로벌 크로싱, 퀘스트 커뮤니케이션스 인터내셔널, 월드컴, 타이코Tyco 인터내셔널, 제록스, 아델피아Adelphia 커뮤니케이션스, 임클론ImClone 시스템스 등이 회계부정 등으로 파산했다는 사실은, 이른바 '극소수 기업의 문제다' 라는 변명의 설득력을 떨어뜨린다. 심지어 제너럴 일렉트릭, IBM, AOL 타임 워너 등 유명 기업마저도 분식회계를 서슴지 않았다는 사실은 기업을 부도덕한 집단으로 보는 시각을 강화하고 있다.

회계부정의 회오리는 산업계만의 문제가 아니었다.

월스트리트 유명 회사인 메릴 린치, 살로먼 스미스 바니, 모건 스탠리 딘 위터 등의 애널리스트들은 특정 종목의 주가를 끌어올리기 위해 종목 평가를 제멋대로 한 사실이 드러났다.

더 나아가 특정 기업의 재무상태와 수익구조, 경영진의 능력 등을 과대평가하는 방식으로 투자자를 호도하고 막대한 이익을 챙기다가 들통났다.

2002년 5월 영국의 경제주간지 『이코노미스트』에는 기묘한 헤드라인이 실렸다. 「무너진 우상, 유명 비즈니스 리더들의 몰락 Fallen Idols, The Overthrow of Celebrity CEO」이 바로 그것이다.

1990년대 거대기업과 최고 경영자가 어떻게 과대평가되었는지 낱낱이 들추어졌다. 같은 시기 발행된 미국의 『비즈니스위크』는

「월스트리트, 얼마나 썩었단 말인가? Wall Street, How Corrupt Is It?」라는 질문을 던진 뒤 '많이 부패했다'고 자답했다.[1]

기업의 도덕성 추락은 수면 아래에서 상당기간 동안 진행되어 왔음이 드러났다. 실제로 『뉴욕 타임스』가 1998년 기업의 재무책임자 160명을 상대로 한 조사 결과, 2/3가 동료 임원 등으로부터 '분식회계를 해야 한다'는 압력을 받았다고 응답했다.[2]

또한 한 재무책임자 모임이 발행한 잡지가 2001년에 실시한 설문조사 결과, 응답자 160명 가운데 1/5이 투자자를 속이는 회계 작업을 실시한 바 있다고 털어놓았다.[3] 다른 조사에 따르면 상장기업들은 1998~2000년 사이에 이미 발표한 재무제표를 무려 464번이나 수정한 것으로 나타났다. 이는 1980년대와 1990년대의 기록보다 몇 배나 많은 것이다.[4]

미국인이 증시에 대거 참여해 기업의 회계부정과 파산 등의 여파가 과거 어느 때보다 중요해진 시기에 엔론 사태 등이 발생했다는 사실은 사태의 심각성을 더해준다.

미국인의 뮤추얼펀드 투자는 1990년대에 무려 4조 달러에 이르렀는데, 이는 1990년 초보다 16배 이상 늘어난 것이다. 또한 2002년에는 미국인 8천만 명이 직·간접 투자를 통해 증시와 관계를 맺고 있는 것으로 나타났다.

그 숫자는 미국 사회의 흐름에 비추어볼 때 그다지 중요한 사실이라고 할 수 없다. 미국 기업은 1990년대 기업연금 시스템의 하나인 401k를 비롯해 다양한 연기금 시스템을 직원들에게 제공했다. 이는 수많은 사람들의 노후 대비가 증시의 위험에 그대로 노출되어 있다는 사실을 말해준다. 미국인의 노후생활이 증시의 변덕에 따라 춤을 출 수밖에 없다는 얘기다.

노후생활과 증시가 한데 묶여 움직이는 현상은 미국 역사뿐만 아니라 어떤 나라와 비교해도 아주 드문 경우이다. 연기금 가입자들이 기업에 대해 어떤 생각을 갖고 있든, 그들의 삶은 기업의 성공여부에 달려 있다.

『비즈니스위크』는 2002년 1월 여론조사를 실시했는데, 응답자의 1/3이 '대기업이 경제윤리를 지키고 있다'고 말했고, 1/4은 '직원과 고객에 정직하다'고 대답한 것으로 나타났다. 그러나 25%는 '대기업의 경영자들은 믿기 힘들다'고 응답했다.[5]

2002년 2월 12일 『월스트리트 저널』과 NBC 방송사가 공동으로 실시한 여론조사 결과는 '금융회사의 신뢰성이 심각하게 약화한 것'으로 나타났다. 응답자의 57%가 비즈니스 리더의 도덕성이 1980년대 이후 떨어졌다고 답한 것이다.[6]

미국을 비롯해 각국 정부는 사정이 이쯤되자 기업의 부정행위에 대하여 철저한 조사에 나섰다. 미국 증권거래위원회SEC가 2002년 1분기에 착수한 회계부정 조사 건수는 한해 전 같은 분기보다 2배 이상 늘어났다.[7] 조사를 받고 있는 기업도 금융 · 통신 등 각 부문에서 내로라 하는 회사들이다.

찰스 니마이어Charles Niemeir는 위원회 회계감독 부서를 이끌고 있는 인물인데, 그는 『월스트리트 저널』과의 인터뷰에서 "회계부정 사례는 해마다 급증하는 추세에 있다"고 말했다. 그런데 "놀라운 사실은 회계부정을 저지르는 기업 대부분이 대기업이라는 점이다. 우리가 조사하는 기업 가운데『포천』의 500대 회사에 들어가는 기업이 상당수 포함되어 있다"고 지적했다.[8)]

비즈니스 리더의 도덕성 추락은 미국만의 현상이 아니다. 2002년 6월 유럽 대륙에서도 최고 경영자들이 '스톡옵션 요술'을 이용해 터무니없는 수익을 챙긴 사례가 불거졌다. 해당 최고 경영자들은 기업에 대한 국민의 분노를 달래기 위한 희생양으로 전락하기도 했다. ABB, 보다폰Vodafone, 도이체 텔레콤Deutsche Telekom, 프루덴셜보험Prudential plc, 비방디 유니버설Vivendi Universal, 알카텔Alcatel 등의 최고 경영자들이 받은 스톡옵션 등이 주주와 의회의 조사대상이 되었던 것이다.[9)]

유럽판『월스트리트 저널』과 GfK 애드혹AdHoc 연구소가 공동으로 실시한 설문조사 결과, 응답자의 21%만 CEO들이 정직하다는데 동의했을 뿐, 70%는 터무니없는 보상을 받고 있으며, 59%는 정부가 나서서 고액연봉을 줄여야 한다고 말했다.[10)]

연줄 자본주의의 극성

미국은 인도네시아와 아르헨티나의 연줄 자본주의를 강력히 비판해왔으나, 연줄 자본주의는 1980대와 1990년대 미국에서도 강화되었다.

레이건 집권 이후 정경유착은 거의 노골적으로 이루어졌다. 워싱턴은 미국 기업이 일본과 독일 기업을 상대로 한 경쟁에서 승리할 수 있도록 지원해야 한다는 명목으로 기업들에게 여러 편의를 제공하고 나섰다.

기술혁신을 이유로 실리콘 밸리에 막대한 특혜를 부여했으며, 해외투자와 미국 제품의 수출을 촉진하는 각종 혜택을 제공했다. 규제완화, 세금감면 등의 선물이 기업에게 주어졌고 반독점법의 적용은 거의 하지 않았다.

이런 혜택을 부여한 행정부는 레이건으로 끝난 게 아니었다. 조지 부시(아버지)를 비롯해 클린턴과 현 부시 대통령(아들)도 기업들에게 특혜를 주었다. 더욱 심각한 사실은 혜택을 부여하고도 사후 감독에 소홀했다는 점이다.

정부가 기업에 부여한 정책적 혜택은 최근 20여 년 동안 증가하기만 했다. 그 배경에는 기업과 비즈니스 리더들이 낸 정치자금을 매개로 한 정경유착이 있었다는 사실을 부정하기 힘들 것이다.

대기업이 정부를 상대로 한 인허가 업무를 보기 위해 워싱턴에 설치한 출장소는 시간이 흐르면서 기하급수적으로 늘어나기만 했다. 바로 'K 스트리트'(대기업의 지사나 출장소가 밀집한 워싱턴의 한 거리)가 북적거리기 시작한 것이다.

대기업의 로비스트들은 전통적으로 강력한 로비력을 발휘했던 노동계를 제외한 어떤 그룹보다 뛰어난 영향력을 발휘했다. '정치자금과 정책의 물물교환'이 활발하게 이루어진 것이다.

대표적인 예로 엔론은 1989년 600만 달러를 동원해 미국 상원의원 3/4과 하원의원 절반에게 정치자금을 제공하고 막강한 대정부 교섭력을 발휘했다. 2001년 엔론이 제공한 정치자금은 1989년보다 훨씬 많았는데도 기업 후원금 순위에서 고작 36번째밖에 되지 않았다.11)

이름하여 '빅5'(아서 앤더슨, 프라이스 워터하우스 쿠퍼스, 언스트 앤 영 등 세계 5대 회계법인)의 행태를 보면, 기업이 1990년대에 정치권에 얼마나 큰 영향력을 행사했는지 잘 알 수 있다.

'빅5'는 거대기업의 외부감사와 컨설팅을 독식하면서 기업 내부자들의 회계부정을 사실상 눈감아주고 막대한 돈을 챙겼다. 하지만 엔론 사태가 발생하기 전까지 회계법인의 불법과 탈법행위를 막기 위한 입법은 거의 이루어지지 않았다.

클린턴 행정부 시절 증권거래위원회 위원장이었던 아서 레비트Arthur Levitt마저도 『뉴요커』의 제인 메이어Jane Mayer와의 인터뷰에서 "돈과 로비가 공공정책을 더럽혔다면, 아마도 사실일 것이다"라고 실토할 정도였다.

레비트는 회계법인들이 기업의 최고 경영자가 받은 스톡옵션을 정확하게 회계처리하고 세금을 부과하려는 노력을 물거품으로 만들었다고 폭로했다. 또한 회계법인이 외부감사와 컨설팅을 동시에 맡는 바람에 기업회계의 투명성이 약화되었다고 지적하며, 회계법인이 이런 문제를 해결하기 위한 입법활동을 아주 효과적으로 방해했다고 말했다(결국 엔론 사태가 발생한 뒤에야 회계법인이 동일 기업의 외부감사와 컨설팅을 동시에 맡지 못하도록 제도가 변경되었다).

'빅5'는 증권거래위원회에 강력한 입김을 행사할 수 있는 의회를 상대로 거액의 정치자금을 뿌려 자신의 이익을 극대화했다. '빅5'의 돈에 취한 의회는 예산삭감을 무기로 증권거래위원회에 압력을 행사해 외부 감사와 컨설팅 분리 등을 무산시켰다.

이 에피소드는 기업 내부자의 회계부정을 감시해야 할 회계법인이 어떻게 기업 내부자와 내통했는지 여실히 보여주는 사례라고 할 수 있다. 레비트는 "재계가 정책 담당자보다 더 큰 힘을 보유하고 있다는 사실을 말해주는 것"이라고 평가했다.[12]

심지어 엔론 사태로 국민들의 분노가 극에 달해 있던 2002년 6월에도 비슷한 정경유착이 계속되었다. 의회가 회계법인에 재갈을 물리는 입법을 추진할 때에도 회계법인들은 이 개혁을 막기 위해 갖은 노력을 다했다.

특히 회계법인들이 하원 금융서비스 위원회의 의원 70명 가운데 63명에게 정치자금을 제공했으며, 상원 금융위원회의 의원 21명 전원이 회계법인의 정치헌금을 챙겼다는 사실에서 그들의 로비력이 얼마나 막강할지 쉽게 짐작할 수 있다.[13]

재계가 워싱턴에 얼마나 큰 영향력을 보유할 수 있는지 보여주는 또다른 예는 마이크로소프트의 반독점 재판이다.

이 사례는 첨단기술 기업들이 각종 논리와 자금력을 동원하여 얼마나 강한 로비력을 행사할 수 있는지를 극적으로 보여주는 사례이기도 하다.

마이크로소프트 워싱턴 사무실은 1990년대 중반까지만 해도 직원 한두 명으로 구성된 단출한 조직이었다. 하지만 법무부가 1998년 반독점법 위반으로 기소한 이후 워싱턴 사무실은 마이크로소프트 역사상 가장 강력한 부서로 팽창했다. "정관계에 끈끈한 인맥을 갖춘 인물들이 대거 영입되어 어떤 기업의 워싱턴 지사(출장소)보다 강력한 로비력을 발휘할 수 있게 된 것이다"라고 『포천』의 제프리 번바움Jeffrey Birnbaum은 말한다.

마이크로소프트 워싱턴 사무실의 직원은 무려 15명에 이르고, 각 주의 수도에도 별도 사무실을 두고 있으며, 보수 · 우익의 싱크탱크인 헤리티지 재단 등에 막대한 후원금을 대고 있다.

회사는 반독점법 위반혐의로 기소되는 것을 예방하기 위해 돈을 뿌리고 있을 뿐만 아니라 프라이버시와 지적재산권 보호 등 업계의 이익을 대변하는데 앞장서고 있다. 『포천』은 지난 2000년 미국 대선에서 마이크로소프트가 AT&T에 이어 두번째로 많은 선거자금을 내놓았다고 전했다.

물론 전통적인 기업들도 그동안 막대한 정치헌금을 뿌려 워싱턴을 자신의 텃밭으로 바꾸어놓았다. 마이크로소프트와 같은 신생 · 거대기업은 전통적인 기업을 충실히 벤치마킹한 셈이다. 그만큼 워싱턴에 뿌려지는 정치자금은 더욱 불어나고, 기업의 영향력은 점차 커지고 있다고 볼 수 있다.[14]

기업인이 워싱턴에 행사할 수 있는 영향력은 더 커지고 있다.

부시 대통령은 2001년 취임 이후 자신의 집무실을 기업들에게 활짝 열었다. 그들은 세금감면, 환경규제 등 각종 규제완화를 얻어내기 위해 백악관 문턱이 닳도록 들락거렸다.

부시와 기업인의 이런 끈끈한 관계는 취임 이후에 본격화한 게 아니다. 당선자 시절 그는 텍사스 오스틴에서 이른바 '경제인의 정상회담'을 주최해 공개적인 로비의 장을 열어준 적도 있다. 단 몇 시간 동안 열린 이 모임에서 기업인들은 텔레비전 카메라 앞에서 부시 정책을 상찬했다.

기업인이 이러한 립서비스와 정치자금을 제공하고 취할 다음 행동은, 중요한 정책부서에 자기 사람을 심는 일이었다. 그 대표적인 예가 바로 연방정부의 에너지정책 당국이었다. 에너지업계 출신들은 클린턴 행정부 시절까지 시행되었던 에너지정책을 뒤엎고 친 기업 에너지정책을 수립했다. 이런 정책의 전환 과정은 나중에 의회조사를 받아야 했다(부시는 캘리포니아 전력난을 명분으로 환경보호를 위해 억제해왔던 원자력 또는 재래식 발전소의 건설규제를 전면 폐지했다).

하지만 국민은 얼마 안 가 에너지업계와 부시 행정부의 음험한 커넥션을 눈치챘다. 부통령, 상무장관, 환경평가위원회 의장은 말할 것도 없고 상당수의 정책 담당자가 엔론과 엑손모빌ExxonMobil 등 에너지 기업의 입김에 영향받았다는 사실을 간파한 것이다. 에너지 기업은 커넥션을 활용해 환경규제를 제거했을 뿐만 아니라 세금혜택까지 받았다.[15]

경제계의 추악한 이면은 2002년 월스트리트 금융회사들이 그 동안 저질렀던 불법과 탈법행위에 잘 나타나 있다. 금융회사들이 인터넷 버블 시기에 저질렀던 행위가 하나둘 차례로 드러나자, 금융회사 관계자들은 다가올 여파가 두려워 은폐하려고 애썼다. 그들은 모든 진실이 드러났을 때 시장의 충격이 엄청날 것을 두려워 했지만 금융 당국의 조사를 피할 수는 없었다.

골드먼 삭스Goldman Sachs의 최고 경영자이면서 회장인 헨리 M. 폴슨Henry M. Paulson 2세가 워싱턴 내셔널 프레스클럽에서 "내 평생 미국 경제계가 이렇게 철저한 조사를 받은 적은 없었다"고 말할 정도로 당국의 조사는 강력하게 진행되었다.[16]

모건 스탠리 딘 위터의 최고 경영자이면서 회장인 필립 퍼셀 Philip Purcell은 "월스트리트가 그러한 대접을 받아야 하는 것은 자업자득이다"라며 "금융회사들이 의회, 금융당국 등이 요구하는 수준 이상으로 투명성과 도덕성을 갖추어야 한다고 생각하기 쉽지만, 그러면 금융시스템이 과도하게 개혁될 수도 있다"고 말했다.[17]

이런 아우성은 월스트리트에서만 들린 것이 아니었다. 인텔의 회장인 앤드루 그로브Andrew Grove는 "내가 40년 동안 비즈니스를 해왔지만, 요즈음 기업들이 저지른 일을 보면 낯이 뜨겁다"고 실토한 바 있다.[18]

미국 기업들은 심지어 9·11 테러를 이용해 자신들의 이익을 확대하는데 혈안이 되었다. 매사추세츠 출신 민주당 의원인 에드워드 J. 마키Edward J. Markey는 "후안무치한 로비스트들은 테러라는 비극을 활용해 이익을 확대하기 위해 온갖 노력을 다했다. 테러와의 전쟁을 명목으로 통신업계 독점을 추구했고, 극지방의 야생동물 보호구역에서 유전을 개발할 수 있도록 허가해달라고 졸랐다. 심지어 세금감면 150억 달러를 받는 것도 테러와의 전쟁에 도움이 된다며 목청을 돋우었다"고 말했다.[19]

상황이 이렇게 된 데에 비즈니스 리더들에게 모든 책임이 있다고 말하기는 어렵다. 기업과 경제계의 문화는 기본적으로 사회의 흐름을 반영한다고 본다. 미국은 민주주의 국가이기 때문에 구성원들은 각자 소망하는 것이 있기 마련이고, 정부는 구성원이 원하는 것을 들어주어야 할 의무가 있다. 따라서 기업문화가 부패한 데는 사회 전체가 져야 할 책임이 있고, 대중이 이런 사태에 분노할 때 정부는 나름대로 대책을 내놓아야 한다.

실제로 월스트리트가 1980년대 차입매수(기업 사냥꾼들이 돈을 빌려 현금 유동성이 우수한 기업을 인수합병해 수익을 올리는 것)를 벌이는 바람에 수많은 기업이 붕괴했다. 국민의 분노가 극에 달했기 때문에, 정부와 금융당국은 이를 관용하기보다는 응징하는 방법을 택할 수밖에 없었다. 그러나 마이클 밀켄 등 차입매수 세력들은 언론에 의해 인기스타 반열에 올랐고, 정치계도 그들을 상찬하기에 바빴다.

이어 미국은 1990년대 다우지수 급등에 환호성을 질렀고, 경제전문 채널인 <CNBC>의 화면 하단에 흐르는 주가는 경제의 건강

성과 국가의 복지를 가늠해볼 수 있는 바로미터였다.

거대한 기관투자가들은 현란한 컴퓨터 시스템을 활용하여 기업의 분기실적에 따라 순발력 있게 대응하면서 보유주식을 관리했다. 단기 전망만이 가능한 증시에서 막강한 영향력을 발휘한 것이다. 또한 최고 경영자들이 자신의 입맛에 맞지 않은 경영행태를 보이면 보유주식을 매각하는 방법으로 힘을 나타냈다. 그러나 여기에는 기업의 장기적인 가치는 희생될 수밖에 없는 단점이 있다.

주식투자의 대가인 워런 버핏Warren Buffett 등은 수익으로 연결되지 않을 과잉투자를 한 기업에 경고하면서 경영진이 바른길을 걷도록 촉구했지만, 이런 합리적인 투자자는 전체 투자자 가운데 소수에 지나지 않았다. 앨런 그린스펀Alan Greenspan 연준 의장까지도 증시가 과열증상을 보일 때 시민의 건전한 상식을 촉구해야 했지만, 투자자들은 그렇게 하지 않았다.

어쨌든 비즈니스 리더들은 궁지에 몰려 있다. 명성과 신뢰의 위기에서 스스로 탈출하지 않으면 다가오는 시기에 국내외 무대에서 메이저 플레이어로 활동하기 힘들 것이다. 그러나 한번 무너진 신뢰와 명성을 회복하기란 쉽지 않아 보인다.

『비즈니스위크』의 브루스 누스바움Bruce Nussbaum이 엔론 사태 이후에 경고했던 것처럼, "비즈니스 리더들은 규제완화를 요구하면서 정작 자본주의의 바탕인 투명성·공정성·공개성 등에 대해서는 소홀했던 것이 사실"이기 때문이다. 그는 "투자자들이 간

절히 원했던 정확한 리스크와 주식가치의 평가 등이 제대로 이루어지지 않았던 것"이라고 말했다.[20]

따라서 비즈니스 리더들은 회계자료의 신뢰성과 투명성을 높이기 위해 현재 정부가 추진하거나 추진하려고 계획중인 개혁에 적극적으로 동참할 필요가 있다. 비즈니스 리더에게 당장 요구되는 과업은 재무 투명성을 높이는 개혁이라고 할 수 있다.

정경유착을 넘어, 새로운 파트너십을 향해

2002년 3월 마침내 의회는 기업의 재무와 정치자금의 투명성을 강화하기 위한 법안을 통과시켰고, 부시는 즉시 서명해 공표했다. 그 법안은 정치계가 워터게이트 사건 이후 추진했던 개혁만큼이나 기념비적이고 획기적인 것이다.

주요내용은 기업 · 노조 · 부자가 정치인에게 제공할 수 있는 정치자금, 이른바 소프트 머니Soft Money에 일정한 규제를 가하는 것이다(미국 정치자금의 종류는 1인당 기부 한도액이 1천 달러로써 특정 선거의 특정 후보에만 사용할 수 있도록 한 하드 머니hard money와 정치활동위원회Political Action Commitee나 기업으로부터 모금된 포괄적 형태의 당 운영비 형식의 소프트 머니가 있다. 하드 머니의 경우에는 합법적일 뿐만 아니라 연방선거관리위원회FEC에 의해 선거자금의 출처와 용도가 조사되고 공개되기 때문에 투명성이 보장되지만, 소프트 머니의 경우는 당 운영비 명목으로 거액이 흘러 들어오기 때문에 총액제한이 없으며 제대로 공개되지도 않는다).

또한 정당의 지출 가운데 규모가 가장 큰 정치광고를 제한하고 있다. 많은 유권자들은 그 법의 제정으로 정경유착의 고리가 한결 느슨해질 것이라고 기대한다. 그러나 모든 문제가 해결되는 것은 아니다. 사법부가 새로운 법의 일부 조항을 무력화하고 있으며 심지어 위헌판결까지 내리고 있는 실정이다. 그리고 연방선거관리위원회FEC가 새로운 법을 자의적으로 적용할 경우 입법 취지가 희석될 가능성도 높다.

기업인은 법적 규제에도 불구하고 정치인과 정당에 돈을 건넬 수가 있다. 새로운 법으로 기업이 낼 수 있는 소프트 머니의 한계가 정해졌지만, 기업인은 직원이나 친구를 동원하여 특정 정치인에게 자금을 집중시키는 방법으로 매수할 수 있다. 또한 기업인들은 전체 선거의 판세를 결정지을 수 있는 특정 주의 지구당에 거액의 현금을 지원하는 방식으로 영향력을 행사하는 것도 사실이다.

『월스트리트 저널』의 존 하우드John Harwood와 데이비드 로저스David Rogers는 "새로운 정치자금법이 정치의 투명성과 도덕성을 높일 것인지 아니면 부패를 더욱 강화시킬 것인지 논란이 분분하지만, 정치와 돈의 커넥션이 제거되지 않을 것은 분명하다"고 보도했다.[21]

기업인이 새 정치자금법의 온갖 허점을 이용해 권력을 매수하려고 할 것이라는 점은 분명해보인다. 하지만 또다른 가능성이 있기는 하다. 바로 비즈니스 리더가 앞장서 각종 개혁을 추진하면 변화할 수 있다. 정치권이 선거자금을 제대로 감시하는 기구를 설치하도록 적극적으로 '로비' 하는 것이다.

연방선거관리위원회가 있기는 하지만, 정치인의 씀씀이를 감시하는데 무력하다는 사실이 이미 드러났다. 따라서 증권거래위원회처럼 독립적으로 정치자금을 감시할 수 있는 조직을 구성하도록 촉구하는 것이다.

이와 함께 비즈니스 리더는 정치인의 터무니없는 정치자금 요구에 집단적으로 'No' 라고 말해야 한다. 유명한 최고 경영자들이 자발적으로 모임을 만들어 과도한 정치자금을 거부하는 선언을 해보라는 얘기다. 집단적으로 나서는데 누가 개별 기업에게 불이익을 주겠는가. 이러한 노력으로 타락한 정치가 정상을 되찾게 될 것이다.

비즈니스 리더가 과연 이런 일을 할 수 있을까? 충분히 가능하다고 본다. 그렇지 않으면 자신들의 무너진 신뢰성을 회복할 길이 없기 때문이다.

공동선을 고민할 때

비즈니스 리더들은 추락한 신뢰를 회복할 수 있는 역량을 충분히 갖추고 있다. 자신들이 무엇을 해야 하고, 무엇을 할 수 있는지 잘 알고 있다.

하지만 그들은 투자자의 기대 충족, 대고객 서비스 강화, 직원의 생산성 향상 등 일상적인 업무에 시달린 나머지 공공의 이익을 위해 짬을 내기는커녕 엄두도 내지 못하고 있다.

기업인은 나날이 증가하는 국가안보 비용과 정부의 시장개입에 대해 문제점을 느끼면서도 깊이 생각하지 못하고 있다. 어쩌면 자유시장의 흐름을 거스르는 정부의 조처를 과소평가하고 있을 수도 있다.

몇몇 기업인은 엔론과 아서 앤더슨의 파산 사태가 '찻잔 속의 태풍'일 뿐이며, 이미 '흘러간 사건'이 되었다고 생각하는 듯하다. 증시가 회복하고 경제가 침체에서 회복의 기미를 보이고 있다는 점에 안도하고 있는 것이다.

그러나 수많은 국민의 미래가 증시의 변덕에 자유롭지 못한 상황에서 엔론 사태를 빚은 기업인에 대한 공격은 이제 시작에 불과하다고 얘기할 수 있다.

또한 일부 기업인은 정치상황이 어떻게 돌아가든 미국 기업이 세계경제를 주도하고 있다고 믿으면서 안일하게 미국식 경영의 우월성과 미국 기업의 기술 경쟁력을 맹신하고 있는 듯하다. 하지만 그동안 도전세력이 거의 없었던 미국식 세계화는 이미 탄력을 잃어가고 있다. 조만간 그들의 생각이 순진한 환상에 지나지 않는다는 사실이 밝혀질 것이다.

비즈니스 리더가 국내와 국제 무대에서 좀더 강한 영향력을 행사하고 싶다면, 현재의 무너진 신뢰와 명성을 단순히 수선하는 수준 이상의 노력을 해야 한다. 자신이 경영하는 기업이나 참여하고 있는 산업의 건강성을 확립하는 수준 이상을 위해 심혈을 기울일 필요가 있다.

문제는 비즈니스 리더들이 이러한 소명을 수행하기 위해 적절히 조직되어 있지 않다는 것이다. 기업인의 조직은 산업별로 산산이 쪼개져 있다. 공공의 이익을 우선하는 통일된 목소리를 낼 수 없는 처지에 있다는 얘기다. 그들은 자신의 이익만을 극대화하기 위해 백가쟁명식으로 목소리를 높이고 있을 뿐이다.

경제단체들도 의회나 관료 출신이 자리를 차지하고 있으며, 조직과 회원 이기주의에 젖어 있다. 상근 임직원은 관료나 정치권의 생리와 논리에 익숙할 뿐 경제현장에 대해서는 무지하다. 그들은 자신에게 월급을 주는 보스의 이익만을 극대화하려 노력하고 고위 관료나 상원의원에게 보스를 소개하는 것으로 임무를 다했다고 생각한다.

이런 현실에서 가장 손해를 보는 사람은 두말할 것 없이 비즈니스 리더들이다. 이들은 기존 체제의 포로가 되어 개혁과 혁신은 엄두도 내지 못한다. 그저 개별 기업의 이익을 위해 정관계 인사를 만날 뿐 공공의 이익을 위해서는 찰나의 시간도 아깝다고 생각하는 것이 현실이다.

결국 국민과 국가가 창의력이 풍부한 비즈니스 리더들로부터 새로운 정신을 수혈받는 것이 아니라, 정경유착의 추잡한 뒷면만을 바라보게 될 가능성이 높다.

비즈니스 리더는 세계가 어디를 향해 가야 하는지 고민해야 한다. 어떻게 하면 비전을 실현할 수 있는지 고민하고, 자신은 무엇을 해야 할 것인지 생각해야 한다. 물론 최고 경영자들이 경쟁과 월스트리트의 압박(실적 달성)에 시달리고 있는 것은 사실이다. 사회 전체를 위해 고민하는 것이 사치로 여겨질 수도 있다.

경영자는 비즈니스 전략을 수립하고 새해 예산편성을 재검토해야 하며, 기존 실적에 대해 언론과 인터뷰도 해야 한다. 적절한 인재를 충원하기 위해 시간을 써야 하고, 인수합병이나 사업의 부분 폐쇄와 같은 현안도 고려해야 한다. 또 가족과 함께 여가를 즐기기 위해 여행도 떠나야 한다. 한마디로 공공정책을 연구하기 위해 시간을 내는 것이 사실상 불가능할 수 있다는 얘기다.

보수적인 정권은 국민들이 이데올로기 논쟁 등을 뒤로 미루고 싶어한다며 이를 믿는 경향이 있다. 공공 부문과 민간 부문은 지난 수세대 동안 상대를 무시해왔다. 상대방의 의도를 의심의 눈초리로 쳐다보았고, 서로의 목적에 대해 적대감을 감추지 않았다. 그러나 국민의 정치의식은 민감한 상황에서는 변화를 적극적으로 추구해왔다.

어떤 시기에는 정부가 금융, 교통, 통신, 에너지, 의료보호 등을 자유시장에 맡겨두는 것이 부적절하다고 생각했다. 혼합경제 시스템이 일반화한 상황에서는 가능한 한 많은 것들을 자신들의 규제 아래 두려고 했던 것이 사실이다.

그러나 이제 '산업정책', '기업복지' 등과 같이 케케묵은 개념은 모두 접어두고, 효율적인 법규를 근거로 한 시장경제 시스템으로 돌아가야 한다. 정부와 경제계는 이런 중요한 목적을 달성하기 위하여 함께 손을 잡고 나아가야 할 필요성이 있다. 국내적ㆍ국제적 경제발전을 위한 장기전략 수립, 공정한 부의 분배, 한결 쾌적하고 깨끗한 환경을 만들기 위하여 공동노력을 해야 하는 것이다.

정부와 경제계가 낡아빠진 이데올로기를 털어버리지 못한다면, 비즈니스 리더들은 국내적ㆍ국제적 무대에서 대중의 믿음을 받으며 활동할 수 있는 기회를 잡기 힘들 것이다.

하지만 경제계가 지금까지 손놓고 있었던 것은 아니다. 2002년 여름, 경제계는 당면한 도전에 응전하려는 움직임을 보였었다. 뉴욕증권거래소가 상장기업의 재무회계 투명성을 강화한 새로운 기준을 발표했다. 이어 비즈니스 라운드테이블은 이보다는 약하지만 개혁방안을 제시했으며, 신용평가회사인 스탠더드 & 푸어스도 더욱 강화된 신용평가기준을 내놓았다.

특히 민간 경제조사기관인 컨퍼런스 보드Conference Board는, 블랙스톤 그룹의 회장인 피터 G. 피터슨Peter G. Peterson과 CSX 코퍼레이션의 회장인 존 스노우John Snow가 공동으로 이끄는 공공신뢰와 민간기업위원회를 출범시켰다. 기업과 시장의 도덕성과 신뢰를 회복하기 위해 각종 어젠다를 폭넓게 다루는 것이 그 기구의 설립목적이었다.

그리고 유명 최고 경영자들도 제 목소리를 내기 시작했다. 하지만 이러한 노력은 엄중한 과제를 다룰 만큼 권위나 능력이 충분하지 않은 것이, 여전히 미약하기 짝이 없다.

누가 적임자인가

비즈니스 리더가 사회의 리더로서 제대로 구실하기 위해서는 명망있는 최고 경영자 전 · 현직 고위 관료들이 힘을 합해 길을 개척해야 한다. 기존 경제계와 정 · 관계가 충분한 인적자원을 보유하고 있기 때문에 인재 충원에는 어려움이 없을 성싶다. 물론 거대기업에 대한 비판이 거세지고 있는 현실이지만, 기업이 보유하고 있는 인재는 아주 환상적이다.

현재 활동하고 있는 최고 경영자 외에 은퇴한 비즈니스 리더들도 능력이 뛰어나기는 마찬가지이다. 오늘날 은퇴시기가 빨라지고 평균수명이 길어지는 바람에 다양한 공직생활을 통해 풍부한 경험을 쌓은 인재들이 사실상 놀고 있는 실정이다. 이들을 활용할 경우 상당한 도움이 될 것이다.

은퇴한 리더는 현재 어떠한 정치세력이나 기업과도 이해관계를 맺고 있지 않다. 그러므로 객관적인 시각을 보유하고 있다는 것이 그들의 강점이다. 권력의 눈치를 살필 필요도 없고, 어떤 기업의 입김에 휘둘리고 있다는 인상을 주지도 않는다. 정부와 국민 모두 이들이 아주 자유로운 존재라는 사실을 익히 알고 있기 때문이다.

현재 활동하고 있는 비즈니스 리더 가운데 로버트 루빈Robert Rubin만큼 유능하고 적임자인 경우는 드물 것이다. 그는 골드먼 삭스의 회장을 지낸 뒤 클린턴 행정부 시절 재무장관을 역임했고, 현재는 시티그룹 집행이사회 의장을 맡고 있다.

피터 피터슨은 블랙스톤의 회장을 맡고 있는데 과거에는 상무 장관으로 일한 적이 있다. 재정정책, 글로벌 교역, 대외관계 등에 해박한 지식과 경험을 보유하고 있다.

보잉의 회장 필립 콘디트Philip Condit는 항공과 방위산업계의 리더라고 할 수 있다. 그의 지휘 아래에서 최고 경영자를 하고 있는 리처드 파슨스Richard Parsons는 미국내 정상급 경영자 가운데 한명이다.

인텔의 앤드루 그로브는 첨단 컴퓨터 기술을 이해하고 있는 몇 안 되는 비즈니스 리더이다. 휴렛 팩커드의 최고 경영자 칼리 피오리나Carly Fiorina와 루센트 테크놀로지스의 패트리셔 루소 Patricia Russo도 첨단기술 산업을 이끌고 있는 리더이다.

골드먼 삭스의 회장 겸 최고 경영자인 헨리 폴슨Henry Paulson 2세는 전세계 금융시장을 한눈에 꿰뚫고 있는 금융맨이고, 델 컴퓨터의 마이클 델Michael Dell은 현재 전세계 제조업을 이끌고 있는 선두주자로 볼 수 있다. 아메리칸 익스프레스 회장 겸 최고 경영자인 케네스 체놀트Kenneth Chennault는 전세계 문화의 다양성에 대해 전문가 이상의 지식과 경험을 갖추고 있다.

애트너Aetna Inc.의 회장이자 최고 경영자인 존 로우John Rowe 2

세는 국민보건 분야에서 타의 추종을 불허하는 전문가이고, 광고 회사인 오길비 & 마더 월드와이드Ogilvy & Mather Worldwide의 최고 경영자인 셸리 라자러스Shelly Lazarus는 PR 분야에서 남다른 재능을 자랑하고 있다.

환경 분야에서 남다른 전문지식과 경험, 실천력을 자랑하는 비즈니스 리더도 있다. 포드의 회장이면서 최고 경영자인 윌리엄 클레이 포드William Clay Ford 2세는 세계환경운동의 리더 역할을 할 만한 인재이다.

제너럴 일렉트릭의 제프리 이멜트Jeffrey Immelt 회장과 IBM 최고 경영자 새뮤얼 팔미사노Samuel Palmisano는 다양한 산업과 나라에서 기업을 경영해본 경험을 갖고 있으며, AT&T의 회장 겸 최고 경영자인 C. 마이클 암스트롱C. Michael Armstrong은 컴퓨터, 국방, 통신산업에서 탁월한 능력을 자랑하고 있다.

뉴욕증권거래소 회장이자 최고 경영자인 리처드 그라소Richard Grasso는 빅보드(뉴욕증권거래소의 애칭)를 모범적으로 운영하고 있을 뿐만 아니라 9 · 11 테러 위기를 성공적으로 이겨내고 금융시장을 정상적으로 가동시키며 능력을 자랑했다. 특히 엔론 사태 이후 기업의 재무 투명성을 강화하기 위해 정열적으로 개혁을 추진하고 있다.

이들 외에도 수많은 비즈니스 리더들이 존재하지만, 이름을 소개하는 것이 이 책의 목적이 아니기 때문에 여기서 멈춘다.

전직 최고 경영자의 면면을 살펴보아도 화려하기는 마찬가지이다.

루이스 V. 거스트너Louis V. Gerstner 2세는 유연성과 생명력을 상실한 '컴퓨터 공룡' IBM을 극적으로 부활시켰을 뿐 아니라, 현재는 교육운동에 심취해 있다. 제너럴 일렉트릭의 전직 회장 잭 웰치는 어느 누구도 따라올 수 없는 경영의 신경지를 개척했으며, AOL 타임 워너의 전 CEO인 제럴드 레빈Gerald Levin 역시 다양한 각도에서 전세계 미디어와 엔터테인먼트 산업을 조망할 수 있는 인물이다.

펩시콜라를 경영했던 로저 엔리코Roger Enrico, 존슨 & 존슨을 담당했던 랄프 라센Ralph Larsen, 프록터 & 갬블을 맡았던 존 펩퍼 John Pepper, 하니웰 인터내셔널의 대표였던 로렌스 보시디 Lawrence Bossidy, 아메리칸 익스프레스를 회생시킨 하비 골럽 Harvey Golub, 메트로닉을 지휘했던 윌리엄 조지William George, 커밍스Cummings 엔진을 이끌었던 헨리 색트Henry Schacht, 유나이티드 에어라인의 수장이었던 제럴드 그린월드Gerald Greenwald, 딜로이트 터치 토마추Deloitte Touche Tohmatsu를 총괄했던 마이클 쿡Michael Cook 등은 전직 최고 경영자로서 역량을 발휘했고, 공공을 위해 일할 수 있는 능력이 있는 사람들이다.

차세대 비즈니스 리더로 꼽히며 언제든지 정상급 경영자로 성장할 수 있는 인물들도 많다.

로버트 B. 윌럼스태드Robert B. Willumstad는 시티그룹의 장래 계승자로 꼽히고 있고, 스탠리 오닐Stanley O'Neal은 거대 금융그룹

메릴 린치의 회장 겸 최고 경영자가 될 가능성이 높다.

폴 오텔리니Paul Otellini는 인텔에서 중요 임원으로 근무하면서 차기 최고 경영자 수업을 받고 있다. 펩시의 인드라 누이Indra Nooyi는 2인자 구실을 하고 있으며, 윌리엄 웰던William Weldon은 존슨 & 존슨에서 '넘버 투'로 경영실력을 쌓고 있다. 뱅크 원의 하이디 밀러Heidi Miller는 떠오르는 비즈니스 스타로 각광받고 있는 인물이다.

공공 부문과 손발을 맞출 비즈니스 리더는 다양한 분야에서 이미 명망을 쌓고 있다. 따라서 1940년대에 구성된 경제개발위원회 CED보다 다양한 리더들이 참여하는 '제2의 CED'가 만들어질 필요가 있다. 기존 CED에는 여성 리더가 한명도 포함되어 있지 않았고, 흑인 등 소수민족도 거의 찾아볼 수 없기 때문이다.

'제2의 CED'에는 외국에 본사를 두고 있지만, 미국내에서 왕성하게 활동하고 있는 기업의 최고 경영자도 참여하는 것이 바람직하다. 대표적인 인물이 브리티시 페트롤륨British Petroleum(영국 제1의 석유회사)의 최고 경영자 존 브라운John Browne 경을 비롯해, 노키아Nokia의 회장 겸 최고 경영자인 요마 오릴라Jorma Ollila, 지멘스 AG의 CEO 하인리히 V. 피러Heinrich V. Pierer, 소니의 이데이 노부유키 회장 겸 최고 경영자 등이다.

비즈니스 리더들은 이와 함께 현재 존재하는 기구인 경제개발위원회와 경제협력원 등을 통해 최고 경영자가 공공정책 수립에 적극적으로 참여할 수 있도록 자국의 행정부를 설득할 필요가 있다. 행정부의 각료는 기업인이 자신들의 영역에 침투하는 것을 달가워하지 않을 수도 있고, 당면한 과제가 무엇인지 제대로 파악하지 못할 수도 있다. 한마디로 권력을 분점하기 꺼릴 수 있다는 이야기다.

그러나 미국의 제시 존스Jesse Jones는 1940년대 상무장관을 지내면서 공공정책에 비즈니스 리더들이 적극적으로 참여할 수 있는 길을 터준 인물이었다. 그는 전후 경제의 활력을 촉진해 일자리를 창출해야 했기 때문에 경제계의 도움이 절실했다. 또한 현대 실물경제의 메커니즘과 공공-민간 부문의 팀워크가 얼마나 중요한지 파악했던 인물이기도 하다.

존스가 기존 관료와 정치인의 견제를 이겨내고 비즈니스 리더를 받아들일 수 있었던 것은 당시 대통령의 적극적인 지지 덕분이었다.

그러면 각국의 행정부는 어떤 반응을 보일 것인가? 부시 행정부의 면면을 살펴보면, 부시 자신을 포함해 딕 체니, 폴 오닐(전 재무장관), 도널드 럼스펠드, 도널드 에번스 등이 비즈니스 리더 출신이다. 출발부터 친기업적인 마인드로 충만한 행정부라고 할 수 있고, 기업인의 친구가 되기 위해 적극적이다.

앞서 설명했듯이 실제로 부시 행정부는 기업인이 공공정책을 결정하는데 적극적으로 참여할 수 있도록 했다. 하지만 엔론 사태가 불거져 주요 인사들이 연루설로 곤욕을 치르면서 분위기가 돌변했다. 기업과 거리를 두기 시작했으며, 기업인이 직접적으로 영향력을 행사하는데 거부감을 보였다.

부시 행정부가 출범 초기와 엔론 사태 이후 보여준 극단적인 행보는 경제계와 정부가 건전한 관계를 수립하는데 바람직하지 않다. 두 진영이 클럽 하우스의 친구도 아니며, 키친 캐비닛(지근 참모) 관계를 보여서도 안 된다. 눈앞의 이익에 관련이 깊은 법안을 통과시키기 위해 기업인이 꼴사납게 나서서도 안 된다. 이런 극단적인 관계를 피할 수 있느냐는 각국 정부가 현재 상황을 어떻게 보느냐에 달려 있다.

부시 행정부는 2002년 여름부터 서서히 사태의 심각성을 깨닫기 시작한 듯하다. 비즈니스 리더를 활용하기 위해 적극적인 모습을 보여주었고, 국가안보를 위해 공공과 민간 부문 리더들이 손에 손을 잡아야 한다고 목청을 돋우고 있다.

전직 재무장관 폴 오닐은 알코아Alcoa의 최고 경영자이기도 한데, 기업의 재무 투명성에 대해 몇 마디 한 적이 있다. 그는 <ABC> 방송의 간판 프로인 '디스 위크' This Week에 출현해 "기업의 외부감시 등은 내부자들이 문제를 숨기기에 급급하다는 사실에 분통을 터뜨린다"고 말한 것이다.[22]

증권거래위원회의 전직 위원장인 하비 피트Harvey Pitt는 한때 기업에 쏟아지는 비판을 온몸으로 막아보려고 한 적이 있는 인물이다. 하지만 스탠포드 로스쿨에서 행한 연설을 통해 "기업의 신뢰 하락을 바로잡기 위해 노력해야 한다는 점은 분명하다"고 역설했다.[23]

부시 행정부가 새로운 공공-기업의 협력관계를 구축하려고 하는데는 여러가지 이유가 있다. 테러 이후 국가안보에 대한 필요성이 절실하기 때문이다. 부시는 대통령 취임 첫날부터 정경유착의 의혹을 강하게 받아왔다. 경제인과 끈끈한 관계를 맺고 있고, 친기업 정책을 중시한다는 평가를 받았던 것이다.

결과적으로 부시 행정부는 비즈니스 리더와의 관계를 새롭게 하는데 상당한 이점을 갖고 있다. 실제로 경제계의 도움이 절실한 시점이기도 하다.

현재 부시 행정부는 많은 과제를 안고 있다. 엔론 사태와 그 파장을 어떻게 정리하고 청산할 것인지가 관심 대상이다. 그러나 재정정책에 대한 자신감을 상실한 상태이고, 의료보장과 사회보장 시스템의 문제점도 한두가지가 아니다. 또한 국제경제와 대외정책의 현안도 산더미처럼 쌓여 있다.

민주주의와 자본주의가 기본

특정 정책이나 정파를 옹호하기 위해 이 책을 쓰고 있는 것이 아니다. 군산복합체를 두둔하기 위한 것도 아니다. 군산복합체는 정부가 최대 발주자로서 역할하기 때문에 기업과 정부가 손을 잡을 수밖에 없다. 그러면 자연스럽게 부패가 싹트고 정부는 보조금, 세금감면, 반독점법 적용완화 등을 미끼로 경제계를 부당하게 주무를 수 있다.

정부와 기업이 새로운 협력관계를 구축한다고 하더라도, 건강한 긴장관계를 유지해야 한다. 상대의 불법 · 탈법 · 월권 행위를 감시해 기업과 시장의 자유를 강화할 필요가 있다. 국가안보가 최고의 가치로 인정되고, 정부가 원칙을 무시하고 경제를 마구 주무르는 시대에 양쪽의 균형은 사실상 불가능할 수 있다. 그리고 기업은 정부에 대해 무조건 반대하거나 무턱대고 불평만 터뜨려서는 안 된다.

공공의 이익을 위한 비즈니스 리더의 조직이 필요하다고 한 것은 단순히 민간기업의 이익과 함께 노조의 이익을 절충해 추구하는 단계를 의미하지 않는다. 각종 현안은 너무나 복잡하고 정치적인 사안이기 때문에 '섞어찌게' 형태의 조직으로는 현안을 다룰 수 없고, 개별 기업은 자신들의 이익을 위해 로비할 수밖에 없는 것이다.

비즈니스 리더들이 공공의 이익을 위해 만든 조직은 기본적으로 민주주의와 자본주의 정신을 추구해야 한다. 그들은 각자 정부의 관료와 개인적이고 전문적인 관계를 맺을 것이다. 특히 정부와 비즈니스 리더의 관계는 금융개혁을 위해 아주 중요하고 건설적인 기여를 할 수 있다.

비즈니스 리더는 개인적으로 인권과 박애를 위해 봉사활동을 할 수 있다. 정부가 주축이 된 분야별 추진팀에서 일할 수 있고, 정책 당국자에게 사적인 조언도 해줄 수 있을 것이다.

또한 비즈니스 리더는 자신의 기업을 환경보호에 적합하도록 개선할 수 있다. 실제로 많은 이들이 연설, 인터뷰, 칼럼, 저서 등을 통해 그 필요성을 인정했고, 나름대로 활동하고 있다.

공공-민간 부문의 '뉴 파트너십'을 강조한다고 해서 개별 비즈니스 리더들이 그동안 해오고 있는 이런 노력이 불필요하다고 말하는 것은 아니다. 개별적인 노력 못지 않게 집단적인 노력이 필요하다는 것을 강조하는 것이다.

새로운 파트너십의 명쾌한 이유

앞에서 제시한 여러 현안을 비즈니스 리더들이 적극적으로 풀어나간다면, 국가와 국민의 이익에 크게 기여할 것이다. 그들은 전문지식을 활용해 시장과 신기술에 대해 훌륭한 결과를 내놓을 수 있고, 정부의 경제정책에 시장의 요구를 정확히 반영시킬 수도 있다.

특히 그들은 국내와 국제 경제정책을 수립하는데 아주 큰 도움을 줄 수 있다. 국제 무대에서 치열한 경쟁을 벌여본 경험이 있고, 이질적이고 다양한 문화권에서 기업을 운영해본 경험이 있기 때문이다.

또한 각국 정부와 국제기구를 상대해본 이들의 경험은 국제경제 전략을 수립하는데 아주 요긴하게 작용한다. 그래서 글로벌 시대에 맞게 공공과 개인의 이익을 통일시키는데 힘을 발휘할 수 있는 것이다. 또한 이들은 국제사회의 문화, 종교, 정치의 긴장을 완화하고 공공선을 추구하기 위해 어떤 방향으로 나가야 할지도 잘 알고 있다.

비즈니스 리더가 공공정책에 참여해야 하는 또다른 이유가 있다. 최근 시장은 거대해지고, 더욱 강력해지고 있으며, 더욱 복잡해지고 있다. 더이상 파편화한 시장은 존재하지 않는다. 정부나 전문가들이 쉽게 감독하거나 분석할 수 있는 단계를 넘어섰다고 볼 수 있다.

금융상품, 에너지, 일반상품(곡물, 금속, 금, 은 등)의 가격변동이 서로 영향을 끼치면서 움직여나가고 있다. 통신, 미디어, 엔터테인먼트 시장도 사정은 마찬가지다.

사정이 이렇기 때문에 정부는 기존 감독기구나 규정으로는 전체 시장을 모니터할 수 없다. 새로운 감독기구·규정·관행이 필요한 시점이다. 새로운 시스템 안에서 기업은 자율규제를 통해 신뢰성을 유지·발전시켜 나가야 하고, 정부는 필요한 정보를 제때에 제공해주고 시장 참여자의 행태를 모니터하며, 참여자가 게임의 룰을 지키도록 계도해야 한다.

공공과 민간의 리더는 이런 새로운 시장관리 시스템을 구축하기 위해 공동노력해야 한다. 효율적인 시스템을 고안하고 적용시켜 나가는데 힘을 합해야 한다는 얘기다. 다양한 산업계 리더들이 적극적으로 참여하는 것은 새로운 시스템의 개발·안착·성공을 위해 필수적인 사항이다.

특히 정부와 비즈니스 리더가 힘을 합해 공공의 이익을 위해 일할 경우, 새로운 법규에 따른 마찰을 최소화할 수 있고, 그 법규가 지나치게 엄격하거나 느슨해지는 것을 예방할 수 있다.

세계 최강의 군사력과 경제력을 보유하고 있는 미국은 세계 패권국가임이 틀림없다. 미국은 행정·군사·경제 부문에서 세계의 지도자 구실을 하고 있다.

해외 기업은 미국의 모델을 경쟁적으로 벤치마킹하고 있다. 회계와 기업지배구조의 미국모델이 세계 표준으로 여겨지고 있으며, 미국의 기술, 경영, 비즈니스 교육 시스템도 사정은 마찬가지다. 바로 이러한 점 때문에 미국의 비즈니스 리더들은 공공의 이익을 위해 소임을 다해야 하고, 정치·경제·사회·법률 문제 등에 관심을 기울여야 하는 것이다.

4_ 또 하나의 어젠다
사회안전과 국가안보

9·11 이후 달라진 상황

테러리스트들이 납치한 민간 여객기를 몰고 워싱턴 펜타곤과 뉴욕 세계무역센터에 충돌하자 미국 정부는 신속하게 대응했다. 민간 여객기의 비행을 중단시켰고, 멕시코와 캐나다에 접한 국경을 봉쇄했다.

뉴욕증권거래소를 비롯해 필라델피아 증시, 시카고 선물·옵션 거래소 등은 휴장을 선언하고 거래를 중단했다. 전세계 자본주의의 기반이 흔들리고 있다는 우려가 지구촌 사회를 휩쓸었다.

뉴욕증권거래소가 6일 동안의 휴장을 마치고 거래를 재개했을 때 주가는 곤두박질쳤고, 세계 투자자와 각국 정부는 금융위기가 임박했다는 두려움에 몸을 떨어야 했다.

9 · 11 테러가 전세계 사람들에게 어떤 심리적인 영향을 끼쳤는지, 그후 여파가 어떠했는지를 정확하게 분석·평가하기는 아직 쉽지 않다.

텔레비전 화면을 통해 본 모습, 비행기가 빌딩을 향해 돌진하고, 사람들이 아우성치며 거리를 내달리고, 전 뉴욕시장 루돌프 줄리아니Rudolph Giuliani와 주요 관리들이 시민을 진정시키기 위해 부산하게 움직인 모습은 이 시대를 살아가는 모든 사람들에게 평생 지워지지 않는 상흔을 남겼을 것이다.

일반 시민은 알 수 없는 모든 것에 불안해했고, 당연한 것으로 여겼던 열린 사회도 언제든지 위협받을 수 있으며, 사라질 수 있다는 두려움에 떨어야 했다. 한마디로 국경의 개방, 자유무역, 거주이전의 자유 등 기존 가치가 뿌리째 흔들린 셈이다.

사람들은 테러 다음날인 2001년 9월 12일 이후에도 무슨 일이 일어날 것인지 불안에 떨어야 했다.

'2차 테러가 발생하는 것은 아닐까?' '다음 테러 대상은 원자력 발전소나 상수도 시스템, 교량, 터널 등이 아닐까?' 하는 극도의 불안과 긴장이 미국인의 마음과 머리를 엄습했다. 이런 불안과 두려움은 전세계인의 마음과 머리로 전파되었다. 정치적인 테러이든 극소수 범죄자들의 소행이든, 각국에서 다양한 형태의 테러행위가 끊임없이 발생하고 있기 때문이다.

국민의 안전은 1차적으로 정부의 책임이라고 할 수 있다. 이러한 시기에 대통령은 어떤 책임을 짊어져야 할까? 또 각급 지방정부의 관료가 져야 할 책임은 무엇인가? 국가 경제에는 어떤 영향을 끼칠까? 안보가 시민의 자유를 제약할까? 각국 정부는 안보지상주의 경찰국가로 변모할까?

『뉴요커』의 헨드릭 헤르츠버그Hendrik Hertzberg는 9·11 테러 직후 이런 질문에 관련하여 다음과 같이 지적했다.

"테러 사태는…… 맨해튼 남쪽을 연옥의 입구로 바꾸어놓았다. …… 모든 사건이 아주 투명한 유리창 밖의 일처럼 생생하게 목격되었다. 사태의 규모는 몇 시간 만에 파악되었다. 어리둥절했던 심리는 단 며칠 만에 사라졌다. 하지만 의미와 파장을 제대로 파악하기 위해서는 몇 달이 걸릴 것이다."[1]

미국 정부는 테러 발생 몇 달 후 이른바 '국가안보'Homeland Security에 필요한 작업을 시작했다. 미국 역사상 획기적인 일이 시작된 것이다. 테러 발생 8개월 뒤의 각종 보고서에 따르면 항공, 핵발전소, 공중보건 시스템 등 구석구석이 테러에 취약한 것으로 나타났다. 다른 나라도 사정은 마찬가지일 것이다.

각국에서 통신·교통·송전 등은 하나의 거대한 망으로 구성되어 있기 때문에 사회간접자본의 취약성이 가장 심각한 현안일 수밖에 없다. 좀더 구체적인 문제점을 발견하기 위해서, 그리고 발견된 문제점을 해결하기 위해 정부조직 등을 재구성하는데에도 많은 시간이 필요할 것이다.

한편 미국은 인프라의 또다른 특징을 감안해야 한다. 그것은 전기·통신 등이 대부분 민간자본의 소유로 되어 있다는 점이다.

바로 이점이 사회간접자본을 보호하기 위해 왜 정부와 기업이 함께 일해야 하는지를 말해준다.

그렇다고 보호나 방어만이 능사는 아니다. 테러 공격에 의해 기존 인프라가 전혀 손상되지 않아야 하지만, 경영비용을 낮추어야 하고 시장의 생명력이 지속적으로 유지·발전되어야 한다. 안보를 추구하면서 국경의 자유로운 왕래가 보장되어야 하며 시민의 자유도 보호되어야 한다.

정부의 정책만으로 이 모든 것들을 보호하고 완성할 수 있는 것은 아니다. 비즈니스 리더들이 정부정책이 낳을 수 있는 부작용을 최소화해야 한다.

톰 리지Tom Ridge 국토안보부 국장은 2002년 한 회의석상에서 "정부는 민간 부문과 협력해 자원과 전문지식을 공유해야 한다"고 말했다. 그는 "공공과 민간 부문의 목적은 같다. 안보와 대응태세를 강화하는 것이다. 양쪽이 협력하는 방안을 모색하는 것은 과거 어느 때보다 시급하다"고 인정했다.[2]

경영환경의 거대한 변화

9·11 테러는 과거 어떤 사건보다 엄청난 경영환경의 변화를 불러왔다. 그동안에도 경기침체가 종종 발생했지만, 주기성을 띄었기 때문에 기업은 대비할 수 있었다.

증기·전신·전화, 내연기관, 인터넷 등 신기술도 경영환경을 변화시켰지만, 충분한 경험이 있는 비즈니스 리더들은 어렵지 않게 대응했다. 또한 2차대전, 한국전쟁, 베트남전, 걸프전 등 수많은 전쟁을 경험한 기업은 어떻게 전쟁에 대응해야 할지를 잘 파악하고 있다.

하지만 테러는 이야기가 다르다. 경제와 일상적인 삶의 안전, 대외정책 등 거의 모든 사람이 영향을 받을 수 있다. 시민의 믿음을 붕괴시키고 복지수준을 현격히 떨어뜨린다. 테러를 종식시키는 데도 전쟁보다 더욱 긴 시간이 필요하다.

딕 체니 부통령은 2002년 대외정책연구소The Council on Foreign Relations에서 행한 연설을 통해 "테러와의 전쟁은 휴전조약 등으로 끝나지 않는다. 정상회담도 불가능하고, 협상도 할 수 없다. 완전 퇴치만이 유일한 길"이라고 진단했다.[3]

끝을 알 수 없고, 은밀하며, 폭력적인 테러와의 전쟁이 비즈니스 리더에게 던지는 함의는 무엇일까? 어느 누구도 앞으로 발생할 테러가 어떤 피해를 불러올지 예측할 수 없다. 본토방어를 위해 현재 진행되고 있는 노력을 더욱 강화하도록 할 것인지, 아니면 현재 예측할 수 있는 가능성을 뛰어넘는 파괴적인 결과를 낳을 것인지 아무도 예측할 수 없다.

그러나 우리가 인정할 수 있는 사실이 한가지 있다. 비즈니스 리더들이 본토방어에 각별한 관심을 기울여야 한다는 점이다. 이미 제1장에서 살펴보았듯이 안보 때문에 기업을 경영하는데 들어가는 각종 비용은 급상승할 수밖에 없기 때문이다.

특히 각종 보험료가 과거의 기준으로는 판단할 수 없는 수준으로까지 급등할 것이다. 전문가들은 도시 지역의 각종 인적·물적 자산을 지키기 위한 보험료가 200%까지 상승할 것으로 내다보고 있다.

월스트리트 증권사인 샌포드 C. 번스타인Sanford C. Bernstein은 보험료 상승으로 기업의 이익이 평균 1.5~2% 하락할 것이고, 물류업계와 유통업체의 이익은 5~10% 떨어질 가능성이 높다고 평가했다.[4]

기업경영은 더욱 복잡해질 것이다. 최고 경영자는 직원, 설비, 물류, 고객, 협력업체의 안전변수를 더 고려해야 하기 때문이다. 직원이 불안감을 지울 수 없을 때 안전대책을 더욱 강하게 요구할 것이고, 이 요구에 제대로 응할 수 없는 리더의 권위는 추락할 것이다.

해외 정치위기는 미국의 대외정책을 더욱 공격적이고 군사전략 위주로 바꾸어놓을 가능성이 높다. 비즈니스 리더는 미군이 해외에서 펼치는 작전의 향배에 촉각을 곤두세워야 한다. 군사작전 결과에 따라 특정 지역 또는 해외 진지에 대한 투자를 축소할 것인지 결정해야 하기 때문이다. 이 주제에 대해서는 제10장에서 자세히 다룰 예정이다.

비즈니스 리더는 정부의 입김에 더욱 민감해질 수밖에 없다. 현대 경제가 정부와 민간 부문의 유기적인 관계를 바탕으로 작동하고 있기 때문이다. 가상세계, 교통, 자본이동, 이민, 국경 등에 대한 정부의 관리가 엄격해질 것이고 민간 경비업체에 대한 기준이 강화될 수 있다. 직원을 채용할 때도 과거보다 더욱 엄격한 신원 조회를 해야 하고, 정보 시스템의 안전을 위해 더 많은 비용을 투입해야 할 것이다.

실제로 증권거래위원회는 기업의 안전에 대한 외부 감사를 회계감사만큼이나 중요시할 전망이다. 또한 안전감시에 대한 규정은 추가 테러가 발생할 것인지, 미리 대처할 필요가 있는지 여부에 따라 마련될 전망이다.

비즈니스 리더에게 요구하는 안전과 안보

오늘날 안전·안보는 모든 나라의 최우선 과제이다. 전대미문의 테러를 통해 그동안 발생 가능성이 낮았던 모든 사건도 언제든지 발생할 가능성이 있다는 것이 분명해졌다. 하지만 최상의 노력을 기울여도 시민의 안전과 국가안보를 완벽하게 보장할 수 있을지는 의문이다.

미국 연안방어사령부 스티븐 플린Stephen Flynn은 2000년 미국 국경을 통해 엄청난 양의 다양한 이동이 있었다는 사실을 지적한다. 사람 4억 8,900만 명, 여객 차량 1억 2,700만 대, 콘테이너 1,160만 개, 트럭 1,150만 대, 열차 220만 량, 비행기 82만 9,000대, 선박 21만 1,000척 등이 국경을 넘나들었다. 이처럼 구멍이 숭숭 뚫린 나라를 정부가 완벽하게 지킨다고 하더라도 대단한 시일이

걸릴 것이 분명하다.[5]

비즈니스 리더의 입장에서 볼 때 이런 사태를 해결하기 위해 몇 가지 사항이 화급하게 요구된다. 비극의 순간에 직원의 생명을 유지하는 메커니즘을 구축하는 것이 가장 긴급한 과제라고 할 수 있다. 또한 설비자산과 중요 정보를 안전하게 지켜 비즈니스의 계속성을 보장하는 것이 다음으로 중요한 과제이다.

세번째는 정보와 물류 시스템과 같은 중요한 유·무형의 네트워크를 보전하는 것이고, 네번째는 기존 시스템을 최대한 활용해 테러의 위협에 대처할 수 있도록 준비하는 것이다. 인적 자산과 물적 자산을 비상시에 어떻게 활용하고 유지할 것인지 등을 행동규범으로 만들어 구성원이 체득하도록 해야 한다.

비즈니스 리더는 이런 과제를 수행하기 위해서 경영전략과 조직에 대해 새로운 사고를 할 수 있어야 한다. 어디에 본사를 두고, 어떻게 백업 시스템을 구축할 것이며, 생산부품의 조달과 배분망을 어떻게 짤 것인지 모두 원점에서 재검토해야 한다.

비즈니스 리더십을 평가할 때도 새로운 요소를 감안하도록 해야 한다. 요동치는 세계경제를 어떻게 효과적으로 헤쳐나갈 것인지, 생명의 위협을 어떻게 지킬 것인지도 살펴야 한다. 이 모든 사안은 결코 대학에서 배울 수 있는 것이 아니라, 실전 경험을 통해 축적할 수 있는 지혜일 뿐이다.

정부는 민간 부문의 도움 없이 안전을 보장할 수 없고, 반대로 민간 부문은 정부의 지원 없이 안전을 담보할 수 없다.

기술 컨설팅회사인 부즈 · 앨런 & 해밀턴Booz · Allen & Hamilton
의 최고 경영자인 랠프 W. 슈래더와 내셔널 시큐어리티의 전직
이사인 마이크 맥코넬Mike McConnell은 잡지 『스트레티지+비즈니
스Strategy+Business』에서 "기업의 필요와 전망에 대한 점검은……
모든 부문에서 정부와의 협력을 필요로 한다"고 지적했다.6)

미국의 연방정부, 주정부, 지역경찰 등이 한해 동안 안전을 위
해 쓰는 자금은 약 1,100억 달러에 이르고, 이 가운데 550억 달러
가 기업들이 지출한 돈이다. 전략적인 검토나 공조를 거치지 않
더라도 정부와 기업이 안전을 위해 엄청난 돈을 쏟아붓는 것은
사실이다.

기업은 공항 · 항구 · 국경의 검색 장비를 납품하고 있다. 불순
한 자금의 흐름을 감시하고 불온한 정보가 유통되는 것을 모니터
해 정책 담당자와 공유하고 있다.

그리고 정부와 기업은 사이버 보안, 식료품 검색, 생화학 테러
에 대비하기 위해 협력하고 있다. 이외에도 지역개발, 건설, 상품
과 서비스의 유통을 안전하게 하기 위해 여러가지 공조가 가능할
것으로 보인다.

공항 · 항구 · 국경 등에 설치된 검색 장비는 각종 데이터를 종
합적으로 취합 · 분류할 수 있는 소프트웨어뿐만 아니라 생화학
이론 등을 응용 · 개발한 하드웨어로 구성되어 있다. 톰 리지는
전기산업협회 연설에서 일부 기업이 미래에 수행하게 될 임무를
다음과 같이 정리했다.

테러로부터 동계 올림픽을 안전하게 지켜냈던 각종 생화학 첨단장비가 우리의 공항, 지하철, 항구의 안전을 위해 이용될 수 있다. 공기 중의 미세입자를 탐지해 생화학 무기를 적발해낼 수 있고, 트럭의 적재물을 순식간에 검색할 수 있는 장비를 국경선에 설치해 통과시간을 현재의 2~3시간에서 단 몇 초 수준으로 줄일 수 있을 것이다. 시뮬레이션을 활용하여 테러가 발생하면 어떻게 대응하는지도 훈련할 수 있다.[7]

하지만 이제 시작일 뿐이다. 정부, 기업, 대학, 비영리단체 등이 국민의 안전을 위협하는 테러를 조기에 탐지해낼 수 있는 장비와 소프트웨어 개발에 힘을 합해야 한다. 첨단장비를 활용해 과거와는 견줄 수 없을 정도로 빠른 시간에 위협에 대처할 수 있도록 해야 한다.

각국은 중앙정부, 지방정부, 산하조직, 기업을 하나로 묶어 비상시에 정보 등을 순식간에 주고받을 수 있는 통신 시스템을 구축해야 할 것이다.

이 시스템을 활용해 방역 당국은 한 지역의 비정상적인 질병 발생을 신속하게 파악할 수 있고, 한 지역에 생화학 테러가 발생한 것은 아닌지 즉각 조사할 수 있다. 민간 부문은 정부가 이런 시스템을 구축할 때 기술과 관리의 노하우를 제공할 수 있을 것이다.

민·관 공조의 성공적 사례들

민·관 공동노력의 대표적인 예가 2001년 12월에 실시된 워 게임War Game 시뮬레이션이었다. 미국 기업의 최고경영자와 고위 간부, 국방부·보건부·인적자원부의 고위관료, 연방비상계획국과 지방정부 관료들은 기술 컨설팅업체인 부즈·앨런 & 해밀턴의 후원을 받았다. 이틀 동안 실시된 이 게임을 통해 주요 도시에서 항공기를 이용하여 일으킨 생화학 테러에 어떻게 대응해야 할지 훈련할 수 있었다.

가상 질병의 증상은 감기와 비슷하지만, 사망률이 100%에 이를 정도로 치명적인 것으로 상정하여 연습했다. 참가자는 보건 시스템과 행정 기구 등이 얼마나 쉽게 붕괴할 수 있는지를 실감할 수 있었고, 주정부와 연방정부가 대형 테러에 얼마나 취약한지도 간파할 수 있었다.

참가자는 사태가 발생할 경우 모든 정보를 취합·분석하고, 결정사항을 신속하게 전파할 수 있는 통합 시스템이 절실하다는데 입을 모았다. 준비된 각본에 따라 인명구조, 추가 테러 예방, 치료 등을 빈틈없이 수행할 수 있도록 해야 한다는 것이다.

그들은 지휘체계에 따라 테러의 재앙이 한정된 지역과 한정된 수준에 그칠 것인지, 아니면 대재앙으로 번져나갈 것인지가 결정된다고 말했다. 통합 지휘부는 국가의 어디에 대응 자원이 있고, 어떻게 배분하여 대처할 것인지를 정확하게 알고 있어야 하며,

민간과 공공조직의 임무를 어떻게 배분·조정할 것인지도 파악해야 한다는 것이다. 즉, 사전 준비는 공공과 민간, 군부와 민간조직의 한계를 다시 설정하는 것에서부터 시작되어야 한다는 얘기이다.[8]

민·관 공조의 또다른 예는 AT&T 회장인 C. 마이클 암스트롱이 이끄는 비즈니스 라운드테이블의 국가안보 특별팀이다. 라운드테이블의 회원인 최고 경영자 150명을 즉시 연결할 수 있는 통신망을 구축하는 것이 특별팀의 임무이다.

전세계에 흩어져 일상적인 비즈니스를 하고 있는 최고 경영자는 사태가 발생할 경우 단 몇 분 안에 연결되어 대처할 수 있다. 정보를 공유하고 위기에 대한 대처방안을 신속하게 마련할 수 있도록 인프라를 구성한다는 것이다.

네트워크는 엄격한 보안과 절차를 통해 최고 경영자가 24시간 내내 최고 정책 결정자와 직접 접촉할 수 있는 통로이다.

C.마이클 암스트롱은 네트워크를 통해 비회원 최고 경영자들과 접촉할 수 있도록 하는 것이 1차 목표라고 제시했다. 라운드테이블 회원들이 각자 소속되어 있는 산업계의 다른 최고 경영자와 의견을 주고받아 위기상황에 대한 아이디어를 수혈받을 수 있도록 한다는 것이다.[9]

공공-민간의 뉴 파트너십의 또다른 예는 세계경제포럼 WEF World Economic Forum이 2002년 2월 뉴욕에서 구축한 '위기대응 네트워크' DRN Disaster Response Network이다.

위기대응 네트워크는 비영리 독립기구이면서 웹을 기반으로 한 그물망이라고 할 수 있다.

벡텔 그룹과 엔지니어링 설계회사인 레오 A. 댈리Leo A. Daly의 파슨스 브링커오프Parsons Brinckeroff에 의해 운용될 예정이다. 위기가 발생할 때 구호와 구조장비, 전문가를 지원하는 등의 임무를 수행하게 될 것이다.

네트워크는 단순히 인력과 장비를 지원하는 것에 멈추지 않는다. 기업이 갖추고 있는 관리와 정보 시스템도 제공해 위기상황을 효율적으로 극복할 수 있도록 하는데 목적이 있다.

위기발생 직후 경제계의 인력과 자원을 효율적으로 동원하여 피해를 최소화하고 복구작업에 적극적으로 참여하는 통로가 될 것이다. 적십자 등 공식적인 구호기관의 요청을 받아 필요한 장비와 인력을 지원하는 것도 네트워크의 임무라고 할 수 있다. 또한 네트워크는 위기상황에 따른 법률문제에 대한 자문도 제공할 수 있다.

네트워크는 이런 임무를 효과적으로 수행하기 위해 2002년 엔지니어링, 건설, 물류, 교통산업의 기업들을 1차적으로 받아들였다. 2003년에는 다른 업종의 기업까지 받아들일 예정이다. 또한 국제적인 면모를 갖추기 위해 출범 초기부터 영국, 스페인, 스위스, 그리스, 멕시코, 인도의 기업도 참여시켰다.[10]

또다른 민·관 공조기구는 주정부나 지방정부가 지역내 기업들과 구축한 지역단위 조직이다. 로스앤젤레스 카운티는 공항·

항구·교량, 테마 파크 등 많은 사람이 드나들거나 이용하는 시설을 테러로부터 보호하기 위해 '테러 조기경보 그룹' Terrorism Early Warning Group을 출범시켰다.

경찰, 소방대, 병원, 지역 비즈니스 리더들이 이 그룹에 참여했다. 위급한 상황에서 병원이 어떻게 대응할 것인지, 어떤 교통편을 활용해 인력과 자원을 어떻게 수송·배치할 것인지 등을 포함해 사전에 대응방안을 짜놓은 것이라고 할 수 있다.

매사추세츠도 로스앤젤레스와 비슷한 방법으로 '반테러 통일 대응 네트워크' Anti-Terrorism Unified Response Network를 구성했다. 기업 연합체인 경제단체도 이런 노력을 적극적으로 받아들여 나름대로 필요한 네트워크를 구성하기 시작했다.

제약협회PRMA는 바이오 테러가 발생했을 경우 비즈니스 리더와 고위 관료들이 어떻게 대응해야 할지 미리 교육시키는 프로그램을 출범시켰다.

학계도 팔을 걷어부치고 나섰다. 보안 테크놀로지에 관한 다트머스Dartmouth 연구소는 사이버 보안을 강화하기 위해 다양한 전문가 풀을 만들었다. 콜로라도 주립 대학은 생화학 보안을 위한 로키 마운틴 연구소를 통해 비슷한 일을 하고 있다.

이외에도 많은 대학과 연구소가 자신들이 강점을 보유하고 있는 분야에서 네트워크를 구성하기 위해 끊임없이 노력하고 있다. 공통적인 특징은 비즈니스 리더와 정책 담당자를 묶어 공동 대응하는 것이다.

민 · 관 공동조직의 구체적 임무

비즈니스 리더는 포괄적인 의미에서는 안전과 안보와 관련하여 좁은 의미에서는 특정 인프라를 지키기 위해 많은 일을 할 수 있다.

> ### AGENDA ITEM
> 행정과 비즈니스 리더들은 국가안보 자문기구가 의미있는 조직이고, 큰 기여를 할 것이라는데 뜻을 같이 해야 한다.

이는 국가안보 영역에서 해야 할 일이 널려 있고, 수많은 예산이 투입될 것이며, 민 · 관 공조가 활발하게 이루어져야 목적이 제대로 달성될 가능성이 높기 때문이다. 정책 담당자와 비즈니스 리더는 공조를 효과적으로 이룩하기 위해 합동 감독기구를 설립하는 것이 급선무이다. 마침 톰 리지는 2002년 3월 19일 국토방어 자문위원회Homeland Security Advisory Council를 구성하자고 제안한 바 있다. 세계의 비즈니스 리더들이 벤치마킹할 만한 것이라고 할 수 있다.

그의 제안에 따르면 자문위원회는 최고 경영자, 학계, 비정부기구NGO, 지방정부 고위관료 등 모두 21명으로 구성된다. 그리고 산하에 부문 자문위원회를 둘 수 있다.

부시 행정부도 2002년 6월 5일, 국가안보부Department of

Homeland Security를 구성하겠다고 밝혔다. 안보부는 장관급 조직으로 안보관련 기존 연방조직 22개를 편입하고 17만 명의 직원을 거느리는 거대한 기구가 될 것이다. 연간 예산만도 무려 380억 달러를 쓰게 될 예정이다.

부시는 국가안보부 설립을 제안한 뒤 톰 리지가 내놓은 제안에 따라 자문위원 16명을 임명했다. 의장은 UBS 페인 웨버의 회장인 조지프 J. 그라노Joseph J. Grano이다. 제약회사 엘리 릴리Eli Lilly의 회장인 시드니 토렐Sidney Taurel, 비영리 기술자문조직인 미트레텍 시스템스Mitretek Systems의 회장 리디아 워터스 토머스Lydia Waters Thomas, 마쉬 크라이시스 컨설팅Marsh Crisis Consulting의 회장 폴 브레머Paul Bremer 3세, 다우 케미컬의 비즈니스 그룹 회장인 캐슬린 M. 배더Kathleen M. Bader 등 유명 경영자들이 위원으로 지명받았다.[11]

무엇이 최우선 과제이고, 이것은 어떤 순서에 따라 집행되어야 하는가?

자문기구 등은 의욕이 지나쳐 한꺼번에 많을 일을 하려다 오히려 일을 망치는 결과를 낳을 수도 있다. 각국의 교통·통신 등의 인프라 구조는 거대한 망으로 구성되어 있기 때문에 안보를 위해 일하는 기구들은 이런 점을 감안해 일을 추진해야 한다. 이를 위해 우선 어떤 과제가 가장 중요한 것인지 이를 선정해 추진하는 것이 바람직하다.

2002년 중반 현재, 워싱턴과 비즈니스 리더들이 많은 일을 시도하고 추진했지만, 국가안보 전략은 여전히 불분명하다.

브루킹스 연구소의 연구결과, 지금까지 이루어진 각종 노력은 이미 발생한 위협이 다시 발생할 것을 상정하고 전략을 짠 것으로 나타났다. 항공기 납치, 우편으로 배달되는 탄저균 테러 등을 예상해 대비하고 있다는 것이다. 하지만 미래의 위협은 전혀 예상하지 못했던 형태로 발생할 수 있기 때문에 포괄적이고 일반적인 대비책을 마련해야 한다고 연구소 측은 지적한다.

브루킹스 연구소는 대신 강력하고 포괄적인 국경경비 강화와 미국내 잠재적인 테러리스트 공격을 대비해야 한다고 권고한다. 그리고 미국내에서 극단주의자의 준동에 의해 수백 명, 아니 수천 명의 목숨이 희생당할 수 있는 사태를 적극적으로 대비하라고 조언하였다.

연구소는 특히 미국내 항구로 들어오는 컨테이너 박스에 대한 감시와 검열을 강화할 것을 주문했다. 현재 단 2~3%만 검색을 받고 있다는 사실을 지적하며 해로운 물질이 운송될 때 올 결과는 아주 파괴적이라고 경고했다.

이와 함께 육로를 통해 국경을 넘어오는 수많은 트럭에 대한 감시도 강화해야 한다고 말했고, 대형 빌딩의 환기 시스템을 통해 파급될 생화학 테러도 빼놓을 수 없는 감시대상이라고 지적했다. 이를 위해서는 현재 분산되어 있는 감시체계를 하나로 묶는

전략적인 접근방식이 필수적이라고 권고한다.[12]

공공과 민간 자금은 적절하게 쓰여지고 있는가?

안전과 안보의 전략적인 틀Framework이 제대로 마련되지 않은 상황에서 국가의 안전과 안보를 위한 예산이 적절한지, 너무 많거나 적은지를 판단하기란 쉽지 않다.

캘리포니아 출신으로 민주당 의원인 제인 하먼Jane Harman은 이에 대해 "행정부는 전략을 제시하지도 않은 채 예산안만 제출했다. …… 전략이 마련되기 전까지는 절대로 예산안을 평가할 수 없다. 국가의 재정이나 자원이 무한한 것이 아니기 때문"이라고 비판했다.[13]

부시 행정부가 제시한 2002~03년 예산 규모는 과거보다 세배 이상 늘어난 380억 달러이다. 세부 내용을 살펴보면, 신규 사업비도 상당수 포함되어 있지만 영향력 있는 상·하원의원의 지역구를 위해 배당된 금액도 적지 않다. 또한 상당 규모의 단순한 행정비, 관리비도 책정되어 있다.

정책 담당자와 비즈니스 리더는 의회와 국민에게 씀씀이를 정확하게 전달할 수 있는 회계원칙을 확정해야 한다. 특히 비즈니스 리더는 안전과 안보를 위해 민간 부문이 지출할 수 있는 액수를 평가할 필요가 있다. 또한 공공예산과 민간 부문 지출액수를 합한 자금 규모가 얼마나 되는지, 전체 총액이 국가안보상 목적을 달성할 수 있는 것인지 등을 따져보아야 한다.

정부가 민간기업에 요구하는 안전·안보 법규가 제대로 실천되고 있는지 감독할 시스템은 무엇인가?

정부의 여러 조직은 앞으로 수년 동안 민간기업에게 테러와의 전쟁에서 수행해야 할 사항을 요구하게 될 것이다. 안전·안보 때문에 시장의 활력이 떨어지지 않도록 하기 위해서는 최소한 두 가지 과제만이라도 선결되어야 한다.

첫째, 비즈니스 리더와 정책 담당자는 경제에 대한 충격을 최소화하기 위해 각종 규제와 이중 삼중으로 중복되는 감시장치를 풀어야 한다.

둘째, 비즈니스 리더와 정책 담당자는 경제계의 자율규제 기구를 어떻게 구성할 것인지 미리 결정해야 한다.

경제계와 정부는 안전·안보를 위해 신설될 법규가 어떤 비용을 유발하고, 어떤 수익을 낳을 것인지 미리 따져볼 필요가 있는가?

문제는 법규의 존재 유무가 아니라 제대로 지켜지지 않고 있다는 점이다. 정부는 현재 가지고 있는 법규를 잘 활용할 생각은 하지 않고, 새로운 행정부나 조직 등이 들어섰을 때 새로운 법규를 만들기에만 급급하다. 또다른 문제점은 새로운 법규가 마련되어 집행에 들어가도 수많은 허점과 재해석 등이 불가피하다는 점이다. 결국 경제의 발목을 잡는 천덕꾸러기 법규로 전락하고 말 가능성이 높다.

따라서 안전과 안보를 위해 새로운 법규를 제정할 때, 법규에 따른 기회비용과 어떠한 실질 수익이 발생할지 사전에 따져보는 틀을 마련해둘 필요가 있다. 비용에는 실제 적용과 집행까지 걸리는 시간을 비롯해 새로운 법규의 효율성, 시장의 활력에 대한 발목잡기 등이 포함된다.

비즈니스 리더와 정책 담당자는 새로운 법규의 효용과 비용을 함께 따져보는 틀을 만들어 분석·검토하는 길을 마련해둘 필요가 있다. 민·관 합동기구를 만들어 국가안보와 관련된 법규가 제정되어 집행된 지 2년 뒤 그 비용과 효과를 따져보도록 해야 한다. 그렇게 했을 때 비용이 효과보다 클 경우 전면적인 재개정이나 폐지를 제안하는 것이다.

기업의 비밀과 생명력을 보호하기 위한 적절한 법적 대책은 있는가?

민간 부문은 국가의 안전과 안보를 위해 재산상의 정보를 정부와 공유해야 한다. 그러나 이 과정에서 기업의 취약성이 그대로 노출되는 경우가 있겠다. 정보가 공개될 수밖에 없을 것이기 때문이다. 소중한 경영정보가 파손되는 것은 말할 것도 없고, 최고 경영자는 비즈니스 과정에서 발생한 불법과 탈법행위로 소송에 휘말리는 사태도 경험할 수 있다.

국가의 안전·안보 자문기구는 이런 사태를 대비하는 법적 장치를 미리 마련하도록 권고할 필요가 있다. 기업은 이런 사태에 대한 대비책이 없다면 정부에 협조하려고 하지 않을 것이기 때문이다. 기업인은 안전과 안보를 위해 일하다 어쩔 수 없이 저지르게 되는 행위에 대해 일정 정도는 면책받을 필요가 있다.

사생활 보호 등의 가치에 견주어볼 때 국가의 안전과 안보는 어떤 의미를 갖고 있는가? 또 그에 대한 노력은 적절하게 평가받는가?

기업경영은 신기술의 개발·적용과 관련이 있는 행위라고 볼 수 있다. 신기술은 기본적으로 다양한 정보를 수집·분석해 집중화하는 결과를 낳는다.

미국의 자동차관련 행정가협회는 운전면허를 하나의 기준으로 통일시키는 작업을 하면서 연방정부의 예산을 타 쓰려 한다. 미국 50개 주의 자동차면허 관련법규와 데이터를 하나의 시스템으로 묶어 통합하는 것이 협회의 일이다.

정보 통합이 이루어지면, 운전면허가 주민등록증과 같은 구실을 할 수 있다. 개인의 신용정보를 포함한 각종 경제정보와 건강·범죄정보가 한군데로 통합되는 것이다.

안전과 안보의 부서는 개인의 신상정보에 손쉽게 접근할 수 있는 이점을 갖게 되고, 개인은 통합 신분증으로 사무실 출입 등을 자유롭게 할 수 있을 것이다. 하지만 통합 신분증은 인터넷과 테러의 시대가 낳은 현상이다. 사회 각계는 이런 현상에 대해 어떤 형태로든 대응해야 한다.

조지 워싱턴 대학 로스쿨의 제프리 로센 Jeffrey Rosen 교수는 2002년 4월『뉴욕 타임스 매거진』을 통해 "인터넷 기술을 기반으로 추적·분류·감시 시스템을 구축할 경우, 고객의 취향을 정밀하게 분석할 수 있다. …… 실리콘 밸리는 이런 시스템이 자유와 선택을 강화하게 될 것이라고 주장한다"고 하며 "하지만 정부가 비슷한 시스템을 개인의 추적·분류·감시 시스템으로 활용할 경우, 이는 자유의 기술이 아니라 감시의 기술이 될 것이다"라고 지적했다.[14]

비즈니스 리더는 이런 시스템의 효과와 부작용을 개별 기업의 이익이 아니라 공공의 이익을 우선하는 관점에서 냉정하게 판단하고 평가해야 한다. 특히 개인의 프라이버시는 자유라는 근원적인 가치와 관련되어 있다. 개인 수천 명을 억류해 감시하고, 변호사와 의뢰인의 대화를 엿들으며, 범죄정보를 통합 관리하는 것 등은 국가안보와 관련이 있지만, 다른 한편으로는 사생활 침해로 이어질 수밖에 없다.

안전과 안보를 이유로 행해지는 일들이 개인의 자유 사이에서 적절한 균형을 유지할 수 있도록 감시해야 한다는 얘기다.

정부는 자국 산업을 보호할 수 있는가?

미국 정부는 9 · 11 테러 이후 항공산업을 유지하기 위해 구제금융을 제공했다. 2002년 6월 현재 보험산업을 어떻게 구제할 것인지 부심하고 있다. 각국 정부도 자국의 항공 · 보험 산업을 지키기 위해 구제금융을 제공했다. 돌이켜보면 정부의 구제금융은 위기상황을 근거로 한 혼란스러운 대책이었다.

각국의 정책 담당자는 추가 테러 가능성이 분명한 상황에서 구제금융은 불가피한 것이라고 변명한다.

과연 타당한 변명인가? 업계는 구제금융을 받은 대가로 무슨 일을 해야 할까?

안전과 안보 담당 부처가 민간 부문의 사안까지 간섭할 수 있는가?

부시 대통령이 국가안보부의 설치를 제안했을 때 많은 사람은 정보부서를 포함해 어떤 부서가 새로운 부처에 통합될 것인지, 아니면 어떤 부서는 빠질 것인지에 촉각을 곤두세웠다. 그러나 정작 신설 부처와 경제계의 관계에 대해서는 거의 관심을 두지 않았다. 따라서 세계의 비즈니스 리더는 안보부와 경제계가 어떤 관계로 맺어져야 하는지에 관심을 기울여야 한다.

부처의 신설은 공공과 민간 부문이 '뉴 파트너십'을 구축할 수 있는 절호의 기회라고 할 수 있다. 현대적인 인프라를 구축할 수 있는 계기라는 뜻이다. 신설 부처가 위계서열과 관료조직이 아니라 최신 통신기술과 유연한 조직구조를 갖춘 기구로 탄생하도록 하는 것이다.

공공과 민간 리더의 앞에 놓인 과제 가운데 조직의 유연성과 효율성을 높이는 이런 과제는 하루빨리 해결되어야 할 시급한 것이라고 할 수 있다. 인텔리브리지 최고 경영자인 데이비드 J. 로스코프David J. Rothkopf는 2002년 5월, 글을 발표해 준비 부족에 경종을 울렸다.

"오늘날 기업들은 종합기획, 훈련, 위협평가, 정보공유, 공동연구 등 국가안보를 위한 전략에 필요한 능력을 구비하고 있지 않다"고 지적했다.[15] 서두를 필요가 있다.

정상적인 범위를 넘어서는 안보산업복합체 *Securiy-Industrial Complex*의 출현을 막을 수 있을까?

냉전시대를 거치면서 군수산업 최대 발주처인 펜타곤과 군수업체가 밀월관계를 맺어 군산복합체라는 괴물이 탄생했다. 자문위원회 등은 역사가 현재에 남긴 교훈이 무엇인지 꼼꼼하게 곱씹어볼 필요가 있다. 역사의 긍정적인 측면과 함께 부정적인 측면을 따져보아야 한다는 얘기이다.

이론적인 과제가 아니다. 현재 수많은 컴퓨터 관련 기업은 정부에 하드웨어와 소프트웨어를 납품하여 막대한 수익을 남기고 있다. 심지어 중앙정보국CIA은 인-큐-텔 In-Q-Tel이라는 회사를 설립하여 정보수집과 관련된 시스템을 개발하는 업체에 투자하고 있을 정도이다.

메이저 군수업체인 레이시온, 보잉, 록히드 마틴 등은 군수물자의 해외수출보다 미국내 안보시장 성장에 발맞추어 수익을 올릴 수 있는 전략을 앞다투어 개발하고 있다. 테러 사태 이후 미국내 안보 수요가 더욱 급증할 것이라는 판단에서다.

본토방어 전문가인 필 앤더슨Phil Anderson은 『월스트리트 저널』과의 인터뷰에서 "우리의 앞길에 거대한 폭풍이 다가오고 있다. 그런데 우리가 알고 있는 것은 빙산의 일각에 지나지 않는다"고 말해 안보산업의 잠재력을 평가했다.[16]

전세계의 안보산업이 앞으로 어떻게 진행될 것인지 미리 추정하고 평가해볼 필요가 있다.

각국의 자문기구는 안전·안보와 관련된 국제적 사안을 어떻게 평가할 것인가?

미국의 시장과 안보가 국제시장, 안보와 어떻게 상호관계를 맺고 있는지 정확하게 평가하기란 아주 어렵다. 그렇다고 국제적

변수를 무시하는 안전과 안보는 착각에 지나지 않는다.

질병통제센터CDC는 이미 생화학 테러를 대비해 국제공조 네트워크를 마련했다. 미국의 한 도시에서 발생한 질병이 순식간에 국제적으로 확산될 수 있기 때문이다.

질병통제센터의 이런 노력이 전혀 새로운 것이라고 할 수는 없지만, 지금은 더 많은 관심과 지원이 필요한 때이다. 더불어 비즈니스와 공공 부문 리더라면 이 부문에서 최상의 노력을 기울일 필요가 있다.

생화학 테러 대비에는 전지구적인 공조가 필요하다. 음식물이 독성 바이러스나 세균에 의해 감염될 경우, 국경을 넘어 빠르게 전파되는 경향이 있다. 미국의 한 지역에서 이런 사태가 발생했을 때 순식간에 외국으로 퍼지고, 반대로 외국에서 발생한 질병이라면 짧은 시간 안에 미국으로 옮겨온다.

생화학 테러를 대비하기 위해서는 다양한 전문가들이 강렬한 관심을 기울여야 한다. 농어민, 수의사, 정부 관료, 농기업 리더가 네트워크를 형성해 대처해야 한다는 것이다. 특히 화물선, 화물기 등이 생화학 물질에 의해 오염되었을 때는 각별한 국제적 공조가 불가피하다.

안전과 안보를 위한 노력은, 국제사회가 거대한 네트워크를 형성하고 있기 때문에 물류망의 취약성을 점검하는 데서부터 시작될 수 있다. 기업은 1990년대 이후 불어닥친 글로벌화 바람으로 생산원가가 싼 지역을 찾아 생산시설을 이동했다.

21세기로 들어선 현 시점에서 각광받는 지역이 바로 중국이다. 그러나 중국에 대한 정보가 적은 것이 흠이다. 경제계는 중국의 정치·사회·경제의 격변에 어떤 영향을 받게 될 것인지 미리 따져보아야 한다. 중국에 대한 투자로 다른 아시아 지역과 라틴 아메리카 지역에 대한 투자가 급감하고 있다.

미국 기업만이 중국에 집중적으로 투자하고 있는 것은 아니다. 일본 기업은 1990년대 동남아 투자를 늘리면서 중국에 대한 투자를 배가했다. 대만의 본토 투자도 1999년 이후 무려 5배 이상 늘어났다.

인텔, 델, 시스코 같은 미국 기업은 중국에 엄청난 설비투자를 해놓은 상태이다. 자동차와 컴퓨터 등이 중국에서 생산되어 전세계에서 유통되고 있다. 그런데 미국 기업은 중국내 하청기업에 대한 정보를 거의 갖고 있지 않다. 충분한 정보를 수집해놓고 있지 않은 것이다. 특히 중국에서 전쟁, 테러, 자연재해, 정치불안 등이 발생할 경우에 어떻게 대응할 것인지 그 대책이 없는 상태이다.

따라서 경영자는 전세계적 제조업 기지인 중국에 대하여 원유 창고인 사우디아라비아만큼 관심을 기울여야 한다. 또한 세계적 소프트웨어 생산기지로 부상하고 있으면서 정치적·사회적으로 불안한 인도에도 상당한 관심을 기울여야 한다.[17]

미국의 국제적 이익은 멕시코와 캐나다에도 달려 있다. 미국과 국경을 맞대고 있는 캐나다와 멕시코는 북미자유무역지대협정

NAFTA을 맺고 있는 동반자라고 할 수 있다. 이는 경제적 측면뿐 아니라 안전측면에서도 중요한 의미를 갖는다.

부시 행정부는 이들 나라와 맞대고 있는 국경을 강화하기 위해 다양한 조처를 취했다. 캐나다와는 비자를 비롯해 국경을 넘나드는 사람에 대한 정보를 공유하기로 했고, 캐나다에서 입국하는 사람이나 차량을 감시하는 방법을 개발하기 위해 시범 시스템을 운영하기로 했다.

각국은 테러 사태 이후 교역을 강화하면서 안보문제도 해결하는 방향으로 나가기 위해 인접국가와 공동시장 회원국과의 관계를 더욱 견고히 할 필요가 있다.

자유와 혁신을 거스르지 않는 안전과 안보

안전과 안보는 앞으로 수십년 동안 중요한 현안이 될 가능성이 상당히 높다. 정책 담당자, 비즈니스 리더 등 사회 각계의 인사가 지혜를 모아 공동으로 풀어나가야 할 과제라고 할 수 있다.

안전·안보 관련 예산은 정부 예산에서 가장 중요한 부문일 것이고, 조직은 정부 가운데 가장 큰 규모가 될 것이다. 안전과 안보는 정부와 경제 사이에서 최대 현안일 수밖에 없고, 개인의 자유를 제약하는 가장 큰 구실일 수 있다.

그러나 안전과 안보 때문에 일정한 한계를 넘어서는 비용 상승이 유발되어서는 안 되고, 기업의 혁신이 제한되어서도 안 된다. 더욱이 국제간의 교역과 미국이 그동안 소중하게 지켜왔던 자유와 시장경제가 침해되어서도 안 된다.

이런 어려움을 이겨내고 어떻게 국가의 안전과 안보라는 목적을 달성할지에 대한 논쟁은 이미 시작되었다. 앞으로 비즈니스 리더는 안전과 안보의 틀을 마련하고 실행하는데 실질적이고 건설적인 역할을 담당해야만 한다.

5_ 자본시장의 투명성을 위하여

스캔들로 점철된 자본시장

　미국 금융시장의 역사를 되짚어보면, 투자자의 신뢰를 흔들어놓기에 충분한 금융 스캔들이 무수히 발생했다.

　찰스 폰지Charles Ponzi는 투자자 4만 명으로부터 당시로선 엄청난 거액인 1,500만 달러를 사기해 먹었다(그는 플로리다의 개발붐을 악용해 허황된 주택투자로 많은 사람을 모았다. 택지값의 10%만 있으면 건축비는 은행이 빌려주었고, 불과 몇 주 사이에 땅값이 2배로 뛰는 분위기도 조성되었다. '먼저 투자한 사람에게 다음 투자자의 자금으로 높은 이익을 보상해주는 폰지의 묘안'은 한동안 성공을 거두었다. 그러나 결과는 대파산이었다. 이 스캔들로 폰지 파이낸싱 또는 폰지 게임이라는 말이 생겨났다).

'성냥왕' 이바르 크루거Ivar Krueger는 1930년대 세계 성냥의 2/3를 독점할 정도로 성장할 수 있었지만, 엄청난 부외거래(회계 장부에 올리지 않아도 되는 거래. 엔론도 파생상품 투자 등 부외거래를 통해 막대한 손실을 입고 파산했다)를 일으켜 결국 파산했다. 수많은 채권자와 투자자가 하루아침에 빈털터리로 전락했다.

미국의 유수 기업들도 스캔들을 일으킨 적이 있다. 1961년 제너 럴 일렉트릭, 웨스팅하우스 일렉트릭 등은 연방정부의 사업에 입 찰하는 과정에서 부정을 저지른 혐의로 기소되었다. 이반 부스키 Ivan Boesky와 마이클 밀켄Michael Milken은 정크 파동을 일으킨 혐 의로 1986년 실형과 벌금형을 선고받기도 했다.

이반 부스키와 마이클 밀켄의 정크본드 파동은 1989년 대부조 합사태로 이어졌고, 1997년에는 의료보험 사고인 콜럼비아/HCA 스캔들이 불거져 미국 전역을 떠들썩하게 했다. 심지어 2000년에 는 세계적인 경매회사 소더비Sotheby's와 크리스티Christie's마저 경매가격을 조종한 사실이 드러났다.

이런 사건은 모래알처럼 많은 스캔들 가운데 대표적인 사례일 뿐이다. 그러나 자본주의 역사를 통해 볼 때 투자자는 버블과 투 기심리에 취해 극단적인 행태를 보여온 것이 사실이다.[1]

금융시장이 수많은 스캔들로 점철되어 왔지만, 엔론, 월드컴, 글로벌 크로싱의 회계부정과 아서 앤더슨의 묵인은 미국 경제사 의 분수령으로 평가될 가능성이 높다. 부시 행정부를 비롯해 증 권거래위원회와 의회는 엔론 사태 등으로 빚어진 미국 자본시장의 신뢰 하락에 우려를 금치 못했다. 세계 최대 에너지 기업이 왜 하루아침에 몰락할 수밖에 없었는지를 파악하기 위해 부심하고 있다. 이런 현상은 미국만의 일이 아니다.

수많은 의문이 꼬리를 물고 제기되었다. 엔론 경영진과 이사회는 무엇을 하고 있었는가? 외부 감사인, 애널리스트, 신용평가회사, 증권사, 채권자, 감독당국이 파산의 굉음이 나기 전에 미리 파악하지 못한 이유는 무엇인가? 정확한 원인 진단과 문제 해결을 위해 필요한 조처들은 무엇인가?

부시 대통령이 사태 해결을 위해 내놓은 첫번째 대책은 기업의 지배구조와 회계관행의 개혁이었다. 대통령 혼자 대책을 마련한 것이 아니었다. 증권거래위원회, 주정부, 증권거래소, 의회, 회계 전문가와 함께 기업인도 참여해 개혁안을 내놓은 것이다.

증권거래위원회 하비 피트(부시 대통령에 의해 임명된 피트는 '개혁대상'인 회계업계와 밀접한 관계를 맺고 있는 인물이라며 야당은 물론 월스트리트로부터 비판받았다.

결국 그는 자신이 임명한 윌리엄 웹스터 기업회계감독위원회ACOB 위원장이 회계부정을 저지른 US 테크놀로지스의 회계위원장을 역임했다는 사실이 불거지면서 사퇴했다)는 "증권거래위원회 설립 이후 가장 획기적으로 증권관련법을 바꾸겠다"고 밝혔다. 의회도 적극적으로 나서 소위원회 10개를 구성한 뒤 제출된 30여 개의 법안을 심의하는 등 대대적인 개혁을 추진했다.[2]

부시가 제안한 개혁안의 몇 가지는 기업지배구조, 재무회계, 공시와 관련된 것이고 나머지는 최고 경영자, 이사, 월스트리트 애 널리스트에 관한 것들이다. 의회는 기업의 부정행위에 대한 처벌 의 강도를 높일 수 있도록 법을 개정했으며, 기업이 파산했을 때 직원을 보호하기 위한 조처를 강화했다.

기업이 증권거래위원회에 보고하는 재무제표를 강화하는 방안 도 개혁안에 포함되어 있고, 월스트리트 금융회사는 애널리스트 가 담당 종목의 수익성 등을 의도적으로 높게 평가하여 주가를 끌어올린 뒤 차익을 챙기는 행위를 막기 위하여 자기개혁안을 내 놓았다.

『비즈니스위크』의 존 바이른은 기업의 신뢰도 하락에 대해 "미 국 기업에 대한 평판은 1900년대 초 이후 나쁘지 않았다. 그때는 시어도어 루스벨트 대통령이 독점기업에 대한 국민의 분노를 등 에 업고 규제하기 시작한 때였다"고 지적했다.[3]

기업인은 국민의 분노와 정치적인 압력이 비등하자 입을 다물 었다. 골드먼 삭스 회장인 헨리 폴슨 2세만이 분명한 어조로 모든 문제점을 지적했을 뿐이고, 다른 비즈니스 리더는 침묵으로 일관 했다.

어떤 비즈니스 리더가 자신이 의지하고 있는 시스템을 정면으 로 비난할 수 있겠는가? 어느 누가 자신이 경영하는 기업이 관심 의 초점이 되는 것을 원하겠는가?

그러나 지은이가 오프-더-레코드를 전제로 이야기해본 최고 경영자들은 국민의 분노가 들끓는데 대하여 상당히 긴장하고 있었다. 또 많은 기업인은 경제가 회복국면에 접어들고 증시가 반등하기 시작하면 폭풍이 잦아들 것이라 믿고 있었다. 그리고 기업의 투명성을 강화하는 입법 요구는 상당히 비현실적인 것이라고 생각하는 성싶었다.

기업 이사회의 기능을 강화하는 법이, 이상은 좋을지라도 현실성은 떨어진다는 것이 그들의 시각이었다. 그들은 이사진이 전세계시장을 상대로 활동하는 기업의 속사정과 복잡한 회계 상황을 정확하게 파악할 수 없다고 주장했다.

결국 최고 경영자는 이사회의 기능 강화는 다음 세 가지 결과 가운데 하나이지만, 세 가지 모두로 이어질 가능성이 높다고 주장했다. 즉, (1) 기업을 낱낱이 해부해 결국 해를 끼칠 것이고, (2) 나중에 불거질 책임 논란을 피하기 위해 외부 자문기구의 힘을 빌려 역기능을 초래할 것이고, (3) 능력 있는 이사는 끝내 두손 들고, 업무 부담이 적은 기업을 찾아 떠날 것이라는 얘기이다.

재계는 입법을 막기 위해 필사적으로 뛰었다. 그들은 새로운 법이 자신의 클라이언트에게 엄청난 책임을 묻게 될 것으로 보았고, 그렇지 않더라도 기업경영에 심각한 장애를 줄 것이라고 판단했기 때문이다. 그러나 의원들은 엔론의 범죄행각에 대해 강력히 응징하려는 의지를 유권자에게 보여야 할 판이었다.

재계와 의회의 줄다리기는 앞으로 2~3년 동안 계속될 가능성이 높다. 이제 시작일 뿐이라는 얘기다. 의회가 현재 손을 댄 것은 곁가지 이슈에 불과하고 중요한 법안은 아직 처리하지 않고 있기 때문이다.

새로운 법은 재무회계와 정보 공개를 맡은 사람들에게 엄청난 스트레스로 작용할 가능성이 높다. 하지만 결국에는 헛점이 발견되어 기업에 의해 악용될 것이다.

의회만이 개혁을 부르짖고 있는 것이 아니다. 증권거래위원회, 법무부, 각주의 검찰청, 증권거래소도 각자 개혁안을 내놓고 있다. 분명한 사실은 엔론 스캔들 등으로 금융시장의 기초에 심각한 훼손이 발생했다는 점이다.

투명성 회복을 위한 구체적 계획

금융 · 경제 스캔들은 대체로 비슷한 패턴을 띤다. 불법행위가 드러나고, 언론이 앞다투어 선정적인 뉴스를 쏟아내놓는다. 은행 한두 군데가 파산을 선언하고, 분노한 척하는 의원들은 청문회를 열어 생생한 뒷이야기를 캐낸다.

사태가 이쯤 되면, 사법당국이 나서 스캔들의 주범에게 거액의 벌금형을 부과하고, 때에 따라서는 징역 등 실형을 선고한다. 그리고 비슷한 범죄를 막기 위해 새로운 법이 만들어진다.

처벌 단계에 이르면, 증시는 충격에서 벗어나 서서히 상승하고 대중의 분노와 관심은 사그러진다.

스캔들이 남긴 교훈은 사건의 파장과 복잡한 성격 때문에 시간이 흐르면서 의미가 흐려지는 경향을 띠기 마련이다. 들끓던 여론은 특별법을 만들어 단죄하거나 개선하는 방향으로 수렴된다. 하지만 건전하고 투명한 경영이 법조문 몇 개로 보장되는 것은 아니다.

그럼에도 최고 경영자는 재발을 막기 위한 입법에 최선을 다해 협력할 필요가 있다. 도덕성 상실에 신속히 대응하고, 금융시장 투명성에 대한 대중의 불신을 빨리 불식시켜야 한다.

기업인이 최선을 다하면 국민은 기업의 재무제표는 믿을 만하고 투자결정에 좋은 자료라며 받아들이기 시작할 것이다. 그리고 월스트리트 애널리스트 등은 열린 시장의 파수꾼으로서 정직하고 성실하게 일한다고 믿기 시작할 것이다.

이를 위해 비즈니스 리더는 과거의 잘못을 소상하게 정리해 공개할 필요가 있다. 감추려 해서는 안 된다는 얘기다. 그리고 장기적인 대책으로 미래의 비즈니스 리더를 위한 교육강화에 힘을 쏟아야 한다. 특히 과오에 대한 기록은 간단명료하게 정리되어 많은 사람들에게 역사의 교훈으로 제공되어야 하며, 경제계 안팎에서 심도있는 토론을 거쳐야 한다.

AGENDA ITEM

비즈니스 리더와 정책 담당자는 최근 발생한 스캔들에 대하여 철저히 분석하고 투명성을 높이기 위한 대책을 내놓아야 한다.

비즈니스 리더는 2002년 중간선거가 끝난 뒤 '특별위원회'(이

하 위원회) 구성을 부시 대통령에게 건의했다.

위원회는 전·현직 유명 경영자들로 구성되었는데, 무엇이 잘 못이고 어떤 개혁작업이 필요한지 권고하는 게 주임무이다.

정상급 경영자는 위원회 안에서 주도적인 역할을 하고 적지 않은 실익을 얻을 수 있을 것이다. 시장과 기업이 이 위원회를 통해 믿을 만한 곳으로 다시 태어나면, 경영자는 상당한 이익을 볼 수 있기 때문이다. 위원회는 이를 위해 노동계, 학계 등 각계의 이해를 대변하는 남녀를 골고루 충원해야 한다.

위원회가 나서 누가 법을 위반했는지 구체적인 인물을 거명할 필요는 없다. 사법이나 금융감독 당국에서 해야 할 일이기 때문이다. 다른 기구나 조직에서 해놓은 일을 단순히 스크랩해 정책 대안을 내놓아서도 안 된다.

이미 뉴욕증권거래소가 기업의 지배구조를 개선하기 위해 개혁안을 내놓았고, 컨퍼런스 보드(민간 경제조사기관)는 2002년 가을 자체 개혁안을 발표했으며, 증권거래위원회도 재무회계 투명성을 높이기 위해 적극적으로 노력하고 있다.

이러한 상황에 비추어볼 때 위원회는 독자적이고 창의적인 제안을 내놓아야 한다. 이를 위해서는 다음과 같은 의제들에 대해 합의할 필요가 있다.

(1) 기업 이사회는 충분한 독립성을 갖춘 인물이 다수를 이루어야 하고, 기업내 회계위원회 등은 100% 독립 이사로 만들어질 필요가 있다. (2) 최고 경영자와 재무 담당자는 자신들이 제출한 재

무회계가 기업의 실상을 정확하게 반영하고 있다는 사실을 보증할 수 있어야 한다. 공인회계사와 변호사를 들러리쯤으로 내세워서는 안 된다. (3) 최고 경영자의 보수는 기업의 '장기적인 가치'에 따라 결정되거나 재평가될 필요가 있다. (4) 월스트리트의 애널리스트는 실적에 따라 보수가 결정되지 않아야 한다. (5) 공인회계사는 좀더 효율적인 방법으로 감독·감시 임무를 수행할 수 있어야 한다.

여러 단체나 기구들이 이미 이러한 의제에 대해 다양한 제안을 해놓고 있지만, 몇몇 제안은 모호하기 짝이 없는 것이 사실이다. 따라서 위원회가 나서 참신하고 구체적인 개혁안을 내놓을 수 있는 단계라고 할 수 있다. 즉, 신뢰와 투명성을 강화할 수 있는 대안을 내놓아야 하는 것이다. 위원회는 경제계가 엔론 사태 등으로 위축된 상황을 세심하게 분석해 경제계의 공통분모를 제안할 수 있을 것이다.

이를 위해 반영해야 할 사안을 정리해보았다.

단기실적으로 경영진을 압박하지 말자.

위원회는 분기실적 달성, 특히 수단과 방법을 가리지 않고 정확하게 단기실적 전망치를 맞추어야 한다는 중압감에 시달리는 경영진의 노고를 이해해야 한다.

단기실적을 달성하기 위해 허겁지겁 경영해야 하는 중압감을 완화시켜, 장기적인 기업가치가 최고 목표가 될 수 있는 방안을 내놓아야 한다는 얘기다. 또한 장기적인 실적에 맞추어 최고 경영자와 이사에 대한 보수가 결정될 수 있는 시스템도 마련되어야 한다.

이를 위해 위원회는 어떤 투자자가 단기실적을 근거로 머니게임을 펼치고, 어떤 투자자가 장기전망을 근거로 의사결정을 내리는지 실태를 정확하게 조사하는 것도 아주 중요하다.

이 조사 결과는 투자자 대부분이 무엇을 선호하는지 분명하게 알 수 있게 해줄 것이고, 단기와 장기실적 가운데 어떤 것이 얼마나 중요한지를 파악할 수 있게 해준다. 그리고 어떤 세력이 주식을 얼마나 갖고 있는지도 알 수 있는 중요한 자료가 될 것이다. 조사 결과에 따라 경영진은 어떤 실적에 초점을 맞추어야 하는지 결정할 수 있는 것이다.

투자자가 장기투자에 관심을 갖도록 하기 위해서는 세제개혁이 뒤따라야 한다. 단기보유에 대해서는 지금보다 높은 세금을 물리고, 장기보유에 대해서는 세금을 낮추거나 아예 폐지할 필요도 있다.

또한 위원회는 기업의 경영진과 월스트리트 애널리스트가 어떻게 정보를 주고받는지에 대해서도 관심을 가져야 한다. 애널리스트는 경영진에게 다음 분기의 추정실적을 내놓으라고 요구하고 있는 것이 사실이다. 경영진은 그들의 요구에 따라 내놓은 추정실적을 달성하지 못하면 이른바 '시장의 보복'을 받는 것이 현실이다.

바로 이런 관행 때문에 경영자는 회계장부에 손을 대게 된다. 억지로 비용을 축소하고 매출과 이익을 늘리는 '창조적인 숫자게임'(분식)을 하게 되는 것이다. 따라서 경영진이 분기별 실적 전망치를 발표하는 관행을 막을 수 있는 제도적인 장치를 마련할 필요가 있다.

일부 경영자만 이런 관행을 거부한다면, 시장은 그들이 자신이 경영하는 회사의 실태를 정확하게 파악하고 있지 못하다고 해석할 것이고, 주가하락이라는 벌을 내릴 게 분명하다. 투자자가 해당 종목을 대거 팔아치울 것이라는 말이다.

전체 경영자들이 단합하여 실적 전망치의 발표를 거부하면 문제는 쉽게 해결된다. 단기 전망을 내놓지 않는다고 해서 애널리스트에게 제공할 정보가 없어지는 것은 아니다. 설비투자, 자본이익, 전략적 포지션 등 장기적인 목표를 제공하고 평가받게 되는 것이다.

다시 정리하면, 비즈니스 리더가 집단적으로 나쁜 관행에 도전할 경우 단기실적에 중독되어 있는 금융시장을 바꾸어놓을 수 있다는 얘기다.[4]

회계의 투명성을 분명히 하자.

위원회는 회계 투명성을 강화할 수 있는 획기적인 방안을 내놓아야 한다. 기준이나 법규를 허겁지겁 맞추는 게 아니라 기업의 실상과 전망을 정확하게 반영할 수 있는 재무회계를 하도록 관행과 발상을 바꿀 수 있는 계획을 내놓아야 한다는 것이다.

정상급 회계 전문가들은 현재의 회계 시스템이 너무 엄격하고 기업의 현재 상태보다 과거를 주로 반영하도록 하고 있다며 비난한다. 이들은 회계규정과 관행을 전면적으로 뜯어 고쳐야 할 것과, 투자자가 미래의 전망을 예측하는데 도움되지 않는다는 점을 지적하고 있다.

전문가는 특히 현재의 회계 시스템이 산업화 시대의 유물이라고 비판한다. 즉, 연구자산·특허자산·정보기술의 가치가 중요시되는 정보화 시대를 제대로 반영할 수 없는 구닥다리 시스템이라는 얘기다. 그리고 회계규정이 세법만큼이나 복잡해지고 세분화되어 일반 투자자들이 도저히 이해할 수 없는 방대한 문서로 전락했다고 목청을 돋우고 있다.

세계적인 회계·금융 컨설팅 그룹인 KPMG의 회장 스티븐 버틀러Steven Butler는 퇴임 직전 "회계규정과 시스템은 형식이 아니라 내용을 정확하게 반영할 수 있도록 변해야 한다. 현재 회계 시스템은 후기산업화시대 기업의 실상을 정확하게 반영하는데 적절하지 않다"고 지적했다.[5]

이 장의 마지막 부분에서 자세히 다룰 예정이지만, 런던에 본부를 둔 국제재무회계기준위원회Ineternational Accounting Standard Board는 국제회계기준IAS을 만들기 위해 노력하고 있다. 증권거래위원회는 그 기구가 제안한 회계기준을 참조해 공인회계사, 비즈니스 리더, 변호사, 투자자로 구성된 위원회를 만들어 향후 10년 동안 적용될 재무회계 시스템을 만들고 있다.

재무회계 시스템이 정보화 시대의 산업구조를 정확하게 반영하고, 정보통신 발달을 이용해 투자자가 필요한 정보를 어떻게 수집·분류할 것인지를 감안하면 회계방식은 현재와 같아서는 안 되고 더욱 복잡해질 가능성이 높다.

위원회는 기업 정보의 공개·공시 시스템도 개혁해야 한다. 투자자 등은 더 많은 정보 공개가 신속하게 공개되는 시스템을 원한다. 하지만 기업이 방대한 정보를 신속하게 제공한다고 해서 모든 문제가 해결되는 것은 아니다. 이들은 이미 방대하고 복잡한 정보의 홍수 속에 잠겨 있기 때문이다.

투자자에게 정작 도움이 되는 정보는 기업의 실적과 의사결정 등을 평이한 말로 기술한 것이다. 기초 정보보다는 기업의 실적을 제대로 파악할 수 있도록 정리한 정보가 더 도움이 된다는 것이다.

결국 투자자는 기업 내부자가 기업내에서 정책결정을 내리는 데 활용하는 정보를 공유해야 한다. 즉, 투자자는 내부자가 자신들의 기업가치를 정확하게 파악하기 위해 활용하는 각종 정보를 공유하여 기업가치를 평가하는데 활용할 수 있어야 한다는 말이다. 이는 투자자 등이 각종 기술적 용어로 가득한 보고서와 씨름하기 전에 반드시 살펴보아야 할 기본적인 사항이다.

실제로 제너럴 일렉트릭은 각종 정보요구를 수용하기 위해 전화번호부만큼 두툼한 연도별 보고서를 작성하기로 했는데, 아마도 투자자는 지금보다 더 혼란스러워 할 것이다.

인플레이션되는 경영진의 보수

위원회는 경영진에게 돌아갈 적정 보수가 얼마이고, 보수에 따라 경영진의 일할 의욕이 어떻게 결정되는지 정확하게 조사·분석할 필요가 있다. 그렇다고 경영진이 놀라운 성과를 거두고도 적은 보수를 받아야 한다는 말은 아니다. 다만 나쁜 실적을 거두고도 천문학적인 보수를 받은 사례 때문에 많은 사람이 분노하고 있는 것이다.

실제로 2002년 4월에 발표된 한 보고서에 따르면, 미국 기업의 최고 경영자는 실적이 전반적으로 악화되었는데도 엄청난 보수를 챙긴 것으로 나타났다. 이러한 기현상이 발생한 배경에는 스톡옵션이라는 '요술장치'가 있다. 물론 경영진의 기여도를 정확하게 평가해 보수를 책정하는 것은 언론의 주장만큼 간단한 것이 아니다.

스톡옵션은 기본적으로 10년 정도를 내다보고 부여하는 보수라고 할 수 있지만, 실태를 보면 초단기 보수 시스템으로 전락했다. 어떤 옵션은 시장가치에 대해 명확한 규정도 없이 마구 부여되기도 했다. 이는 불완전한 보수 시스템이라는 사실을 드러내 보여주는 대목이라고 할 수 있다. 그럼에도 불구하고 1990년대 이후 스톡옵션은 남발되었고, 2002년 최고 경영자 가운데 75%가 스톡옵션을 부여받은 것으로 나타날 정도이다.

더욱 터무니없는 경우는 최고 경영자들이 일반 주주나 직원은 꿈도 꿀 수 없는 헐값에 옵션을 부여받아 시세 차익을 남기는 방식이다.

뉴욕대 스턴 비스니스스쿨의 로이 스미스Roy Smith와 잉고 월터Ingo Walter는 이처럼 터무니없는 스톡옵션에 대해 "경영진은 실적과는 아무런 상관이 없는 조건으로 보수를 챙긴다. 이는 그저 자리만 지키면 될 뿐 아니라 떠나고 싶을 때 언제든지 떠날 수 있는 계약을 맺는 것과 다를 바 없다"고 꼬집었다.[6]

스톡옵션의 규모와 회계처리 방식, 실적기준 등 모든 세부사항은 재검토되어야 한다. 기업은 스톡옵션을 제공하고도 비용처리하지 않기 때문에 회계장부에는 자산유출이 없는 것으로 나타난다. 그러고도 경영진이 옵션을 행사했을 때에는 세금감면까지 받을 수 있다. 그러나 스톡옵션이 행사되면, 주주는 혹독한 대가를 치러야 한다. 자신의 지분비율이 하락하는 것이다.

그럼에도 불구하고 기업이 앞다투어 스톡옵션을 채택하고 있는 이유를 이해하는 것은 어려운 일이 아니다.

최고 경영자는 스톡옵션이라는 마술을 통해 엄청난 부를 축적할 수 있다. 그 옵션은 경영진이 주주와 약속한 실적을 달성하도록 유인하는 구실을 하기 때문에 경영진과 주주의 이해가 맞아떨어지는 구석도 있다.

그러나 스톡옵션이 어떤 주주의 이해를 만족시킨다는 말인가? 투기세력인가, 아니면 장기전망을 중시하는 투자자인가?

스톡옵션을 비용으로 처리하면, 상장기업의 실적이 감소하는 결과를 낳는다. 실제 연방준비제도이사회는 스탠더드 & 푸어스 500지수에 편입된 기업이 1995~2000년 사이에 부여한 스톡옵션을 비용처리했다면, 기업의 순이익률은 12%에서 9.4%로 하락할 것이라고 분석한 바 있다.

이는 투명한 재무회계, 성과급의 적절한 산정, 주주·직원·임원의 공정한 부의 배분 등을 감안할 때 반드시 짚고 넘어가야 할 사항이다.

워런 버핏은 "스톡옵션이 보상 시스템이 아니라면 무엇이란 말인가? 스톡옵션이 기업의 비용으로 처리되지 않으면 도대체 무슨 항목으로 처리해야 한다는 말인가?"라고 문제를 제기했다.

엔론 사태가 터지기 전까지 스톡옵션의 비판은 버핏의 외로운 외침이었다. 그러나 연준이 문제를 제기하고 나섬에 따라 그의 비판은 설득력을 얻어가고 있다.

연준 의장 앨런 그린스펀 외에 전직 의장 폴 볼커 등이 스톡옵션에 대해 비판의 목소리를 높여가고 있다. 또한 기관투자가협회 상임이사인 사라 테슬릭Sara Teslik은 "비용처리되지 않은 스톡옵션은 폰지 파이낸싱과 같다"고 말할 정도이다.[7]

엔론 사태 때도 비용처리되지 않은 스톡옵션의 문제점이 표면화되었다. 최고 경영자와 임원은 자신들의 이익을 위해 회계부정을 감행하면서 단기적으로 주가를 끌어올리는데 혈안이 되었다는 사실이 드러난 것이다.

따라서 적어도 행사시점에는 스톡옵션이 기업의 비용으로 회계처리되는 것이 바람직하다. 더 나아가 스톡옵션이 부여되는 시점에 비용처리하는 쪽으로 개혁할 필요도 있다. 또한 스톡옵션은 단순 주가상승을 이유로 부여되지 않아야 한다. 경쟁기업과의 실적이나 주가를 비교하거나, 3년 정도의 장기적인 주가 흐름을 기초로 부여되는 것이 바람직한 것이다.

기업이 분기실적을 발표할 때 스톡옵션의 영향을 반영하는 것도 중요한 개혁 아이템이다. 기존 주주에게 어떤 영향을 주는지 정확하게 알려줄 필요가 있는 것이다. 그리고 최고 경영자가 부여받은 주식은 장기간 보유한 뒤 매각하도록 해야 한다. 분기와 같은 찰나적인 실적이 아니라 장기실적을 근거로 투자하는 투자자의 이해와 맞아떨어진다고 볼 수 있다.

이런 대안은 전혀 새로운 게 아니다. 이미 증권거래위원회와 미디어 등이 타당성을 검토한 것이고, 의회에서 진중한 토론이 이루어진 안이다. 그렇다고 경영자가 그 개혁안을 실현하기 위해 의회와 함께 노력한다고 믿을 만한 근거는 거의 없다.

투자자는 최고 경영자가 제 주머니를 불리기 위해 갖은 노력을 다한다고 생각한다. 실제로『비즈니스위크』의 계산 결과, 최고 경영자의 1980년 연평균 보상은 평범한 직원의 42배 수준이었지만,

2000년에는 무려 531배로 높아졌다.[8]

몇몇 최고 경영자가 적절한 보상 시스템을 마련해야 한다고 주장하고 있기는 하다. 그들의 주장이 실현된다면 더 좋을 수 없을 것이다. 특히 유력한 최고 경영자들이 문제점을 지적하고 스스로 해결하려 나선다면 상당한 영향력을 발휘할 것이다.

이사회는 무엇을 해야 할까.

위원회는 기업의 이사회가 앞으로 어떤 역할을 해야 할지 집중적으로 검토 · 분석해야 한다. 구체적으로 말하면 이사회의 독립성, 이사의 자격, 장기적인 관점에서 이사진의 적절한 보수 등을 집중적으로 연구할 필요가 있다는 것이다.

이런 사안들은 증권거래위원회, 증권거래소, 학자들이 이미 심도있게 분석했던 것들이지만, 최근 기업의 활동영역이 전지구화하는 바람에 과거와 같은 이사회로는 경영진을 감시 · 감독하기 힘들어졌다.

위원회는 이를 위해 표준적인 기업지배구조를 제안할 필요가 있다. 2002년 4월, 골드먼 삭스 전 회장인 존 C. 화이트헤드John C. Whitehead와 뉴욕의 유력 로펌인 웨일, 가셜 & 맨지스Weil, Gotshal & Manges의 시니어 파트너인 아이라 M. 밀스타인Ira M. Millstein은 증권거래위원회가 이사진의 행동규범을 제정하는 것이 바람직하다고 주장한 적이 있다.

그들은 기업이 거래위원회가 제시한 규범을 채택하지 않을 수 있지만, 왜 채택하지 않았는지는 소명해야 한다고 주장했다.

화이트헤드와 밀스타인의 주장은 많은 사람의 지지를 받았으며, 이제는 실천해야 할 때이다. 그렇다고 두 사람의 제안에 구체적인 방안이나 기준이 포함되어 있는 것은 아니다.

하지만 '독립 이사'의 정의를 비롯해 이사와 외부 감사의 관계, 이사는 현금 보수를 받아야 하는지 아니면 스톡옵션을 받아야 하는지, 최고 경영자와 이사회 의장 및 독립 이사는 서로 분리되어야 하는지 등에 대한 제안이 포함되어 있다.[9]

위원회는 이사진이 재무제표에 대한 보증이나 최고 경영자 등의 선임·해임 및 보수 결정을 뛰어넘어 기업의 전략, 국내외의 환경과 노동관련 사안까지 개입할 수 있는지 여부를 결정해야 한다. 지은이가 알고 있는 기존 경영자들은 이사회가 기업의 전략까지 관여하는데 필사적으로 반대하고 있다.

그들은 대부분 파트타임으로 일하고 있는 이사진이 기업의 실상과 처지를 정확하게 알 수 없다는 점을 반대 근거로 내세우고 있는데, 일면 타당한 주장이라고 할 수 있다. 하지만 세상일이 늘 그렇듯 다른 시각도 있다. 최고 경영자라고 해서 다양한 정치적·경제적·문화적 상황에 놓여 있는 거대기업을 총괄할 수 있는 것은 아니라는 거다.

따라서 최고 경영자는 조언과 보좌를 받아야 하고, 기업의 일상 업무와는 상관없는 전문가 네트워크를 통해 평가받을 필요가 있다. 즉, 일선 경영진의 결정이 기업의 이미지나 평판 등을 훼손하는 것은 아닌지, 혹은 경영진의 전략이 타당한지 등을 심사받아야 한다는 것이다. 사내의 독립 이사를 빼고 누가 이런 일을 할 수 있겠는가?

증권거래위원회와 의회는 논란이 일고 있는 이 사안에 대해 엔론 사태를 계기로 집중적인 토론와 검토작업을 벌이고 있다. 이는 마땅히 엔론 사태에 대한 사후 평가작업으로 실시해야 할 의제라고 할 수 있다.

기관투자가를 냉정하게 재평가하자.

위원회는 금융시장에서 메이저 플레이어로 역할하고 있는 기관투자가에 대해 냉정하게 재평가해야 한다.

기관투자가가 의지만 있다면 기업의 지배구조를 업그레이드하는데 중요한 역할을 담당할 수 있다.

실제로 미국 뮤추얼펀드는 상장기업의 주식 2조 9,000억 달러 어치를 보유하고 있다. 전체 시가 총액 20%에 해당하는 거대한 물량을 보유하고 있는 셈이다. 각종 연기금과 다른 펀드까지 감안한다면 전체 주식의 44%를 기관투자가들이 거머쥐고 있다고 볼 수 있다. 10)

기관투자가들은 과연 적극적으로 경영진을 견제할 수 있는가? 인덱스펀드 투자회사인 뱅가드Vanguard 그룹의 설립자이면서 회장이었던 존 보글John Bogle은 "기관투자가는 기업의 지배구조에 대해 이따금 관심을 가질 뿐"이라고 말했다.[11) 보글은 대형 펀드는 기업의 지배구조에 관심을 가져야 한다고 주장하는 금융인 가운데 하나이다.

그러나 최근에 기관투자가들이 움직이기 시작했다. 2002년 6월, 자산 규모가 10조 달러에 이르는 전세계 대형 연기금 펀드는 기업지배구조 국제네트워크International Corporate Governance Network를 구성해 본격적으로 지배구조 개선안 마련에 들어갔다. 투자하고 있는 기업에 가이드 라인을 제시한다는 계획이다.[12) 따라서 부시 대통령의 특별위원회는 이런 노력과 움직임에 힘을 실어줄 필요가 있다.

경제계의 관행과 문화의 개혁을 위하여

위원회는 경제계의 관행과 문화가 상당히 퇴락했다는 사실을 직시하고 개혁할 방안을 내놓아야 한다. 먼저 1980년대와 1990년대를 거치면서 경제계의 문화가 왜 악화했는지, 왜 신뢰와 도덕성이 떨어졌는지 정확하게 원인규명을 해야 한다.

그렇다고 불특정 경영인을 모두 비판해야 한다는 얘기는 아니다. 또한 경영자들이 전세계에서 정보통신 버블을 야기하고 이를 활용해 상당한 자본을 축적한 게 사실이라는 이유로 모든 경영자들이 비판받아야 하는 것은 아니다.

그러나 경제계 전반이 인터넷 거품기를 거치면서 도덕성이 추락한 것은 엄연한 사실이다. 직원은 필요에 따라 고용하고 해고하는 상품으로 전락했고, 기업도 한 덩어리로 팔거나 살 수 있는 '자산 총계'로 단순화되었다.

인터넷 거품기에 기업의 가치는 진정한 수익성이나 직원의 후생복지, 지역공동체의 발전 등과는 아무런 상관이 없었다. 얼마나 빨리, 얼마나 거대하게 성장할 수 있는가만으로 평가되었을 뿐이다. 어떻게 이런 일이 발생했을까? 그리고 앞으로 이런 사태가 다시는 일어나지 않도록 할 수 있는 방안은 무엇인가?

신뢰와 관련된 이슈 가운데 다시 한번 검토되어야 할 사항은 현대의 복잡한 시장에서의 이해상충 문제이다.

애널리스트는 자신이 보유하고 있거나 소속 금융회사가 주식을 인수한 기업의 성장성과 수익성 등을 부풀려 평가하고, 투자자에게 매수하도록 권고하는 보고서를 내놓아 물의를 빚었다. 증권사와 투자은행의 최고 경영자도 이런 파렴치한 범죄의 공범이라고 할 수 있다. 이것만 이해상충인 것은 아니다.

투자은행이 경제적 이익을 주는 고객에게 공모주 등을 우선 배정하거나, 회계법인이 외부 감사를 맡긴 기업의 컨설팅 업무를 따내는 것도 이해상충이다.

이사들이 더 많은 경제적 보수를 받고 경영진의 탈법과 불법행위에 눈을 감는 것과 감독 당국자가 감시를 받고 있는 기업 출신인 경우도 대표적인 이해상충이라고 할 수 있다. 특히 감독 당국자가 공직을 사임한 뒤 다시 업계로 돌아갈 가능성이 높을 때 상충 가능성은 더욱 커진다.

　이해상충은 신경제 시대를 거치면서 심화되었다. 무엇이 공적인 일이고 무엇이 사적인 일인지 기준이 모호해진 시대였기 때문이다. 그 시대에는 '수렴'(공공과 민간 부문의) '가상 기업' '본사 없는 기업구조' 등이 유행하던 때였다. 기업들은 고객과 경쟁자를 구분하지 않고 전략적 제휴를 맺었다.

　제너럴 일렉트릭, 시티그룹, AOL 타임 워너 등 거대기업은 기업내 다른 부문의 제품을 교차 판매하며 매출을 늘려 나갔다. 변호사와 컨설턴트는 기업 고객의 주식을 마구 사들였으며, 금융·기술·통신의 구분도 모호해졌다. 이런 상황에서 최고 경영자가 도덕적 의무를 망각하는 것은 자연스러운 현상일 것이다.

　비즈니스 리더가 올바른 일을 해야 한다고 말하는 것은 쉽다. 그러면 합법적인 일을 했다고 해서 자동적으로 정당하고 옳은 일을 했다고 볼 수 있을까? 실정법에 금지규정이 없다고 무턱대고 그 일을 저지르는 행위는 옳다고 볼 수 있을까?

　오늘날 기업은 단기실적만을 근거로 평가하는 증시라는 '전제 군주' 아래 놓여 있다. 회계규정이 고무줄처럼 제멋대로 해석·적용되고 있으며, 각종 규정의 가치가 흔들리고 있으며, 세상이 산업화 시대에서 정보화 시대로 바뀌고 있다. 이런 상황에서는 각종 요인을 폭넓게 고려해 법규의 허점을 메워줄 수 있는 합리적인 판단이 설 자리를 잃을 수밖에 없다.

최고 경영자의 의사결정은 주위 인물의 성격과 외부정보를 얻는 방법, 동료들과의 경쟁 등에 의해 영향받기 마련이다. 제대로 된 경영자라면 경쟁에서 승리하는 것만큼이나 어떻게 이겼는지도 신경을 쓰기 마련이다.

기업의 신뢰나 윤리성과 관련된 또다른 문제는 '어떤 직원이 불법행위를 했다면 회사와 최고 경영자도 함께 비난받아야 하는가'이다. 현대 기업이 인수합병, 전략적 제휴 등으로 복잡한 내부 구조를 갖고 있기 때문에 한 직원이나 한 부문의 불법과 탈법으로 최고 경영자나 회사가 책임을 져야 하는지는 쉽게 대답할 수 있는 사안이 아니다.

아서 앤더슨의 한 직원은 엔론 사태가 불거지자 내부자료를 파쇄하는 과감성을 보였다. 앤더슨 관계자는 이에 대해 "특정 직원이 저지른 행위를 근거로 기업 전체가 비난받는 것은 타당하지 않다"고 강변했다. 메릴 린치 회장인 데이비드 코만스키David Komansky도 몇몇 애널리스트가 비윤리적인 일을 저질렀다고 회사에서 일하는 유능한 모든 애널리스트를 불법집단이라고 공격할 수는 없다고 말했다.[13]

코만스키는 이후 <CNBC>와의 인터뷰에서 "최고 경영자로서 내 안방에서 발생한 일은 내 책임"이라고 실토했다.[14]

하지만 이 말이 정확하게 무슨 의미인지는 분명하지 않다. 비난이 아니라 누구에게 책임이 있고, 누가 사법적인 책임을 져야 하는지를 또렷하게 말하지 않은 것이다.

최고 경영자가 다국적 기업화한 조직내에서 발생한 일을 모두 시시콜콜하게 파악할 수 있는 것은 아니지만, 기업의 문화와 견제와 균형을 추구하는 조직적인 시스템에 대해서는 책임질 수 있어야 한다.

회계법인의 경우 법인 이름이 그 회사의 책임성·윤리성 등을 모두 대변해주는 것은 아니다. 그렇다면 그 이름이 의미하는 것은 무엇일까? 캘리포니아 대학의 제임스 오툴James O' Toole 교수는 "기업이라는 조직은 한 부문이 고객의 신뢰를 잃어버렸을 때 전체 조직이 대가를 치러야 한다"고 말했다. 더 나아가 "한 부문이 경각심을 갖지 않고, 어떤 직원이 기업의 가치나 행동규범을 준수하지 않을 때 …… 결국 이는 조직 전체가 책임져야 할 사항"이라고 단언했다.[15]

기업이 신뢰와 도덕성 등 무형의 가치를 상실하면, 좀더 엄격한 법과 규정, 회계감사 등에 의존할 수밖에 없다. 바로 이런 점이 왜 기업은 도덕성과 신뢰를 유지해야 하는지를 설명해준다.

기업이 수많은 정보를 쏟아놓으면 어떤 것이 진짜 중요한 정보인지를 결정하기 힘든 사태가 발생할 수도 있다. 그리고 기업의 윤리와 도덕성을 법만으로 강제할 수 있는 것은 아니다. 다른 방법으로도 이를 강화할 수 있다.

대통령은 제품과 서비스가 탁월한 기업을 찾아 볼드리지상(Baldrige Award, 미국 의회가 1987년 제정한 말콤 볼드리지상Malcolm Baldrige National Quality Award을 의미한다)을 수여하기도 한다. 최근 들어서는 기업의 신뢰도와 윤리성을 감안해 상을 주고 있다.

볼드리지상과 같은 명예훈장을 많이 개발하여 기업에 주는 것은 어떨까? 오늘날 언론은 주가가 급상승한 기업의 최고 경영자에 초점을 맞추고 있다. 그렇다면 윤리성과 신뢰도가 높은 기업에 그만한 관심을 기울이지 않는 이유는 무엇인가?

상을 주고 미디어가 관심을 가져야 한다는 등의 제안은 다소 통속적이고 속이 뻔히 보이는 것일 수 있다. 따라서 기업의 신뢰도와 윤리성을 강화할 수 있고, 경제계의 문화를 한단계 업그레이드 할 수 있는 방안을 찾기 위해 특별기구를 만들어보는 것도 좋은 아이디어라고 생각한다.

그러나 시장이 복잡해지고 거대해질수록 주요 플레이어의 도덕성은 더욱 큰 의미를 가질 수밖에 없고, 법과 규정의 강제는 의미가 떨어질 수밖에 없다. 이는 공공과 민간 부문의 리더가 기업의 윤리성을 높이기 위해 노력할 때 놓쳐서는 안 될 핵심이라고 생각한다.

국제적 차원의 개혁이 필요하다.

위원회는 국내 현상에만 집중해서는 안 된다. 한 나라에서 시도되는 각종 개혁적 노력은 국제적인 현상과 서로 영향을 주고받을 수 있다는 사실을 염두해둘 필요가 있다.

수많은 해외 기업이 뉴욕증시에 주권을 상장해놓고 있으며, 많은 미국 기업이 해외 증시에서 주식을 발행하고 있는 것이 요즈음 현실이다. 해외 기업은 미국 기업에게 적용되는 재무회계기준과 각종 공시규정 등을 준수해야 할 의무가 있다.

예를 들어, 미국 투자자는 뉴욕증시에서 중국 기업의 주식을 매입할 수 있는데, 현재 중국내 법에 따르면 기업은 사외 이사를 선임할 필요가 없다. 미국인의 관점에서 볼 때 누가 일반 주주의 이익을 대변해주고 있는지 의문스러울 것이다.

국제적으로 기업지배구조를 어떻게 개혁해 나갈 것인지는 오랜 기간에 걸쳐 검토해야 하는 사안이다. 사실 엔론 사태 이전 미국은 상당히 오만했다. 자신들이 채택하고 있는 기업지배구조와 회계기준이 최상이라고 여기고 다른 나라도 '미국 방식'을 채택할 것을 요구했다. 심지어 다른 나라의 회계기준과 기업지배구조에서는 본받을 게 없다고까지 생각했다.

그러나 엔론 사태로 미국 시스템이 엄청난 문제점을 안고 있다는 사실이 드러났다. 미국도 이제 합리적인 기업지배구조와 회계기준을 마련하기 위해 노력해야 하는 처지에 있는 것이다.

국제적인 노력의 출발점 가운데 하나는 회계 시스템을 개혁하는 일이다. 그러면, 일률적인 회계 시스템의 구축을 뛰어넘는 근본적인 처방은 없는가?

국가별 정치적·사회적·문화적 특징을 뛰어넘어 일률적인 회계 시스템을 구축하는 일은 사실상 어려운 과제이다. 미국은 이른바 '일반회계기준'이라는 독자적인 회계기준을 보유하고 있으며, 유럽은 '국제회계기준'이라는 통일 기준을 갖고 있고, 일본도 사정은 마찬가지이다.

국제재무회계기준위원회는 런던에 본부를 두고 있으면서 1993년 이후 모든 나라들이 받아들일 수 있는 '국제회계기준'을 만들어 제공했다. 미국도 모든 기업이 활용할 수 있고, 투자자들이 충분히 정보를 얻을 수 있는 회계기준을 마련하기 위해 노력을 다하고 있다.

유럽연합이 채택하고 있는 '국제회계기준'은 미국식과 견주어 볼 때 간단하고 비전문가들도 쉽게 이해할 수 있다는 강점을 갖고 있다. 법률적인 의미보다는 기업의 내용과 실적을 좀더 분명하게 드러내 보여주는 장점을 보유하고 있기도 하다.

차세대 글로벌 회계기준은 미국식 기준을 무시하는 것이 아니라, 현재 각 나라가 채택하고 있는 회계기준 가운데 공통점을 찾아 극대화하는 것이라고 할 수 있다. 나라별 회계기준의 차이를 강화하기보다 최소화하는 쪽으로 노력해야 하는 것이다.

위원회는 글로벌 회계기준을 만드는 것 이상으로 러시아, 중국 등 기타 나라의 기업지배구조를 개선하는데도 많은 관심을 기울여야 한다. 미국의 공공과 민간 부문이 그동안 기업지배구조를 개선하는데 공동으로 노력했던 것처럼 이들 나라에서도 지배구조를 선진화하는데 공동노력이 필요하다고 할 수 있다.

기업지배구조가 후진적인 나라에서는 경제성장이 둔화할 수 있고, 부패와 금융위기가 발생할 가능성이 높다. 더욱이 이런 사태는 국경 너머로 쉽게 전파되어 전세계의 금융과 경제 시스템을 위기로 몰아넣을 수 있다.

미국의 비즈니스 리더는 이런 사태를 예방하기 위해 일련의 행동을 단행할 필요가 있다. 뉴욕증권거래소와 나스닥이 상장기업의 지배구조를 개선하는데 많은 성과를 거두었듯이 런던, 프랑크프루트, 홍콩, 도쿄 증시를 도와 이들 시장의 상장기업이 선진적인 지배구조를 갖게 하는데 힘을 합해야 한다.

스탠더드 & 푸어스, 무디스 등의 신용평가회사도 기업의 지배구조를 평가해서 신용도에 반영할 수 있는 방식을 개발해야 한다. 회계법인도 각국 금융감독 당국과 함께 고객인 기업이 엄격하고 성실한 회계처리를 하도록 노력해야 한다.

국제적 금융기구도 은행 · 증권 · 보험을 한데 아우르는 거대 금융그룹이 세계경제에 심각한 영향을 끼칠 수 있기 때문에 금융그룹이 선진적인 지배구조를 갖추도록 압력을 행사할 필요가 있다. 한마디로 기업지배구조와 회계 시스템을 선진화하는데 세계적인 관점에서 접근할 필요가 있다는 얘기다.

새로운 시대를 향하여

엔론 사태는 기업지배구조 측면에서 새로운 시대를 여는 계기가 되었다고 볼 수 있다. 새로운 경영환경과 새로운 시대가 요구하는 기준이 그들에게 다소 힘겹고 거추장스러운 것일 수 있다. 하지만 자발적으로 하지 않으면, 국민의 분노를 등에 업은 의회, 관료조직, 감독 당국이 직접 개입하려 할 것이니, 필연적으로 과도한 개입과 규제로 이어질 수밖에 없다.

앨런 그린스펀은 이러한 사태를 예감한 듯 "우리는 문제를 해결하기 위해 법과 규정에만 너무 의존하지 말아야 한다"고 강조하였다.[16]

그렇다고 정부가 경제계와 시장에 마구 개입하는 것만은 아니다. 국가안보 등 다른 현안에 정신이 팔려 있다면 경제계와 시장이 망가져도 손쓸 틈이 없을 수 있다. 또한 이런 사태는 바람직하지 않다. 기업과 시장이 각종 불법행위로 멍들 수 있고 투자자는 아무런 도움도 받지 못하기 때문이다. 건실한 리더는 제구실을 해야 한다.

6_ 사회안전망의 확보가 곧 사회의 안정

놀랍지만 긴급한 의제

민간과 공공 부문 리더는 테러와의 전쟁과 시장의 신뢰회복을 위해 노력해야 하지만, 9·11 테러와 엔론 사태가 약화시킨 사회적 연대를 강화하는데도 힘을 합해야 한다. 바로 의료보장 시스템과 사회안전망이 제구실을 하도록 하는 것이다. 장기간 동안 힘들여 하나씩 하나씩 복원해가야 하는 과제라고 할 수 있다. 또한 이는 취약해진 공공재정을 보강하는 차원에서 각별한 노력이 필요한 부문이기도 하다.

사실 의료보장과 사회안전망이라는 어젠다는 사람들을 의아하게 하는 과제라고 할 수 있다. 그렇다고 이런 과제가 중요하지 않다는 얘기가 아니다. 정부, 경제계, NGO의 리더들은 9·11 테러와 엔론 사태 이후 수많은 난제를 떠안고 있는 실정이다.

첫째, 테러와의 전쟁 비용이 급증하는 바람에 사회복지 프로그램이 뒤로 밀리고 있다. 통상적인 방위비와 본토방어를 위한 예산은 정치적인 관점에서 볼 때 다른 지출보다 중요하다는 데 논란의 여지가 없다. 게다가 엔론 사태의 여파로 기업의 가치가 하락하고 증권투자가 위축되었으며, 그 결과 정부가 자본소득에 대한 과세를 통해 거두어들이는 세수가 줄어들고 있다.

둘째, 기업이 적정가격에 의료보장 서비스를 제공하지 않으면, 기업에 대한 국민의 신뢰도가 급격히 하락할 가능성이 높다. 이는 정부에도 해당하는 말이다. 정부가 장기적으로 사회안전망을 제공할 수 없으면 국민이 불신하기 마련이다.

한마디로 신체적인 안전뿐만 아니라 금융적인 안전도 위기를 맞고 있으며, 심지어 사회적인 연대도 붕괴할 처지에 놓여 있다고 말할 수 있다. 국민의 분노가 거세져 정치적 불안이 발생할 수 있다는 것이다.

재정적자는 위험한 핵폭탄

경제개발위원회의 구성 이후 미국의 비즈니스 리더는 정부의 재정정책에 나름대로 의견을 밝히기 시작했고, 많은 사람이 의료보장과 사회안전망과 같은 의제에 관심을 갖기 시작했다. 그러나 리더의 활동은 주로 특정 정책이나 입법에 찬성이냐 반대냐 하는 것에 집중되었다.

비즈니스 리더는 이제 한차원 높은 일을 해야 한다. 단순히 세금감면이나 보조금 등을 확충해 특정 계층이나 산업에 이익을 주도록 하는 것이 아니라 전반적인 재정상황에 관심을 갖고 경제전반과 시민들에게 어떤 영향을 줄 것인지 고려해야 한다. 장기적인 효과를 얻을 수 있는 정책 대안과 입법에 관심을 가질 필요가 있다는 얘기다.

국민은 건전한 비즈니스 리더를 필요로 한다. 안보 대 복지, 흑자예산 대 적자예산 같은 논쟁을 포함해 노인복지 등 사회복지 시스템에 대해 적극적으로 토론하고 대안을 제시할 수 있는 리더를 필요로 하는 것이다. 비즈니스 리더는 다른 의제와 마찬가지로 사회안전망을 유지·발전하는데 경제 전문가를 비롯해 각계 전문가들과 함께 노력할 필요가 있다.

AGENDA ITEM
비즈니스 리더는 국가재정의 건전성을 회복하기 위해 지원해야 한다.

국가재정이 흑자에서 적자로 반전했을 뿐만 아니라 정부는 재정에 대한 통제력을 거의 상실한 상태이다. 미국 의회의 예산국 CBO은 2002~11년 사이 누적 흑자가 5조 6,000억 달러에 이를 것이라고 2001년 전망했다.[1]

그런데 2002년 초 그 전망치는 1조 6,000억 달러로 줄어들었다.

단 몇 달 사이에 4조 달러가 증발해버린 셈이다.

예산국은 2001년 부시 행정부의 감세정책에 따른 세수감소가 흑자 감소의 최대 요인이라고 밝혔고, 경기침체도 무시할 수 없는 요인이라고 설명했다. 하지만 1조 6,000억 달러도 실현 가능성이 아주 낮다. 군의 현대화, 테러와의 전쟁, 부시 행정부가 선호하는 추가적인 세금감면, 기타 국내외의 지출계획 등에 의해 그나마 실현되지 않을 가능성이 높다는 얘기다.

실제로 예산국의 전망이 나오자마자 부시 행정부는 레이건 시대 이후 최대 규모의 군비확충을 발표했으며, 테러를 방지하기 위한 막대한 본토방어 예산을 짜겠다고 밝혔다. 군인의 급여인상, 비행기와 탱크의 추가구입, 미사일 방어MD 연구비 등을 이유로 더 많은 국방예산을 요구한 것이다.

이외에도 국경경비 강화, 긴급대응능력 보강, 공중보건 및 정보기술 보호 등을 이유로 막대한 예산을 편성해 의회에 제출했다. 부시는 테러와의 전쟁은 이제 시작에 지나지 않고 미래의 테러는 상상을 초월할 가능성이 높다고 강조했다. 또 "어떤 비용을 치르더라도 조국을 사수하겠다"고 목청을 돋우었다.[2]

의회 예산국은 사정이 이쯤 되자 2002년 4월 다시 흑자 전망치를 수정 발표했다. 향후 10년 동안 흑자 규모는 1조 6,000억 달러가 아니라 1조 달러 선에서 그칠 것으로 전망한 것이다.

하지만 이것으로 끝난 게 아니었다. 부시는 1조 3,500억 달러에 이르는 감세안을 의회에 제출했다.

『뉴욕 타임스』는 부시의 감세안으로 2002~10년 사이에 세입규모가 4,000억 달러 줄어들 것으로 추정했고, 2010~20년에는 4조 달러 감소할 것으로 내다보았다. 신문 사설은 "이처럼 무책임한 제안은 상상하기 힘들 것"이라고 비판했다.3)

누가 감히 국가안보 강화에 대해 반대 목소리를 낼 수 있겠는가? 그러나 애국도 좋고 테러에 대한 준비된 대응도 좋지만, 국가재정이 거덜날 수 있다는 사실도 유념할 필요가 있다.

행정부가 의회에 제출한 예산안에는 미래의 재정적자 가능성이 과소평가되어 있다는 여러가지 근거가 있다.

의회는 1980년대 후반과 1990년대에 재정건전화법 때문에 한 부문의 예산을 삭감하지 않으면 다른 부문의 예산을 증액할 수 없었다. 하지만 의회의 이런 노력도 최근에는 효과를 발휘하지 못하고 있다. 또한 최근 예산안에는 행정부가 가장 우선적으로 추진해야 하는 사회보장 개혁을 위하여 아무런 준비도 되어 있지 않다.

현재 각국의 국민은 심각한 상황에 처해 있다. 베이비붐 시대에 태어난 사람이 은퇴할 경우, 현재의 사회보장 예산으로는 도저히 감당할 수 없을 것이다. 따라서 많은 나라는 재정흑자를 충분히 달성해 그때를 대비하고 있는 실정이다.

각국 정부는 재정균형이 아니라 재정흑자를 내지 않으면 심각한 문제와 맞닥뜨리게 될 가능성이 높다.

첫째, 안보와 안전의 예산 폭증으로 사회안전망 자체가 붕괴할

가능성이 있는데 미국 국방예산의 GDP 대비 비율은 1987~2002
년 7%에서 4%로 낮아졌다. 그러나 최근 이 비중은 반등하고 있는
데, 앞으로 얼마까지 높아질지는 아무도 단언할 수 없는 상황이
다. 의회는 사회보장 예산을 줄여가면서까지 군부가 요구하는 예
산 증액을 받아들이고 있기 때문이다.

정부는 사태가 악화하면 사회보장 예산까지 전용해 일반관리
비를 충당해야 할 것이고, 심지어는 급증하는 국가채무를 갚을
돈마저 마련하기 힘들어질 것이다. 더욱이 세수가 감소하고 안보
예산이 급증하는 사태가 본격화하면, 주정부는 심각한 사태에 직
면하게 될 것이다. 사태가 본격화하면 주정부는 재정균형을 유지
하기 위해 결국 의료지원, 실업수당, 교육예산, 기타 투자 등을 축
소하는 수밖에 없을 것이다.

둘째, 재정적자가 누적될 경우 정부의 차입비용(국채이자)이 급
증할 수밖에 없다. 정부는 부족한 재정을 메우기 위해 일반 기업
과 경쟁하면서 높은 이자를 제시하고 돈을 빌려와야 하는 사태가
발생할 수 있다는 얘기이다. 이런 사태는 1980년대 후반의 악몽
을 깨울 수 있다. 당시 미국 정부는 재정과 경상수지 적자를 메우
기 위해 해외에서 엄청난 자금을 차입하는 바람에 세계경제가 불
안해져 결국 1987년 주가 대폭락을 맞아야만 했다.

오늘날은 달러의 약세 현상을 살펴볼 때 더 심각한 위기국면이
라고 할 수 있다. 특히 미국 경제가 세계경제의 패권을 장악하고
있는 상황에서 재정적자가 악화할 경우 국제 금융시장에서의 파

장은 엄청날 가능성이 높다.

셋째, 재정적자 누적은 1980년대 중반 ~ 1990년대 중반과 같은 심각한 정치불안을 야기할 수 있다. 그때 민주당과 공화당은 건설적인 대안이나 새로운 입법에 치중하기보다는 지역구 예산을 한푼이라도 더 따내기 위해 치열한 공방에 열을 올렸다. 상대방을 공격하는 것이 우선 과제였다는 얘기다.

정치권이 이렇게 싸움만 하게 될 경우 국가안보 확충, 금융감독 강화 등 여타 중요한 사안들도 왜곡될 가능성이 높다.

화해연합은 2002년 6월 재정상태에 대한 보고서를 통해 심각한 위기상황이 도래할 수 있음을 경고하고 나섰다.

"경기침체와 테러 사태로 빚어진 상황을 완화하기 위해 재정의 고삐를 늦추는 바람에 장기적인 재정균형의 기조가 심각하게 흔들리고 있다"고 지적한 것이다. 이어 "결국 적자재정 시대가 불가피하고 책임을 전가하고 비난하기 급급한 상황이 도래할 수 있다"며 경종을 울렸다.[4]

재정정책에 대한 철학과 전략

오늘날 비즈니스 리더의 대부분은 국가재정이 악화되고 있는데 별다른 관심을 두지 않고 있다. 이런 상황에서 정상급 비즈니스 리더들이 생각을 바꿔 장기적인 재정문제에 대해 발언하기 시작하면 상당한 파장이 일어날 것이다.

경제개발위원회가 1940년대와 1950년대 활동했던 것처럼 정부가 특정 계층이나 이익단체를 달래기 위해 예산으로 선심을 쓰는데 비즈니스 리더는 적극적으로 반대하고 나설 수 있다. 그리고 이후 10년 동안 작동할 수 있는 경제운용의 이론적인 틀을 만들어 제공할 수 있고, 이를 실행하기 위한 재정·금융 정책의 대안을 제시할 수 있을 것이다.

최고 경영자는 특히 글로벌 시대에 정부의 재정 불균형이 얼마나 위험한 결과를 낳을 수 있는지 잘 간파할 수 있다. 앨런 그린스펀이 했던 것처럼 예산 편성과 집행을 포괄적으로 규정할 수 있는 대안을 제안해 흑자와 적자의 규모를 적절하게 통제할 수 있도록 도움줄 수 있다. 현재 재정문제를 어떻게 해결해야 하는지 전략적인 기준이 없는 상황에서 비즈니스 리더가 제시하는 대안은 아주 적절한 것이 될 수 있다.

재정문제를 해결하는데 가장 근본적인 대책은, 미국 경제의 장기적인 성장 잠재력을 어떻게 키우고 활용할 것인지를 결정하는 일이다. 정부는 이를 위해 감세정책을 실시해 경제를 활성화시킨 뒤 사회복지에 필요한 재정을 확충하는 방향으로 나가야 할까? 아니면 생산성 향상을 유도할 수 있는 특정 부문에 직접투자를 늘리는 것이 바람직한가?

정답은 세금감면과 투자의 적절한 조합이라고 할 수 있다. 그러면 어떻게 두 가지를 조합시켜야 할까? 또한 긴급한 국가안보에 필요한 예산을 확충하면서 경제성장을 지속할 수 있는 방법은 무엇인가? 기업의 수익성이 안보예산 증액으로 얼마나 줄어들 수 있는가? 전체 안보지출 가운데 정부가 부담해야 하는 부분은 얼마나 되는가?

2002년 현재, 정부의 재정정책에 대해 철학적이고 전략적인 기준은 전혀 존재하지 않는다. 비즈니스 리더는 바로 이런 작업에 도움의 손길을 내밀어야 한다.

AGENDA ITEM
비즈니스 리더는 사회안전망을 강화하기 위해 지원해야 한다.

재정정책은 사회안전망의 지속성과 유용성을 유지하는데 아주 중요한 부분이고, 안전·안보와 직결되어 있다고 할 수 있다. 의료보장 시스템은 사회적인 의제이면서도 경제계에는 사활이 걸린 문제라고 할 수 있는데, 고용자는 직원을 대신해 의료보험료 가운데 상당부문을 납부하고 있기 때문이다. 게다가 의료보장 시스템은 국가적인 측면에서 노동자의 사기와 직결되어 있고, 생산성 향상과 밀접한 관련이 있다.

하지만 의료보장 시스템에는 상당한 피로현상이 발생하고 있다. 따라서 앞으로 이 시스템의 문제가 더 악화해, 심각한 위기상태로 바뀌느냐는 고용주의 보험료 지원이 계속되느냐와 어떻게 지원하느냐에 달려 있다고 볼 수 있다.

1990년대 초반 미국인 가운데 14%가 의료보장 혜택을 받지 못한 것으로 나타났다. 2002년에도 같은 비율로 나타났지만 과거보다 더 많은 4,000만 명이 의료보장 사각지대에 놓여 있다. 그리고 의료보장 혜택을 받는 사람들조차 본인 부담이 1997~2002년 사이에 거의 50% 늘어났다.

2000년 현재 전체 의료보험 예산은 6.9% 증가해 1조 3,000억 달러에 이르렀다. 게다가 의료보장에 들어가는 예산이 급증하는 바람에 정부의 재정에 주름살만 늘어가고 있다.

정부는 이에 따라 의료계를 지원하는 예산을 5% 삭감하는 긴축을 단행했다. 결국 내과의사들은 정부의 의료지원을 받는 환자를 꺼리는 사태로 이어졌는데, 전체 의사 가운데 17%가 가난한 환자의 신규 진료를 거부한 것으로 나타났다. 특히 약을 처방받아야 하는 환자의 고통은 더 심각해졌다.

2002년 이전까지 의료보험 정부 지원액은 급증해왔다. 2000년 한해 동안 무려 19% 증가했으며, 2001년에는 17% 늘어났다. 정치 문제로 비화했으나 민주 · 공화 양당은 어찌 해결해야 할지 단안을 내리지 못하고 있다.

기업이 부담하는 의료보험료는 2003~08년 사이에 12~15% 정도 상승할 것으로 예상된다. 기업은 비용절감에 나설 수밖에 없을 것이고, 결국 직원들의 부담을 늘리려 할 것이다.[5]

현재 경제상태가 저인플레이션 현상을 보이고 있고 나날이 경쟁이 치열해지고 있기 때문에, 기업은 제품가격 인상을 통해 직원의 의료비 지원금을 고객에게 전가하기 쉽지 않다. 때문에 직원이 고통을 분담할 수밖에 없고, 동시에 저성장에 따른 고용불안에 시달릴 수밖에 없는 실정이다.

그러나 기업이 의료보장 서비스를 축소할 경우 심각한 부작용을 앓게 될 것이다. 직원들의 일할 의욕이 떨어져 생산성 하락이 발생하거나, 의료비 삭감만큼 임금인상 압력에 맞닥뜨리게 될 가능성이 높다.

실제로 얼마나 심각한 사태가 발생할지 모르지만, 극단적인 경우에 정부는 기업이 축소한 의료비 지원을 벌충해주기 위해 세금을 추가로 거두어야 할 상황이 도래할 수 있다. 결국 경제 전반에 대한 부담은 현재보다 늘어날 수밖에 없을 것이다.

또한 정부가 생화학 테러에 대비하기 위해 각종 지출과 투자를 확대함에 따라 의료보장 비용의 중압감은 더욱 가중될 전망이다. 동시에 정부는 노령화하는 인구의 복지를 위해 대비할 필요가 있다. 이들을 위한 의료비 지원규모는 시간이 갈수록 가파르게 상승할 가능성이 높다.

『워싱턴 포스트』 칼럼리스트인 데이비드 브로더David Broder는 사정이 이쯤되자 "미국 의료보장 시스템이 붕괴할 가능성이 높다"고 경고하고 나섰다. 그는 "오랜 기간 궁지에 몰려 있기 때문에 반작용은 피할 수 없을 것이다. 반작용이 발생하도록 내버려두는 것도 하나의 방법이다. 이는 테러와의 전쟁이 끝나기를 기다릴 수 있는 여유가 없기 때문이다"라고 말했다.[6]

이런 상황에서 비즈니스 리더는 무슨 일을 해야 할까?

우선 의료보험 재정의 효율성을 높이라고 압력을 행사하는 것이다. 실제로 의료비용이 얼마인지 국민에게 공개할 것을 요구해야 한다. 더욱 효율적인 의료계획을 수립하기 위해 기존계획을 재평가하고 효율성을 높이는 것도 한 방법이다. 대기업은 중소기업과 함께 의료보험 풀을 구성해 직원에게 더 좋은 서비스를 제공할 수 있도록 하는 것도 좋은 아이디어라고 본다.

미드웨스턴 의료보험 비즈니스 그룹Midwestern Business Group on Health은 포드, 제너럴 모터스, 다임러 크라이슬러 등의 대기업 의료보장 시스템을 관리하고 있는데, 대안적인 시스템을 개발해 제시하고 있다. 바로 병원이 제공하는 의료 서비스에 대한 질을 통제하는 것이다. 의사가 처방전을 손으로 쓸 때 발생하는 잘못을 미리 막기 위해 컴퓨터화한 처방전을 의무화했던 것이다. 그리고 각종 오류를 제로화할 수 있는 제너럴 일렉트릭의 '6-시그마'를 의료보장에도 적용했다.[7]

이런 노력은 정부의 대책마련과 함께 기업이 취할 수 있는 다양한 개선책 가운데 일부에 지나지 않는다.

사회보장 시스템의 개혁을 위하여

사회보장도 기업경영에 심각한 문제를 야기하는 사안이며 혁신적인 해결책을 필요로 하고 있다. 부시 대통령은 사회보장 시스템이 파산하지 않고 제대로 작동하는 방안을 찾기 위해 2001년 중반에 특별위원회를 구성했다. 이는 노령인구는 나날이 늘어나고 일하는 사람이 줄어드는 판에 대책이 없으면 심각한 위기가 발생할 수 있다는 판단에 따른 것이다.

정부는 그동안 사회보장 가운데 일부를 민영화하는데 큰 관심을 보였다. 민영화는 시민이 자체 사회보장 펀드를 가지고 증시 등에 투자해 노후를 대비토록 하는 것이 주된 내용이다.

위원회는 2001년 12월 1단계로 개혁 방향을 제시했지만, 너무나 불충분한 내용이었다. 사회보장제도의 구조적인 개혁을 추진하는 한도 안에서 민영화를 실시할 수 있다는 것이다.

새로운 시스템으로 이전하는데 들어가는 1조 달러에서 3조 달러의 비용을 충당하기 위해 정부가 막대한 보조금을 지원하거나, 아니면 혜택을 대폭 축소해야 한다. 그 비용은 주로 근로자에게 부과되는 사회보장세로 더이상 연금 수혜자를 감당할 수 없기 때문에 발생한다고 할 수 있다.

그러나 연금혜택의 축소는 심각한 정치적인 문제를 야기할 수 있고, 정부 재정이 심각한 상태이기 때문에 보조금 확대도 쉽지 않다. 특히 부시는 사회보장 잉여금을 2013년까지 정부의 다른 사업을 위해 전용하는 것을 기초로 2002~03년 예산을 편성했다. 이로써 잉여금은 1조 4,000억 달러 줄어들게 되어 있다.

민주 · 공화 양당은 얼마전 사회보장 잉여금이 줄어들 수밖에 없다는 사실을 인정했다. 부시는 선거유세 도중에 "두 당은 오래 전부터 연기금제도에 의존해 추가지출 문제를 해결하려고 했지만, 더이상 이런 방법에 의존할 생각이 없다"고 단언했다.[8] 그러나 특별위원회의 검토 결과 부시의 공약은 전혀 의미없는 것으로 드러났다.

위원회는 "민영화는 혜택을 축소하고 정부가 대규모 자금을 지원하는 한에서 효과가 있다는 결론에 도달했다"고 밝혔다.

『뉴욕 타임스』에 칼럼을 쓰고 있는 폴 크루그먼Paul Krugman 교수는 "위원회의 결론은 옳다. 부시의 공약은 섭취량을 줄이고 운동을 지속적으로 하는 한도 내에서 매일 아침 젤리 도너츠를 먹어도 체중이 줄 거라는 말과 다를 바 없다"고 혹평했다.[9]

결국 사회보장 시스템에 대한 토론은 한 발자국도 진척되지 못했다고 볼 수 있다. 따라서 비즈니스 리더는 새로운 시스템을 구축하는데 상당한 기여를 할 수 있다.

비즈니스 리더는 정부가 사회보장 개혁을 뒤로 미루어놓지 않도록 압력을 행사해야 하고, 현실성이 있는 개혁을 마련할 수 있도록 지원해야 한다.

과거에는 사회보장 시스템을 개혁할 수 있는 여력이 있었다. 앨런 그린스펀은 1987년 연방준비제도이사회 의장으로 임명되기 직전까지 민·관 합동위원회를 이끌며 사회보장 시스템을 개혁하려고 했다. 의회도 자신들의 대표를 임명했고, 행정부도 적극적으로 참여했다.

그린스펀 위원회가 내놓았던 안은 단지 몇십년 동안만 굴러갈 아이디어였지만, 그래도 공공정책을 민·관 합동으로 만들었다는 의미는 매우 컸다. 그리고 손놓고 있는 현재보다 훨씬 더 낳았다고 할 수 있다.

사회보장과 관련해 연기금제도도 화급한 이슈라고 할 수 있다. 비즈니스 리더는 특히 연금제도의 취약성이 더 심화하기 전에 개혁을 단행할 수 있도록 참여할 필요가 있다.

제3장에서 살펴보았듯이 미국인은 과거 '법정퇴직금제'에 따라 일정한 금액을 상당기간 받을 수 있었다. 기업은 직원의 퇴직 이후를 위해 상당한 금액을 적립해놓아야 했다.

그러나 오늘날 기업은 기업연금제도(401k 등)를 채택하고 있으며 직원이 자신들의 돈을 자유롭게 운용할 수 있도록 뒤에서 지원하는 역할만 하고 있다. 이는 퇴직 이후의 삶을 보장해줄 수 있는 가장 중요한 제도로 정착된 것이다.

그러나 기업이 파산할 때 직원들은 아무런 보장을 받을 수 없다. 정부나 지방자치단체가 나서서 구제해줄 수 있는 길이 전혀 없는 것이다. 더욱이 기업연금 가운데 75%가 401k 계획에 따른 것이다.

이 자금 가운데 상당 규모가 자사주 매입 등에 투입되는 바람에, 엔론 사태처럼 소속 기업이 파산할 경우 한푼도 건지지 못하는 사태가 발생한다.[10] 이외에도 문제점은 상당히 많다.

기업연금제도가 지금처럼 바뀐 시기는 1980년대 중반이다. 바로 때마침 증시는 '8년 대세 상승기'로 접어들었다. 하지만 엔론 사태 이후 증시는 하락세를 면치 못하고 있다. 노동자의 노후생활이 위협받고 있는 셈이다.

특히 미국의 전반적인 저축률이 사실상 마이너스 상태로 하락해, 노동자들은 자신의 노후를 위한 저축이 상대적으로 많다는 착시현상을 일으키기도 한다. 미래를 위해 신중하게 저축하는 습관을 터득하지 못한 탓에, 수많은 시민의 노후생활이 변덕스럽기 짝이 없는 증시에 맡겨져 있다는 것은 큰 문제점이다.

비즈니스 리더는 현재의 시스템을 선호한다. 확정된 퇴직금을 지급하지 않아도 되기에 비용을 절감할 수 있기 때문이다.

실제로 기업은 직원이 불입한 총액의 50%에도 이르지 못하는 퇴직금을 지급하는 실정이다. 현재의 시스템이 기업에게 이점을 주지만 직원이 겪어야 할 고통은 두려울 정도이다.

따라서 비즈니스 리더는 정부와 손잡고 현재의 시스템을 안정적으로 바꾸기 위해 노력해야 한다. 엔론 사태로 불거진 기업연금제도의 문제점만 고치는 것은 미봉책에 지나지 않는다.

직원들이 더 많은 돈을 저축하도록 유인책을 제시할 필요도 있고, 연기금을 투자하는데 신중하도록 금융교육을 강화할 필요도 있다. 이러한 개혁 노력이 문제를 근본적으로 치유할 수 있는 대책이라고 할 수 있다.

사회보장이 곧 사회의 안정

의료 · 사회 보장, 연기금제도 등은 테러와의 전

쟁과 아무 상관이 없다고 말할 수 없다. 개인이 느끼는 경제적 안정은 체제를 지키는데 아주 긴요한 사항이기 때문이다. 국민은 자신의 일상에 관심을 덜 쏟게 될 때 안정감을 느끼고 안전과 안보 문제에 더 많은 관심을 가질 수 있다.

비즈니스 리더는 직원의 경제적 안정을 위해 좀더 많은 자금을 내놓을수록 의회에서 벌어질 논쟁에서 우위를 점하고, 사회적 안정을 해치는 문제가 불거지는 것도 막을 수 있다.

그러면 급변하는 세계경제 속에서 노동력을 안전하게 유지할 수 있는 필요조건은 무엇인가? 21세기의 사회안전망을 구축하기 위한 요건은 무엇일까? 민간과 공공 부문 리더들은 이런 목적을 달성하기 위해 어떻게 협력해야 할까?

바로 이런 의제가 비즈니스 리더들이 고민해야 할 사항이다.

7_ 테러와의 전쟁, 그리고 세계화

도전받고 있는 세계화

국제교역과 국제투자는 1980년대와 1990년대를 거치면서 비약적으로 증가해왔다. 그 기간 동안 국제교역은 거의 84% 늘어났으며, 국경을 초월해 이루어지는 투자 또한 교역 이상으로 증가했다.

신기술의 확산은 정확하게 측정할 수 없지만, 완벽하게 하나로 통합한 글로벌 마켓을 통해 전지구적으로 확산되고 있다. 세계 각국은 앞다투어 장벽을 허물었고, 기업은 세계의 구석진 곳까지 시장을 찾아 영업활동을 벌였다.

세계화로 수많은 부작용이 발생하고 정치적 논쟁이 벌어졌지만 이는 그리 놀랄 만한 일이 아니다. 무역 자유화를 통해 모든 나라가, 또 모든 계층이 이익을 본 것은 아니기 때문이다.

중국과 멕시코는 자유무역의 혜택을 누릴 수 있었지만, 아프리카와 중동 지역은 침체의 늪에서 헤어나지 못하고 있다. 수많은 노동자가 치열해진 국제경쟁 때문에 직장을 잃어야 했거나, 신기술을 바탕으로 한 생산설비에 밀려났다.

반세계화론자들은 강력하고 무정부적인 초국적 기업이 제 입맛에 따라 세계질서를 재편하고 있다며 비난한다. 가난한 나라의 노동자를 착취하고 환경을 파괴한다는 것이다. 또 그들은 세계시장을 유지·관리할 수 있는 기구가 존재하지 않기 때문에 글로벌 시장이 제멋대로 출렁인다고 지적한다.

심지어 자본주의의 확대를 지지하는 사람마저도 세계경제의 취약성에 대해 심각한 우려를 감추지 못하고 있다. 1997~98년 아시아의 금융·경제 위기가 바로 복잡한 신흥시장을 효율적으로 관리할 수 있는 제도적 장치가 마련되어야 함을 일깨워주는 사건이라는 것이 그들의 시각이다.

이에 따라 아시아와 라틴 아메리카 국가의 정책 담당자와 경제 전문가들은 IMF, 세계은행, 미국 재무부가 추진하는 무역 자유화의 논리를 비판하기 시작했다.

특히 전세계에서 반세계화 운동가들이 시애틀에 모여 밤샘시위를 벌인 사건은 자유무역과 시장규제가 균형을 찾아야 하는 것이 얼마나 중요한 의제인지 상징적으로 보여준 사건이었다.

세계화가 어떤 결과를 낳을지 아무도 정확히 예측할 수 없지만,

적어도 두 가지 현상이 발생하리란 점은 짐작할 수 있다.

첫째, 이미 표면화하고 있는 극단적인 양극화라고 할 수 있다. 산업화한 나라가 무역장벽을 제거하고 각종 규제를 완화함에 따라 교역과 투자가 촉진되는 반면, 정치적 논쟁이 극심해지고 금융위기가 되풀이될 가능성이 높아진다는 것이다.

그럼에도 세계경제의 기초를 굳건하게 하려는 노력은 비록 시간이 걸리겠지만 계속될 것이다. 그리고 세계 곳곳에서 정치적 긴장이 고조되겠지만, 세계경제의 핵심축이라고 볼 수 있는 미국과 유럽의 관계는 안정적으로 유지될 가능성이 높다. 더 나아가 세계의 균형발전을 위한 노력이 대화와 타협을 통해 시도될 것으로 예상된다.

주요 나라들이 이런 노력을 하는 배경에는 세계화가 더이상 거역할 수 없는 대세라는데 의견이 모아지기 때문이다.

둘째는 세계화의 모멘텀이 눈에 띄게 약화하고 있다는 사실이다. 민족주의가 큰 영향력을 발휘할 가능성이 높다. 교역과 투자가 중단되지는 않겠지만, 활력은 현격히 줄어들 가능성이 높다. 테러와의 전쟁을 이유로 국경관리가 강화되고 새로운 규제가 만들어져 무역 자유화를 위한 추가 노력을 저해할 수 있다.

미국과 유럽이 철강, 농업, 유전자 변형식품에 대한 각종 규제를 신설하고 사생활 보호 등을 이유로 보호무역을 강화하는 등 두 지역의 갈등과 긴장이 고조될 가능성도 있다. 그러면 보호무역주의가 서서히 힘을 얻게 될 것이다.

대서양을 사이에 둔 두 대륙의 긴장은 중동정책, 테러와의 전쟁을 둘러싼 시각 차이로 더욱 높아질 수 있다. 모로코와 사우디아라비아 등 이슬람 국가는 내부적으로 정치적 소요사태를 겪게 될 것이고, 남아프리카 지역은 나날이 피폐해지는 국민의 생활고를 덜기 위해 세계화의 대열에서 이탈할 가능성도 있다.

지역주의가 더욱 기승을 부려 세계화의 대항논리로 부상할 수 있고, 유럽·아랍·남미 국가가 지구적인 연대보다는 지역동맹을 구성하기 위해 힘을 합칠 것이다.

그리고 수많은 나라가 워싱턴과 월스트리트의 논리를 거부하고 독자적으로 살아나갈 궁리를 모색할 가능성이 높다. 세계통합보다는 지역적인 정치연대에 의존하려는 움직임이 거세질 것이라는 얘기다.

테러와의 전쟁, 그리고 세계화

세계화의 흐름에서 현재 시점은 9·11 테러와 엔론 사태로 예상치 못한 상황이 펼쳐지는 바람에 더욱 중요해졌다. 미국이 테러와의 전쟁과 기업·시장의 투명성을 강화하기 위해 보이고 있는 움직임은 세계화와 자유무역에 반하는 움직임을 더욱 강화할 가능성이 높다는 것이다. 국제사회가 이런 움직임을 예방하기 위해 공조하지 않는다면, 세계를 하나의 열린 시장으로 통합하려는 그동안의 노력이 물거품으로 바뀔 수 있다는 지적이

제기되고 있다는 얘기다.

테러 사태는 미국의 정책 우선순위를 통째로 바꾸어놓았다. 테러와의 전쟁이 최우선 과제로 부상했으며, 세계경제를 활성화하기 위한 정책은 뒤로 밀려났다. 물론 부시 행정부는 대세역전을 막고 자유무역 확대를 위해 다자간·양자간 협상을 시도하는 한편, 대외원조를 늘릴 가능성이 높다.

하지만 노련하고 세련된 기술을 동원하더라도, 테러와의 전쟁을 위해 너무나 많은 에너지와 자원, 외교역량 등을 소모할 수밖에 없는 상황이다. 그리고 테러와의 전쟁이 대외정책의 최우선 과제로 남아 있는 한 세계화와 자유무역은 과거보다 위축될 수밖에 없다.

첫째, 테러 사태는 세계화에 대한 시각을 지금까지와는 전혀 다른 것으로 바꾸어놓았다. 9·11 테러 이전까지 세계화는 개방과 동의어였다. 무역장벽을 낮추고, 외국인 투자를 유인하고, 규제를 완화하면서 민영화를 추진하는 것이 세계화였다.

하지만 테러 사태 이후 '구멍을 메우는 작업'이 우선 과제로 떠올랐다. 상품, 서비스, 자본이 쉽게 이동할 수 있는 통로가 알카에다와 같은 테러 세력이 비집고 들어올 수 있는 채널이 되지 않도록 막는 게 중요해졌다. 세계화는 새로운 시장과 새로운 기회를 의미했지만, 이제는 세계의 상호의존성이 높아짐에 따라 발생하는 취약점이 시민들의 관심사로 부상했다.

세계 각국의 정부는 새로운 아이디어를 갖게 되었다. 자유무역을 촉진하는 것이 바람직하다는 생각에서 반대의 논리에 의존하기 시작한 것이다. 테러 사태 이전에는 다소 유토피안적인 사고였지만 국가를 점진적으로 약화시켜 나가는 쪽이 좋다고 생각했는데, 이제는 자본과 인력이 자유롭게 이동할 수 있는 국경의 경비를 강화하는 쪽으로 나아가고 있다.

테러 사태가 물류 시스템의 불안을 초래하고 비용을 증가시키는 바람에 경제에 대한 불안심리가 더욱 커지고 있다.

다국적 기업은 어디에 기업을 설립할 것인지, 어떻게 조직을 편성할 것인지, 누구와 제휴할 것인지, 외국 기업과 어떤 관계를 맺을 것인지 등에 대해 더 많이 고심하게 되었다.

엔론 사태도 세계화에 대해 부정적인 영향을 끼쳤다. 그동안 많은 나라들이 미국식 자본주의 시스템을 모방했고, '세계화 = 미국화'라는 등식은 설득력을 유지했고, 세계경제에 대한 미국의 영향력은 날이 갈수록 커졌다. 실제로 미국 경제는 세계경제의 25% 이상을 점하고 있었다.

미국은 세계 최대 교역국이면서 투자국이다. 기술과 경영혁신의 리더이며, 세계 문화의 중심국이다. 법에 기초한 경제 시스템의 주요 기둥이었고, 경영의 투명성과 재무회계의 정직성에 기초한 경제 시스템의 표준으로 자리잡았다.

하지만 엔론 사태 이후 그동안 자랑해왔던 미국식 자본주의 시스템은 실상을 드러내보였다. 미국식 자본주의에 반대하는 사람의 주장에 힘을 실어주어, 자유무역 정책과 시장에 대한 제한적인 개입에 비판적인 목소리를 높이는 결과를 낳았다.

미국식 자본주의에 대한 불신이 세계화에 악영향을 끼쳤다는 점은 간과할 수 없는 대목이다.

세계 자본주의 블록은 1945~89년 월스트리트와 워싱턴의 논리를 적극적으로 수용해왔다. 옛 소련과 동유럽이 붕괴한 이후 사실상 전세계 국가들이 미국식을 벤치마킹했다. 중국과 인도는 전세계 인구의 30%를 차지하고 있는데, 이들 나라마저 미국식 자본주의의 요소를 적극적으로 받아들였다.

터키와 브라질의 증권시장 관계자는 뉴욕증권거래소와 나스닥이 어떻게 작동하는지 배우기 위해 갖은 노력을 다했고, 도이체뱅크와 도요타 자동차는 미국의 시티그룹과 제너럴 모터스의 경영모델을 따라 배우기에 혈안이 되었다.

미국의 경제철학은 세계경제를 지배하는 논리였지만, 엔론 사태 등 기업의 부도덕성에 의해 불신받기 시작함에 따라 세계경제는 방향을 잃고 흔들리게 되리란 점은 부인하기 힘든 사실이다. 연방준비제도이사회의 전직 의장인 폴 볼커는 의회 증언에서 다음과 같이 지적했다.

미국은 다른 나라의 회계와 감사기준을 믿을 수 없다며 비난해왔다. 회계의 취약성이 경제 전반의 약점으로 작용하고, 비효율과 금융위기를 낳은 주범이라며 개혁을 요구해왔다. 그런데 아이러니컬하게도 미국식 경제와 금융 시스템이 역사상 최고조에 달한 이 시점에 그

동안 자랑스러워 했던 우리의 회계 시스템에 대한 불신과 의문이 제기되는 사태를 맞고 있다. 여태까지 훌륭하게 작동해왔던 시장 시스템에 대한 신뢰성이 금가고 있는 것이다. …… 사태의 심각성은 미국의 역량을 초월해 있다고 할 수 있다.[1]

테러와의 전쟁, 시장과 기업의 신뢰도 하락은 세계경제가 중요한 기로에 놓여 있는 순간에 좋지 않은 영향을 끼치고 있다. 지금 이 순간은 경제성장의 동인을 찾기 힘든 상황이다. 미국 경제가 회복한다고 해도 1990년대 중반 이후 유지했던 영향력과 우월성을 되찾기는 힘들어보인다.

일본 경제는 10년 이상 침체의 늪에서 허우적대고 있다. 회복을 전망하기 힘든 상황으로, 세계 2위 경제가 서서히 몰락하는 것이 아니냐는 우려가 제기되고 있는 실정이다.

유럽연합의 경제도 그저 그런 성장세를 보일 전망이다. 그렇다고 새로운 투자를 유인할 수 있는 산업발전을 기대하기도 힘든 처지이다.

테러와 엔론 사태는 개발도상국의 경제에 깊은 상처를 줄 가능성이 아주 높다. 기업이 비윤리적인 행위로 자국내에서 혹독한 비판을 받고 있으며, 해외의 지배구조 문제점 등에 대한 우려로 제3세계에 투자를 꺼리고 있기 때문이다. 특히 테러 사태는 세계 관광산업을 꽁꽁 얼어붙게 만들어, 관광수입이 가장 큰 외화벌이였던 개발도상국은 큰 타격을 받고 있다.

그리고 미국 등이 이민에 대해 까다로운 정책을 실시하는 바람에, 이민을 간 친지의 송금에 의존해오던 개발도상국의 사람들은 심각한 어려움을 겪고 있다.

마지막으로 세계 금융시장은 내부적으로 심각한 위기상태에 놓여 있다. 미국 증시의 평균적인 주가수익배율PER은 역사적 평균보다 2배 이상 높다. 주가가 기업의 주당 순이익EPS보다 터무니없이 높은 수준이라는 얘기다. 그리고 달러의 지나친 고평가도 상당한 문제점으로 작용하는 것 같다. 따라서 세계경제는 전반적으로 위험한 상태에 놓여 있다고 말할 수 있다.

무차별적 자금 추적은 위험하다

왜 비즈니스 리더와 정책 담당자는 세계경제 영역에서 민간과 정부의 이익이 바람직한 균형을 찾도록 하기 위해 힘을 합해야 하는가. 여기에는 세 이유가 있다.

첫째, 다국적 기업은 다양한 나라, 인종, 지역에서 자본·인력·공급망을 확보하고 있다. 세계화의 후퇴는 이들 기업에게 치명적인 상처를 줄 수 있다.

기업이 '규모의 경제'가 낳는 이익을 누리기 위해서는 일정 크기 이상 거대해져야 하는 것은 필수적인 요건이다. 또한 기업이 신제품을 개발하기 위해 투입하는 연구개발 비용은 막대하다. 이를 회수하기 위해 비즈니스 영역을 전세계로 확대할 필요도 있다.

그런데, 기업의 이익률은 세계시장에서 경쟁이 치열하기 때문에 전반적인 하락 추세에 있는 것이다.

또한 지역과 문화에 따라 고객의 입맛도 다양하기 때문에 기업은 고객 가까이 접근해 마케팅해야 한다. 지역별 특성이 있는 인재와 자원을 최대한 활용하기 위해 현지화 전략을 추진해야 한다. 또한 기업은 방대한 물류망과 협력업체를 거느리고 있다. 물류 네트워크를 적절하게 관리하고, 협력업체와 유기적인 협조를 이루기 위해 세계화 전략을 추진해야 한다.

다국적 기업의 네트워크는 9 · 11 테러 사태로 이미 드러났듯이 외부의 충격에 상당히 취약하다.

지은이가 국내외 비즈니스 리더들과 인터뷰한 결과, 하나같이 가장 두려운 미래는 세계화의 추세가 위축되거나 중단되는 것이라고 입을 모았다.

글로벌 기업의 부는 현재 영업활동을 하고 있는 지역의 사회적 건강성에 달려 있다. 글로벌화를 지속한다는 것은 끊임없이 교역한다는 뜻이다. 무역 자체만으로 충분하다고 할 수 없지만, 교역은 국가의 성장과 발전에 필수적인 요소라고 할 수 있다.

다니엘 예르긴Daniel Yergin은 『정상에 오르기, 현대 세계를 변모시키는 원동력으로서 정부와 시장의 경쟁 Commanding Heights, The Battle between Government and the Marketplace That is Remaking the Modern World』을 발표한 유명한 저자인데, 그는 자유무역을 지향하는 열린 경제가 최고의 성장과 번영을 구가할 수 있었다고 지

적했다.[2)]

예르긴의 논리는 세계의 은행 등 유수 국제기구의 연구를 통해서도 입증되었다. 실제로 세계화의 최전성기였던 1870~1914년 직후처럼 자유무역이 위축되면, 기업의 경영 성과도 악화할 뿐만 아니라 기업이 활동하고 있는 지역과 사회도 상당한 타격을 받기 마련이다.

둘째, 정부는 민간 부문의 도움을 받아야 한다. 공공 부문만의 노력이 부족하다는 사실을 상징적으로 보여주는 사례가 바로 G7과 G8(G7+러시아)이라는 기구의 성과이다. G7은 1975년 서방 선진 7개국이 참여해 만든 기구이다.

당시 세계경제는 성장률 하락, 극심한 인플레이션, 실업률 급등의 병을 앓고 있었는데, G7은 이후 세계화의 속도와 방향을 적절하게 관리하는 구실을 했다.

그러나 시간이 흐름에 따라 G7 국가의 모임은 언론 플레이 이상의 구실을 하지 못하고 있다. 공동 발표문은 사전에 조율되었고, 정상들은 단지 합의문의 중요한 문구를 수정할 뿐이다. 특히 발표문은 관료들의 용어로 쓰여져 일반 시민은 쉽게 이해할 수 없는 맹점을 드러내보였다.

또한 정상들이 내놓은 제안은 진부하고 전혀 새롭지 않기 때문에 이너서클 밖의 나라들은 거의 관심을 기울이지 않는 것이 현실이다. 러시아를 포함한 G8 회의의 비효율성은 세계경제 속에서 정부의 역할이 제한적이라는 사실을 그대로 반영한다.

정부와 시장 가운데 어느 쪽이 상대적으로 큰 힘을 갖고 있느냐는 중요한 이슈이다. 시장은 거대해지고 나날이 복잡해지고 있다. 국경을 초월해 확장 추세를 보이고 있다. 하루 외환거래 규모만도 무려 1조 5,000억 달러에 이르고, 국경을 넘나드는 파생상품 거래 규모는 그보다 몇 배나 크다.

개발도상국에 대한 정부의 자금지원은 1980년대 민간투자보다 4배 이상 많았지만, 2002년 현재의 사정은 정반대이다. 민간투자가 정부간 자금지원보다 무려 6배 이상 많은 것이다.

정부는 이와 함께 활동 영역을 축소해야 한다는 압력을 받고 있다. 더욱이 과거의 경우 유능한 인재들은 공공 부문에 적극적으로 참여했지만, 요즈음은 민간 부문을 더욱 선호하고 있다. 보수도 민간 부문이 훨씬 후할 뿐만 아니라 경력을 축적하는데도 유리하다. 또한 정치논쟁에 휘말려 퇴진당하는 사태도 피할 수 있는 이점을 누릴 수 있다.

정부가 세계 금융시장이 작동하는 메커니즘을 잘 이해하고, 국제무역에 대하여 해박한 지식을 갖춘 전문가가 혼자 힘으로 긴요한 시대의 흐름을 모니터하고 규제하려는 것은 비효율적일 수밖에 없다. 정부는 기본적으로 자국내 국민의 이익을 최우선시 해야 한다. 관료의 기본적인 마인드가 국내적이지, 국제적이지 않다는 것이다.

정부는 또한 글로벌 마켓을 관리할 능력이 한정되어 있기 때문에 다른 나라의 정부와 협조해야 한다. 그리고 국제기구를 통해 협력방안을 모색하거나 임무를 수행해야 한다. 국제적인 공조는 아주 중요하지만, 협력관계를 구축하는데 그다지 효율적이지 않다는 것이 문제이다.

셋째, 전문지식을 갖추고 있는 비즈니스 리더가 나서야 자유와 질서 사이에서 중용을 추구할 수 있다. 정상급 비즈니스 리더는 기본적으로 열린 경제를 지향한다. 무역장벽이 제거되었을 때 그들의 기업은 성장·번성할 수 있고, 그들이 거느리고 있는 직원이 창의력을 충분히 발휘할 때 수익성을 극대화할 수 있기 때문이다.

최고 경영자 대부분은 실용주의자이지, 이데올로기에 매몰되어 있는 인물이 결코 아니다. 그들은 예측 가능성을 중시하고, 공정한 경쟁과 법집행을 보장할 수 있는 공공정책의 틀을 원한다. 또한 정부가 공정한 규정을 제정하고, 투명하게 집행할 수 있기를 희망한다.

그들은 비즈니스와 무정부 상태는 함께 공존할 수 없다는 사실을 분명히 알고 있기 때문이다. 이런 점 때문에 비즈니스 리더는 글로벌 경제를 효율적이고 적절하게 관리하기 위해 정책 담당자와 협력할 수 있다.

AGENDA ITEM
비즈니스 리더는 거센 역풍이 불고 있는 상황에서 열린 경제를 유지·발전시키기 위하여 노력해야 한다.

비즈니스 리더가 수행해야 할 당면 과제 가운데 가장 중요한 것은, 테러와의 전쟁을 위해 현재 실행되고 있거나 검토중인 정책수단을 조사·분석하는 일이다. 그리고 규제와 열린 경제 사이에서 중용을 찾을 수 있는 건설적인 대안을 정책 당국에 건의해야 한다.

아직 테러가 종식된 것은 아니기 때문에 국제사회에서 정부의 역할이 확대될 수밖에 없다는 사실은 자명하다. 미국 정부가 테러리스트의 자금이전 통로를 봉쇄하기 위해 국제적으로 공조하고 있는 것이 대표적인 사례라고 할 수 있다.

의회는 9·11 테러 직후 새로운 법을 제정했다. 금융거래를 감시해 의심나는 계좌나 자금 흐름을 봉쇄할 수 있는 권한을 행정부에 부여한 것이다.

재무부와 법무부는 은행과 증권사에 테러 자금으로 의심되는 거래는 즉시 통보하도록 요구했으며, 사법당국은 금융거래 정보를 통해 매일 테러 혐의가 있는 사람이나 조직의 금융거래를 즉시 확인할 수 있게 되었다. 워싱턴은 이와 함께 UN, IMF, 세계은행, OECD 등의 국제기구에도 압력을 행사해 의심스러운 금융거래 정보를 보고하도록 했다.

미국은 세계 29개국으로 구성된 자금세탁방지 금융대책기구인 FATF Financial Action Task Force와 주요 국가의 임시 기구를 통해 테러 지원 국가로 지목된 나라에 송금 등을 봉쇄하려 하고 있다. 그리고 유럽연합과 함께 테러 조직과 테러리스트 명단을 공개해 각국이 이들 계좌를 폐쇄하거나 압류하도록 하고 있다.

자금거래에 대한 이러한 감시 때문에 제재를 가하거나 자산을 동결하고, 블랙리스트를 만들어 배포하는 일 등이 사실상 제한 없이 이루어지고 있다. 또한 예금자와 고객의 정보를 열람할 수 있고, 신탁펀드 · 재단자산 · 자선기금 · 공동투자 등에 대한 정보도 정부에 제공되고 있다.

범죄혐의가 있는 금융거래에 대한 통제를 강화하려는 노력은 새로운 상황을 초래하고 있다. 과거에는 특정 사건이 발생한 후에야 정부가 법원의 영장이나 승인을 받아 특정 계좌를 뒤지거나 금융거래 정보를 수집할 수 있었다. 범죄행위가 발생한 뒤에야 자금 추적에 들어갈 수 있었다는 얘기다. 하지만 지금은 범죄혐의만 있으면 행위가 발생하지 않더라도 사전에 계좌를 뒤지거나 금융정보를 수집할 수 있게 되었다.

또한 과거에 은행은 자금출처가 어디인지만을 파악하고 있으면 되었지만, 지금은 출처뿐 아니라 자금이 어디로 흘러가는지, 자금을 받은 사람이나 조직이 그 돈으로 무엇을 할 것인지까지 파악해 정부에 알려야 한다.

지난 시기 정부가 주로 감시했던 금융회사는 시중은행이 대부분이었다. 이들 회사가 자금출처 등에 대해 정보를 보유하고 있기 때문이다. 하지만 요즘은 증권사, 투자회사, 주택채권유동화회사 등 거의 모든 금융회사도 사찰대상이 되고 있다.

심지어 재무부는 2002년 4월, 새로운 규정을 제정해 발표했다.

이 규정에 따르면 부동산 중개인, 웨스턴 유니언과 같은 자금중개회사, 심지어 고리대금업체도 5,000달러 이상의 입출금은 신고해야 하며, 액수가 이 기준보다 적다고 하더라도 자금주가 의도적으로 추적을 피하려는 등의 범죄혐의가 있으면 즉시 통고해야 한다.

그리고 금융회사는 금융정보를 담당하는 간부를 임명해야 하며, 직원들에게 어떤 자금거래에 범죄혐의가 있으며, 어떻게 신고해야 하는지를 교육시켜야 한다.

정부가 이렇게 물샐 틈 없는 금융감시망을 구축한 것은, 테러리스트는 아주 소규모의 자금만으로도 테러 행위를 실행하는 것으로 알려졌기 때문이다. 따라서 테러 자금 추적에는 뭉칫돈이 오가는 금융거래의 그것과 달리 많은 인력이 투입되어야 하고, 매일매일 발생하는 소액 거래까지 놓치지 말고 감시해야 하기 때문에 정부의 간섭이 더욱 강화될 수밖에 없는 것이다.

정부는 테러 이후 수개월 동안 이 잡듯이 뒤진 결과, 테러 조직과 관련의혹이 있는 자금 1,040억 달러를 찾아내 동결했다.

세계 GDP가 40조 달러에 이르고, 미국이 해외에서 하루 차입하는 금액이 10억 달러 수준이기 때문에 1,040억 달러가 터무니없는 금액이라고는 할 수 없다.

그러나 애초 예상했던 금액보다는 훨씬 적은 것이다. 이는 테러 자금이 상품이나 마약 거래로 이동했거나 다른 범죄 자금으로 전용되었기 때문이다.[3] 사정이 이렇기 때문에 정부의 감시망은 일반 상품거래로 확대될 수밖에 없다는 점은 이해할 만하다. 하지만 우려와 의문이 제기되고 있는 것은 사실이다. 어디까지 정부의 감시망이 확장되어야 할까?

정부의 자금감시는 아주 민감한 분야까지 확대되고 있다. 미국은 2002년 2월 중동과 아시아 국가에게 독립적인 금융정보원을 설립해 투자자와 투자자, 채권자와 채권자 사이의 금융거래마저 감시하도록 요구했다. 그리고 부시는 두달 뒤에 열린 G7 재무장관 회의에서 금융정보를 제공하지 않는 등 소극적인 나라에 제재를 가하겠다고 으름짱을 놓았다.

테러와의 전쟁은 이해할 수 있지만, 정부가 개인과 기업의 일상적인 금융거래마저 집중적으로 사찰하는 등 다양한 방법으로 경제에 개입하는 것에 대해서는 눈길이 곱지 않다. 경제자유를 침해할 수 있을 뿐만 아니라 한결 개방된 정치 시스템에 대한 전망을 흐리게 하기 때문이다.[4]

정부의 무차별적인 개입을 열린 글로벌 경제 차원에서 어떻게 평가해야 할까?

안보 상황이 화급하고 적의 활동에 금융이 중요한 구실을 할 때 정부가 모든 수단을 동원해 자금 흐름을 봉쇄하거나 감시하는 것은 타당하다고 할 수 있다. 하지만 사실상 모든 금융거래를 모니터하는 행위는 심각한 반발을 불러일으킬 수 있다. 정부의 개입을 어느 선까지 참아야 하고, 지나친 개입을 방어할 수 있는 대안은 무엇인가 등 논란이 분분할 수 있다는 것이다. 특히 정상적이고 합법적인 경제활동마저 위축시킬 수 있고, 경제에 불필요한 부담을 가중시킬 수 있다는 우려도 제기될 수 있다.

더욱이 정부는 컴퓨터 정보망의 발달로 테러 의혹이 있는 자금 거래뿐만 아니라 일반 시민의 자금거래를 속속들이 알아낼 수 있다. 그만큼 정보를 오용하는 사태가 발생할 가능성이 높아지는 것이다.

개인이 정상적이고 합법적으로 일으킨 금융거래 내역이 어느 날 갑자기 공개되어 프라이버시가 침해되는 사태가 발생할 수 있다는 얘기다. 또한 특정 국가의 정부나 쿠데타 등을 기도하는 세력이 악의적인 목적을 위해 금융정보를 악용할 수 있는 가능성도 배제하기 힘들다.

이민 통제의 부작용

이민 통제도 심각한 의제이기는 마찬가지이다. 정보수집, 국경경비 강화 등을 명목으로 한 정부간 공조가 통제선을 벗어나 진행될 수 있기 때문이다.

미국은 9·11 테러 이후 이민자에 대한 의혹의 눈길을 더욱 매섭게 던지고 있다. 비자발급 기준을 대폭 강화하라는 지시가 각 대사관에 전해졌다.

부시는 2002년 4월 '이민정책을 활용한 테러와의 전쟁'이라 명명된 지침을 통해 신규 유학생의 신원조회를 엄격히 할 뿐 아니라 미국에서 공부할 수 있는 분야도 제한하도록 했다.

이에 따라 유학생은 법무부와 학교 당국의 눈길을 피할 수 없게 되었고, 단순 여행객도 같은 지침에 따라 강화된 감시를 받게 되었다. 여행비자 기간도 6개월에서 30일로 축소되었고, 비즈니스 비자 만기도 12개월에서 절반인 6개월로 단축되었다.

국가안보부는 이민국, 국무부 비자발급부서 등을 관할 아래에 편입시켜 이민의 기회를 제한하려고 한다. 계획대로라면, 미국을 방문하기 위해 비자를 받는 것은 일종의 특혜로 간주될 가능성이 높아진 것이다.

물론 국가안보를 위해 피할 수 없는 조처라는 사실을 인정하지만, 이민과 피난민 유입이 미국 발전에 얼마나 중요한 사항인지 부정하는 태도는 불행한 일이다. 그러나 이제 이민은 미국 경제에 도움이 되는 것이 아니라 국가안보에 해가 되는 것이라는 분위기가 농후해졌다.

유럽도 사정은 마찬가지이다. 테러와의 전쟁과 민족주의 분위기의 상호작용으로 이민을 극력하게 피하는 분위기가 팽배해진 것이다.

유럽 전문가인 토니 주트Tony Judt는 2002년 4월, 『뉴욕 타임스』에 기고한 글을 통해 "프랑스를 제외한 유럽 각국에서 국수주의, 인종차별주의가 힘을 얻고 있다"고 진단했다.[5] 그는 오스트리아, 스위스, 네덜란드, 덴마크 등에서 국수주의와 이민족 혐오증이 강화되고 있다고 지적했다.

각국의 출입국관리 당국은 테러리스트의 유입을 막기 위해 누가 자국에 들어오고 떠나는지에 대한 정보수집을 더욱 강화하고 있다. 국내외 정보당국이나 사법당국과 긴밀한 네트워크를 구성하여 출입국자의 신원을 샅샅이 조회하고 있는 것이다. 특히 출입국자의 신상을 파악하고 정보를 수집하기 위해 첨단장비까지 갖추고 있다.

　제1차 감시대상은 전쟁과 정치적 박해를 피해 전세계를 주유하고 있는 난민 3,500만 명이다. 미국 입국을 희망하는 난민은 과거보다 훨씬 강화된 신원조회를 거쳐야 한다. 철저한 심문뿐만 아니라 살아온 길에 대한 조사를 통과해야 입국이 가능하다. 더욱이 입국허가를 받았다고 하더라도 거주 이전이 제한되는 경우가 태반이다.

　난민 입국제한은 거의 모든 나라들이 실시하고 있는 조처이다. 미국의 난민 쿼터는 1980년대 중반 이후 급격하게 축소되었다. 해마다 20만 명 선이었으나 2001년에는 7만 명으로 줄어들었던 것이다. 9·11 테러 이후에는 난민 입국이 사실상 중단된 상태이다. 그리고 오스트리아, 덴마크 등도 난민이 들어올 수 있는 문을 사실상 걸어 잠그기 시작했다.[6]

　심지어 일반적인 여행객마저도 새로운 시스템에 의해 걸러지게 되어 있다. 미국 정부와 항공사들은 2002년 2월, 여행객의 신원에 관한 정보를 확보하기 위해 항공사 탑승객의 정보를 공유하기로 했다고 발표했다. 탑승객이 어떻게 항공권을 구매했는지, 탑

승객의 경유지나 과거 여행정보, 소비행태까지 추적하는데 공조하기로 한 것이다.[7]

정부는 항공사의 도움을 받아 신용카드와 직불카드 사용내역과 기타 금융거래 등 항공사가 보유하고 있는 데이터 베이스에 접근할 수 있게 되었고, 이를 활용해 테러와 범죄혐의가 있는 사람들을 추적할 수 있게 되었다.

특히 테러리스트의 활동이 국제화되어 있기 때문에 '한 국가'가 물샐 틈 없는 그물망을 친다고 해서 모든 일이 해결되는 것은 아니다. 범세계적인 추적망을 구성해 테러리스트 정보를 공유해야 하는 상황이다.

정부가 일상의 여행객까지 추적해야 할 필요가 있는지 의문이다. 하지만 테러는 아무런 흔적을 남기지 않기 때문에 불가피한 조처라고 생각된다. 그러나 비즈니스 리더와 정책 담당자는 적법한 절차와 정상적인 목적으로 국경을 넘어 여행하는 일이 어떤 제약도 받아서 안 된다는다는 점을 분명히 할 필요가 있다. 또 정부가 방대한 정보망을 이용해 수집한 개인정보가 유출되거나 악용되지 않을 거라는 점도 보장하도록 해야 한다.

정부의 노력이 테러와의 전쟁에 불가피한 조처라고 하더라도, 분명한 것은 해외여행의 자유가 침해되면 엄청난 비용을 지불할 수밖에 없다는 사실을 인정할 필요가 있다. 특히 미국은 이민온 다양한 사람들로 구성되어 현재와 같은 사회 · 경제 · 정치 구조를 구축하게 되었고, 높은 생산성과 생명력을 자랑하는 체제를 갖추게 되었다는 사실은 부정할 수 없다.

월스트리트에서 실리콘 밸리까지, 마이애미에서 밀워키까지 전 미국에는 다양한 인종과 국적을 가진 사람들이 몰려들어 각자 보유하고 있는 장점을 최대한 발휘해 사회의 발전에 기여해왔다. 그리고 노쇠해진 유럽대륙도 앞날을 생각하면, 더 많은 이민을 받아들여 생산성 향상을 기대해야 하는 처지에 있다.

사실 유럽은 이민을 생각하지 않고는 생명력을 갖춘 대륙으로 부활할 가능성이 아주 낮다. 따라서 포르투갈에서 발틱해까지 전 유럽국가가 현재 테러와의 전쟁을 이유로 이민자에게 취하고 있는 행동은 유럽의 장래와 배치된다고 말할 수 있다.

더욱이 개발도상국가들은 2001년 이민간 자국민으로부터 무려 1,000억 달러를 송금받아왔으나, 선진국의 이민제한 조치로 큰 타격을 받게 될 것이다. 특히 멕시코의 경우 이민간 자국민이 보내온 송금은 원유와 여행산업에 이어 세번째로 큰 외화벌이였다. 터키의 경우에는 송금액이 해외자본의 직접투자보다 무려 4배나 많아 자국 경제에 상당한 기여를 해왔다.[8]

안전·안보에는 비용이 따른다

비즈니스 리더가 관심을 갖고 대처해야 하는 세 번째 분야는 까다로워진 검역과 검색으로 각종 비용이 상승하는 문제이다. 지금까지 전세계 물동량의 90%는 해상을 통했고, 주로 컨테이너 형태로 수송되었는데, 대부분 검역이나 검색을 받지 않고 아주 자유롭게 수송·배달되었다.

현재 선진국은 컨테이너 화물에 대한 검색과 검역을 강화하기 위해 국제적인 공조망을 구성하려고 한다. 이 의도가 실현되기 위해서는 기술혁신을 적절하게 활용할 필요가 있다.

화물 터미널에 엑스레이 검색장치 등이 확충되어야 하고, 항만 지역에는 특별안전구역을 설치해야 한다. 해상화물의 특성상 여러 나라를 거쳐 오는 경우가 많기 때문에 혐의점이 있는 화물추적에 국제공조는 필수적인 사항이다.

이상적인 방안이 있기는 하지만, 결과는 너무나 파괴적이고 고비용을 야기한다. 제품의 생산단계 또는 물류기지까지 감시의 촉수를 확대하는 것이다. 즉, 의심스러운 물질 등이 선적되는 것을 제품의 생산과 포장 단계부터 막아버리는 방안이다.[9] 검색을 거부하거나 적절한 검색절차를 거치지 않은 쪽의 화물은 입항을 전면 막아버린다는 게 이 방안의 핵심이다.

이런 방안이 실행되면, 기업은 엄청난 비용을 부담해야 한다. 물류 처리비와 보험료 인상, 배달지연 등에서 나오는 비용을 기업이 치러야 하는 것이다. 게다가 미국이 검색의 의무를 해외에도 부과할 때 이를 감당할 수 있는 나라나 항구는 선진국이거나 대형 항구뿐이다. 고가의 첨단장비를 갖추고 미국이 요구하는 수준의 검색능력을 갖춘 나라나 항구만이 그 임무를 해낼 수 있기 때문이다.

결국 개발도상국의 항구는 물동량 감소로 심각한 경제적 타격을 입을 수밖에 없다.

검색과 검역의 강화는 수입 식료품의 가격을 상승시켜 또다른 문제를 야기할 수 있다.

미국 하원은 이미 해외 농수산물 수입시 적용받아야 하는 검역과 검색을 강화하는 법안을 통과시켰다. 식품 생산업체와 운송업체는 이 법에 따라 정부에 등록해야 한다. 또 FDA는 의심가는 농수산물에 대해 법원의 영장 없이 즉시 압류조처를 내릴 수 있게 되었다.

전미식품가공업협회NFPA는 이 법이 통과되자 2002년 봄, 즉각 성명을 발표하고 반대 의사를 분명히 했다. 『뉴욕 타임스』에 따르면, 그 단체는 "연방정부의 감독·감시 권한이 60년 역사상 가장 크게 강화되었다"며 반발했다.[10]

크래프트 푸드Kraft Foods, H. J. 하인즈Heinz, 콘아그라 푸드ConAgra Foods 등 식료품업체들이 가장 우려하는 것은 연방관료들이 자사 제품에 대한 소비자의 불만과 각종 영업비밀에 접근하게 되고, 나중에는 국민의 알 권리를 이유로 국민에게 알려졌을 때 엄청난 타격을 받을 수 있다는 가능성이다.

규제와 자율 사이, 그리고 비즈니스 리더

비즈니스 리더와 정책 담당자는 정부의 손길이

금융·이민·물류 등 전 영역으로 확대되어 결국에는 비용이 상승하고, 자유로운 상거래가 방해받는 사태가 발생될 수 있다는 사실에 관심을 기울여야 한다. 또한 자유로운 상거래가 침해되면 나중에 심각한 보호주의가 강화될 수 있다는 점에 대해서도 신경을 써야 한다.

비즈니스 리더가 특히 주의해야 할 것은 특정 분야에 정부의 개입이 강화되면, 도미노 현상처럼 다른 영역에도 확대될 수 있다는 점이다. 일단 선례가 만들어지고, 관료제가 자리잡히고, 또 국가안보가 어떤 가치보다 우선한다는 마인드가 형성되어버리면, 나중에 어떤 노력을 해도 되돌리기 어렵기 때문이다.

따라서 비즈니스 리더는 국가의 개입을 어느 정도까지 인내할 수 있는지, 자유시장 원칙을 어느 정도까지 양보할 수 있는지 등에 대해 심도있는 조사와 분석을 실시해야 한다. 물론 요즈음 같은 시국에 균형을 유지하기란 정치적으로 아주 힘들다.

그러나 비즈니스 리더는 적절한 균형이 어떤 것인지 등에 대해 자신들의 의견을 분명히 밝혀야 한다. 열린 세계경제를 반대하는 이해 그룹도 상당수 존재하기 때문이다.

> ### AGENDA ITEM
> 비즈니스 리더는 무역 자유화를 위해 다시 노력하여야 한다.

최고 경영자는 정부가 무역, 투자, 인간의 자유로운 이동을 보장할 수 있는 새로운 길이 필요하다는 사실을 깨닫게끔 힘을 쏟을 필요가 있다. 특히 국제 비즈니스맨은 다가오는 무역 자유화 협상에서 과거 어느 때보다 중요한 역할을 해야 한다. 각국 정부가 세계무역기구의 지원 아래 열리게 될 차기 무역 자유화 협상에서 각종 장벽을 낮추는데 힘을 쏟을 수 있도록 비즈니스 리더들이 측면에서 지원해야 한다는 것이다.

그러나 무역 자유화를 위해 노력하는 것이 말은 쉽지만 실천하기란 여간 어려운 게 아니다. 최근 2년 동안 세계 교역량이 하락했기 때문에 무역 자유화를 추진하기란 쉽지 않을 일이다.

지난 우루과이 라운드는 완료까지 무려 7년이라는 세월이 걸렸다. 각국의 비즈니스 리더는 1990년대 초반 세계경제 침체, 치열한 국내 우선권 다툼 등으로 협상이 잘 진행되도록 돕는데 한계가 있었다. 앞으로 있을 다자간 협상에서도 비슷한 문제가 재발하지 않을 것이라고 확언하기 힘든 상황이다.

실제로 비슷한 일이 이미 벌어지고 있다. 미국과 유럽이 다자간 협상보다는 양자 협상을 통해 무역장벽을 낮추는 쪽으로 전략을 수정하는 바람에 새로운 라운드의 성과는 기대만큼 크지 않을 것이라는 분위기가 형성되고 있다. 또한 최고 경영자들이 단기실적에 치중하는 바람에 다자간 협상이 별다른 기여를 하지 못할 수도 있다.

그러나 단기적인 실적에 매몰되면 불행하기 짝이 없다. 단기실적을 달성하지 못하면 최고 경영자는 떨려날 수밖에 없다. 이런 상황에서 최고 경영자들이 적어도 10년이나 걸리는 다자간 무역 협상에 관심을 기울일 수 있을까?

그럼에도 불구하고 비즈니스 리더는 무역 자유화에 소홀해서는 안 된다. 국민이 자유무역의 가치에 대해 무시하기 시작하면 기업의 손해는 막대할 것이다. 무역정책을 어떻게 결정할 것이며, 어떻게 그 정책을 실행할 것인지, 어떤 노동과 환경정책을 채택할 것인지 등은 지극히 정치적인 문제이다. 이런 사안들은 국민이 자유무역을 어떻게 보느냐에 달려 있기 때문에 국민의 여론이 아주 중요하다는 얘기다.

국민이 자유무역의 가치를 무시하기 시작하면, 기업은 자유무역 확대를 위한 모멘텀이 상실될 위기에 놓인다. 미국 경제가 사실상 세계경제를 이끌고 있기 때문에 미국내의 이런 여론은 국제 사회가 보호무역주의로 흐르게 하는 요인이 될 수 있다.

미국이 취한 대표적인 보호주의적인 조처는 부시 행정부가 2002년 3월에 내린 철강제 수입규제이다. 협상 대표인 로버트 죌릭Robert Zoellick이 시인한 대로, 그 조처는 국내 철강산업계와 노동자의 아우성을 달래기 위한 조처였다.

실제로 미국 철강산업은 지난 수십년 동안 뒷걸음질만 쳐왔다. 그렇다고 이러한 보호조처가 그들의 생명을 되살려놓을 수 있는 것은 아니다. 단지 목숨을 연명시켜줄 뿐이다.

과거 한때 정책 담당자와 경제인들은 "우리도 국가안보를 위해 강력한 철강산업을 보유해야 한다"고 주장한 적이 있기는 하다.

최근 들어 이런 주장을 입에 올리는 사람은 거의 없다.

부시 행정부의 조처에 대한 반발은 주로 철강재를 소비하는 산업계에서 나왔다. 자동차 메이커, 조선업자들은 보호조처 때문에 더 비싼 철강재를 사들여 써야 한다. 그러나 이들의 불만은 그래도 참을 만하다. 유럽 · 일본 등은 미국을 세계무역기구에 제소하겠다고 밝혔다.

더욱 심각한 일은 미국의 조처로 다른 산업에도 보호주의가 번져 나갔다는 것이다. 이미 선례가 만들어졌기 때문에 자기 산업도 보호받는 게 정당하다는 논리가 힘을 얻었다. 아마도 거역하기 힘든 요구일 것이다. 이런 상황에서 미국이 자유무역을 옹호한다고 무슨 설득력이 있겠는가?

미국이 야기한 또다른 무역 분쟁은 농산물 분야에서 발생했다. 의회는 지난 1996년 제정된 농업보조금삭감법을 폐기하고 2002년 봄, 10년 동안 보조금을 80%까지 늘릴 수 있는 법안을 제정했다. 각종 지원정책에 대해서는 아무런 단서 조항도 없는 법안이 만들어졌던 것이다.

콩, 밀, 옥수수 재배 농가는 새 법의 제정으로 늘어난 보조금을 받을 수 있게 되었고, 땅콩, 불콩 재배 농가는 기대하지도 않았던 보조금을 받을 수 있게 되었다. 더 심각한 진실은 농민이 정부의 보조금을 믿고 시장의 수요를 초과하는 농산물을 생산할 가능성이 높아졌다는 점, 즉 과잉생산에 따른 국제 농산물 가격이 하락할 가능성이 높다는 얘기다. 그리고 이는 미국이 그동안 주장해왔던 무역 자유화에도 역행하는 것이라고 할 수 있다.

『이코노미스트』는 이에 대해 "미국의 자유무역주의는 조소의 대상"이라고 꼬집었다.[11]

미국의 정책 담당자는 부시 행정부가 철강보호 조처를 취하려고 할 때 제대로 설득하지 않았고, 농업보조금 지급에 대해 침묵하는 실수를 저질렀다. 정책 담당자의 침묵은 광범위한 문제를 야기하고 있다. 특히 비즈니스 리더의 침묵으로 이어졌다.

비즈니스 리더는 하루하루 치열한 경쟁 속에 휘말려 있기 때문에 스스로 거시적인 통상정책 등에 관심을 가질 만한 여유와 의지가 없다고 생각한다. 세계화가 대세이기 때문에 다자간·양자간 협상은 정부에 맡겨도 되는 일이라고 여기고 있다.

하지만 정부의 시장개입이 강화되고 있는 최근 흐름에 비추어 볼 때, 비즈니스 리더는 무역장벽을 제거하는데 힘을 실어야 할 시기이다. 세계화의 모멘텀이 약화하면 어느 누군가 나서 해결할 것이라며 뒷짐지고 여유부릴 수 없는 상황인 것이다.

전세계 비즈니스 리더는 무역 자유화를 위해 방안을 모색하고 각국 정부를 상대로 적극적으로 로비해야 한다. 2001년 11월 카타르 도하에서 시작된 차기 다자간 협상에 적극적으로 참여하도록 자국 정부를 설득해야 한다. 왜 무역 자유화가 더 진행되어야 하는지에 대해 경제계와 국민을 설득해 동의를 얻어내는데 팔을 걷어부쳐야 한다.

그리고 최근 테러와의 전쟁을 이유로 강화되고 있는 정부의 규

제를 철저히 조사·분석해 자유로운 무역과 인력 이동, 금융거래
를 위축시킬 수 있는 조처를 폐지하도록 해야 한다.

이는 국가안보 논리에 사로잡혀 있는 정부에 균형을 찾도록 하
는 것이다. 민간 부문의 아이디어와 정책 대안을 적극적으로 반
영하도록 노력할 필요가 있다는 얘기다.

AGENDA ITEM

**비즈니스 리더는 한 차원 높은 국제투자, 국제규범, 국제제도를 만드는데
지원해야 한다.**

비즈니스 리더는 세계경제의 틀을 강화할 수 있는 노력에 힘을
더해야 한다. 바람직한 국제규범과 제도 안에서 시장이 제대로
작동할 수 있도록 해야 한다는 얘기다.

이들은 규범에 기초해, 특히 분명하고 실행 가능한 규범에 기초
한 자유와 질서의 균형에 의지해 경제활동을 한다. 바람직한 규
범이 존재하지 않는 곳에서 서로 다른 사법 시스템이 충돌을 빚
을 때, 기업은 고비용에 시달릴 수밖에 없고, 세계경제는 비효율
의 온상으로 변질될 수밖에 없다.

최고 경영자는 국민국가의 주권개념이 희박해지고, 국제기구에
더 많은 권위와 권한이 부여될 수밖에 없는 흐름을 인정하고 받
아들일 필요가 있다.

다소 급진적인 사고일 수 있지만, 민족국가가 자국의 경제에 대

해 행사하던 권한이 서서히 약화할 수밖에 없다는 사실은 거역할 수 없는 시대의 대세이다. 경제에 대한 영향력은 국제 포럼 등으로 이양될 가능성이 높고 그렇게 되어야만 한다.

이런 관점에서 볼 때, 미국은 국제적인 지배구조를 심도 있게 검토해야 할 처지에 있다. 국제기구가 우수한 인력과 투명한 규범, 적법한 절차를 바탕으로 작동할 수 있도록 지원해야 한다는 얘기다. 이는 새로운 질서의 탄생이라고 볼 수 있다. 지속 가능한 방법으로 국제교역을 확대하는 게 목적이라면, 미국은 이런 방향으로 움직여 나갈 필요가 있다.

비즈니스 리더는 다른 이해집단과 달리 세계경제가 특정 국가에 의해 좌우되는 것이 바람직하지 않다는 사실을 이해할 필요가 있다. 특정 국가가 자국의 정치 이데올로기나 정책을 세계경제에 적용하려고 하면 불행한 결과를 낳을 수밖에 없다. 그리고 이번 세기 비즈니스 리더의 진정한 과제는, 세계경제를 위한 참다운 토대를 놓는 것이라는 점도 숙지할 필요가 있다.

비즈니스 리더는 또한 다른 의제에 대해서도 많은 관심을 기울여야 한다. IMF, 세계무역기구, 세계은행 등 국제기구도 경제계의 지원과 조언을 바라고 있다.

새로운 국제규범을 만드는 것도 아주 중요한 과제라고 할 수 있다. 각국 정부가 기업의 인수합병에 대한 국제규범을 만들어내면, 기업과 세계경제는 상당한 혜택을 받게 될 것이다.

현재 세계에는 독점체제를 방지하기 위해 마련된 시스템만 무려 60여 개에 이른다. 이 시스템은 전세계를 무대로 인수합병하려는 기업에게 높은 비용을 안겨주는 결과를 낳고 있다.

라틴 아메리카 등이 짊어지고 있는 외채 문제를 해결하는 것도 비즈니스 리더들이 눈길을 주어야 하는 과제이다. 외채 위기가 발생하고, 특정 국가가 채무불이행(디폴트)을 선언하면, 국제 금융시장이 요동칠 수밖에 없다. 이는 금융회사와 각국 정부에 모두 심각한 문제이다.

세계는 안전한 먹거리를 위해 노력해야 한다. 세계를 통틀어 현재 미국의 FDA와 같은 국제기구는 존재하지 않는다.

인터넷 시대에 걸맞는 지적재산권을 보호할 수 있는 시스템도 마련되어야 한다. 전세계가 의존하고 있는 인터넷과 데이터 공유 시스템은 새로운 지적재산권 보호 시스템을 필요로 한다.

비즈니스 데이터를 사용하는데 어떤 가치를 지불해야 하는지, 이를 위해 각국이 서로 다른 제도와 관행을 구축할 때 발생할 수 있는 문제점은 무엇인지 등을 면밀히 따져 적절한 국제 시스템을 만들어내야 한다.

국제적인 회계기준의 필요성은 이미 제5장에서 살펴보았다. 이런 과제를 해결하는데 필요한 전제조건은 질서와 자유의 적절한 균형이라고 할 수 있다. 이를 기초로 시장의 원활한 작동을 지원할 수 있는 시스템을 만들어내는 것이다.

이는 깨어 있는 비즈니스 리더가 적극적으로 참여해야만 이루어질 수 있는 꿈이라고 할 수 있다. 특히 이를 위해서는 9 · 11 테러 이후 정부의 간섭과 규제가 무제한 확대되는 것을 적절히 제어하는 노력이 함께 경주되어야 한다.

세계화는 아직도 노력을 요구한다

테러와의 전쟁과 엔론 사태 등이 낳은 문제점을 해결하려는 노력이 최우선 과제로 부각되면서 상당한 문제점이 노출되고 있다. 워싱턴과 의회, 기업이 이런 현안에만 골몰하는 바람에 정작 중요한 세계화에 대해서는 별다른 관심을 주지 못하고 있다.

물론 국제교역의 확대와 세계화가 거역할 수 없는 대세라는 사실은 분명하다. 하지만 비즈니스 리더들이 이런 대세만을 믿고 있으면 심각한 문제점에 부딪힐 수 있다.

세계의 열린 경제를 지속화하기 위해서는 정책 담당자와 비즈니스 리더가 국제기구와 함께 많은 노력을 해야 한다. 특히 테러와 엔론 사태로 각국 정부가 규제 등을 미화하고 있는 현재 분위기로 비추어볼 때 노력이 필요하다는 사실은 더욱 분명해진다.

8_ 세계는 지금 빈곤과의 전쟁중

세계는 지금 빈곤과의 전쟁중

세계의 열린 경제와 안보를 위해 필수적인 선결과제는 바로 전세계의 빈곤퇴치다. 유엔이 2001년 내놓은 보고서에 따르면, 전세계 인구의 20%가 하루 1달러도 되지 않는 돈으로 살아가는 것으로 나타났다. 또한 25%는 여전히 문맹 상태이고, 25억 명이 살고 있는 최빈국의 영아사망률은 선진국보다 무려 15배 이상 높은 것으로 나타났다.[1]

유엔의 보고서는 그동안 수많은 빈곤 보고서들이 주장해왔던 내용이 사실임을 증명해주었고, 세계가 얼마나 빈곤에 허덕이고 있는지를 분명하게 보여주었다.

세계은행 총재인 제임스 D. 울펜손James D. Wolfensohn은 이와 관련해 "빈곤이 야기하는 문제가 나날이 커지고 힘든 과제로 변하고 있다"며 "앞으로 25년 동안 증가할 세계인구는 25억 명인데, 이 가운데 98%가 빈국이나 개발도상국에 살게 될 것이다. 또 국가간의 불평등은 더욱 심화될 것"이라고 진단했다.[2]

특히 9·11 테러는 세계의 빈곤 문제가 화급한 국제현안으로 부상하는 계기가 되었다. 그러나 빈곤 문제에 대한 냉소적인 반응도 만만치 않게 제기되고 있다. 문제가 너무 복잡하고 각 사회마다 독특한 구조를 갖고 있기 때문에 세계적인 차원에서 접근하는 퇴치 노력은 실패할 수밖에 없다는 것이다.

부시 행정부도 출범 첫해 빈곤 문제에 관심을 기울이는 듯했다. 하지만 기본 태도가 군사적인 조처에 경도해 있고, 빈곤퇴치를 위한 자금지원은 유럽이나 일본에 맡기려는 의도가 강하다. 부시의 전직 재무장관 폴 오닐은 "선진국은 지난 50년 동안 원조라는 미명 아래 수조 달러를 쏟아부었지만 별다른 성과를 거두지 못했다"며 빈곤퇴치에 비관적인 태도를 보였다.[3]

세계 지도자들은 유엔의 주최로 열린 2000년 중반 '뉴 밀레니엄 정상회담'에서 가난한 나라에 살고 있는 사람들의 삶을 개선하기 위해 달성해야 할 목표치를 설정하는데 합의했다.

그들은 앞으로 50년 안에 최악의 빈곤증상을 치유하고 다급한 문제를 우선 해결해 절대빈곤층을 절반으로 줄이자는데 의견을 같이했다. 그리고 이들이 합의한 목표치에는 하루 1달러 이하에 의존해 살아가는 인구의 감소, 교육에서 남녀불평등 완화, 영아사망률 2/3감소, 산모사망률 3/4 감소, 에이즈와 말라리아 등 빈곤형 질병 퇴치, 안전한 식수를 공급받지 못하는 인구 50% 감소 등이다.[4]

밀레니엄 정상회담에서 제시된 목표치를 달성하기 위해서는 빈곤국이 자국내 가난한 사람들을 위해 실시하고 있는 정책의 방향을 수정해야 하고, 선진국은 자국시장을 개방함과 동시에 지갑을 열어 현금을 풀어야 한다.

그러나 빈곤퇴치는 벌써부터 추진력을 잃어가고 있다는 지적이다. 2002년 초 코피 아난Kofi Annan 유엔 사무총장은 "현재 빈곤퇴치를 위한 접근방식은 여전히 종합적이지 못하다. 선진국이 내놓고 있는 자금은 턱없이 부족하고, 선진국의 생산과 소비 패턴은 지구의 생명유지 시스템에 심각한 부담으로 작용하고 있다"라고 지적했다.[5]

빈곤이 왜 세계경제에 위협적이고 비상한 관심을 요구하는지는 분명하다. 빈곤에 허덕이는 사람도 안정된 삶을 살아가야 한다는 도덕적인 주장은 접어두더라도, 빈곤은 경제적으로 막대한 비용을 야기하고 있다.

빈곤층은 저학력과 질병에 시달리고 있기 때문에 생산성이 낮고, 구매력이 턱없이 낮아 시장의 활력이 떨어진다. 그리고 정부가 수익성이 높은 곳에 투자해야 할 자금을 빈곤퇴치에 소모하기 때문에 경제성장이 둔화한다.

빈곤을 퇴치하면 교역·투자·판매가 활성화될 가능성이 높고,

현재 가난에 시달리는 사람들의 재능을 활용할 경우, 더 많은 이득을 얻을 수 있다는 것이 빈곤퇴치를 주장하는 사람들의 논리이다. 이를 위해서는 지금처럼 무대응으로 일관해서는 안 된다는 것이다.

빈곤 문제 전문가인 C. K. 파할라드C. K. Parhalad와 스튜어트 L. 하트Stuart L. Hart 교수는 "지난 수십년 동안 선진국은 이머징 마켓의 개발을 지원하는데 별다른 관심을 기울이지 않았다. 세계시장의 규모를 바꿀 수 있는 노력을 전혀 하지 않은 것이다. 시장의 규모를 확대할 수 있는 방안은, 소수 선진국의 부자나 개발도상국의 중산층에만 의존할 것이 아니라, 수십억 명에 이르는 빈곤층에게 구매력을 부여하는 것이다. 이들이 세계의 시장경제에 참여하게 될 때 시장규모는 비약적으로 팽창할 것이다"라고 주장하였다.[6]

빈곤은 안보문제를 야기한다. 사람들은 9 · 11 테러가 빈곤과 직접적 관련이 있다는 사실에 관심을 기울이지 않는다.

하지만 테러는 미래에 희망이 없다고 절망하는 자들을 기반으로 하고, 이들의 지지를 받고 있는 것이 사실이다. 빈곤은 정부의 장악력을 약화시키고, 테러리스트가 양심의 가책 없이 활동할 수 있는 기회와 터전을 만들어주기 마련이다.

게다가 9 · 11 테러를 직접 감행한 사람들처럼, 제3세계 청년들이 빈곤탈출의 기회를 잡기 위해 모국의 상흔을 가슴에 품고 유학온 뒤 테러를 감행할 수도 있다. 굶기를 밥 먹듯이 하는 모국과

홍청망청하는 미국 사이에서 그들은 국제적 불평등을 자각하고 분노를 폭발시킬 수 있다는 얘기다.

　이런 현실에 비추어볼 때 빈곤퇴치를 위한 국제적 연대는 테러와의 전쟁을 위한 연대만큼 시급한 과제라고 할 수 있다. 그리고 국제적 연대는 정부만의 몫이 아니다. 다국적 기업, 국제기구, NGO 등이 함께 풀어나가야 할 과제인 것이다.

해외 원조를 위한 제안

　　　　비즈니스 리더는 자국 정부를 설득해 빈곤퇴치를 우선 과제로 삼도록 해야 한다. 그리고 진출한 나라의 빈곤 문제를 해결하기 위해 발벗고 나설 필요가 있다.

　최고 경영자들은 일반적으로 낙관론자들이다. 중대한 문제가 발생하면 충분히 극복할 수 있다는 신념을 갖고 있는 인물들이다. 그리고 현실주의자들이다. 어떤 목표가 제시되면 실천방안, 구체적인 결과, 개인의 책임범위 등이 뒤따라야 한다고 믿고 있다. 이런 마인드를 빈곤퇴치운동에 불어넣는 것만으로도 상당한 기여를 하는 것이라고 볼 수 있다.

AGENDA ITEM

비즈니스 리더는 가난한 나라에도 혜택이 돌아가는 통상정책을 수립하도록 정부에 영향력을 행사해야 한다.

최고 경영자들이 자유무역을 확대하는 쪽으로 노력해야 하는 이유는 이미 살펴보았다. 하지만 여기에는 또다른 노력이 뒤따라야 한다. 다소 정치적인 노력이 필요하다는 얘기다. 비즈니스 리더는 가난한 나라도 쉽게 시장에 접근할 수 있도록 각국 정부가 무역 자유화를 추진하게끔 해야 한다.

지금껏 통상 자유화는 산업화한 나라의 이익에 맞게끔 추진되었다. 하지만 경제적 진보가 세계 곳곳에서 발생토록 하기 위해서는 가난한 나라의 요구에 특별한 관심을 기울여야 한다. 이는 미국과 유럽 등 선진국의 정치적인 현실과 다소 거리가 있는 주장일 수 있다.

『이코미스트』는 "가난한 나라의 경제발전을 돕기 위하여 취할 수 있는 조처가 선진국의 정치 지도자들과 서로 어울리지 않는다"고 지적한 바 있다.[7]

『이코노미스트』의 지적은 현실을 정확하게 말해준다. 세계은행의 조사 결과, 선진국이 개발도상국의 상품에 부과하는 관세는 다른 선진국 상품에 부과하는 것보다 4배나 높은 것으로 나타났다. 그리고 자국내 농업에 하루 10억 달러의 보조금을 쏟아붓고 있다.

이는 비슷한 작물을 길러 수출하는 개발도상국에 피해를 입히게 된다. 그리고 농업 보조금은 개발도상국의 경제개발을 위한 지원금보다 6배 정도 많은 것이다.

선진국은 개발도상국이 높은 경쟁력을 가질 수 있는 철강과 섬

유산업을 보호하기 위해 관세를 높이고 있다. 결국 선진국은 개발도상국에 경제개발 지원금을 주고도 정작 시장은 개방하지 않는 이중적인 정책을 취하고 있는 셈이다. 해외 판로의 봉쇄는 가난한 나라의 투자 매력을 떨어뜨리게 하는 등의 악순환으로 이어질 수밖에 없다.[8]

비즈니스 리더는 이런 불균형을 지적하고 자국 정부가 다자간 협상 등에서 정책으로 반영하도록 촉구할 필요가 있다. 그리고 자국 정부가 가난한 나라에 제공한 무역상의 특혜를 철회하지 않도록 감독해야 한다.

실제로 미국은 1980년대 카리브해 국가에게 무역특혜를 부여한 바 있다. 하지만 하원은 2001년 대통령에게 새로운 교역협상권을 부여하는 대가로, 이들 나라에 부여했던 특혜를 대거 축소하는 법을 받아냈다.

또한 미국은 2000년 아프리카의 가난한 나라가 생산한 섬유 등에 대해 관세상의 특혜를 부여하였다. 비즈니스 리더는 이 조처가 그대로 유지되고, 워싱턴의 정치적 미로를 거치는 과정에서 정신과 내용이 훼손되지 않도록 노력할 필요가 있다.

비즈니스 리더들이 가난한 나라에 작은 특혜를 부여하자고 주장하면서 자유무역을 옹호하면, 국내의 철강 · 낙농 · 섬유업계의 거센 반발에 혹독한 시련을 당할 수 있다. 보호무역주의와 정면으로 싸우는 것은 정치적으로 곤란한 일일 수 있지만, 대중의 통념과 맞서는 것은 글로벌 리더십을 구축하는데 상당한 도움이 된다는 점도 이해할 필요가 있다.

AGENDA ITEM
비즈니스 리더는 해외 원조의 확대를 강력히 촉구해야 한다.

세계는 원조 확대와 원조 자금의 효율적 사용을 주장하는 민간 부문의 목소리를 원하고 있다. 현재 빈곤을 조금이나마 줄여보기 위해 필요한 것이 무엇인지는 분명하게 나와 있다.

멕시코 전 대통령인 어네스토 제딜리오와 미국 전 재무장관 로버트 루빈이 공동대표로 있는 유엔 산하의 한 위원회는 원조액을 연간 50억 달러만 증액하면, 현재의 빈곤 정도를 눈에 띄게 줄일 수 있다고 밝힌 바 있다. 이는 선진국이 가난한 나라에 지급하는 원조 규모를 두배 정도 늘리는 것에 지나지 않는다.[9]

그러나 현재의 흐름은 정반대로 가고 있다. 오히려 가난한 나라에 대한 원조금은 10년 전보다 10% 줄어든 상태다.[10]

비즈니스 리더는 의회와 행정부를 상대로 해외 원조를 증액하도록 촉구하는 한편, 대중에게 원조의 필요성을 이해시켜야 한다. 지금 미국 정부가 실시하고 있는 원조의 규모는 실망스럽기 짝이 없다.

미국은 GDP의 0.1%를 내놓고 있으며, 선진국 가운데 가장 적은 액수이다. 특히 유럽이 지원하는 규모의 1/3에도 미치지 못하는 액수이다. 또 미국의 해외 원조는 인플레이션 효과를 감안하면 지난 10년 동안 30% 이상 감소했다.

원조 자금이 어떻게 사용되어야 하며, 수혜국이 원조를 받는 대가로 어떤 정책을 실시해야 하는지 등에 대해서도 충분히 토론해야 한다. 최고 경영자는 이런 사안에 대해 적극적인 관심을 보이고 논쟁을 벌여야 한다. 만약 미국이 원조에 나서지 않는다면, 다른 나라도 지갑을 닫게 된다.

원조에는 부채 해결도 포함되어야 한다. 물론 부채를 경감하거나 탕감해줄 때 반드시 해당 국가가 건전한 재정·금융 정책을 실시하도록 의무를 부과하는 것은 당연하다.

현재 빈국 부채를 해결하기 위한 국제적인 움직임이 있기는 하다. 미국은 국제기구의 제안을 적극적으로 지지하고, 더 나아가 수혜의 폭을 넓히도록 노력해야 한다. 그리고 유엔이 추진하고 있는 빈곤퇴치운동도 지원해야 할 것이다.

WHO에 대한 지원금을 늘리는 것을 비롯하여 해외 어린이 보호운동, 가난한 나라의 식량증산 지원, 피난민 구호활동, 내전으로 황폐해진 나라의 재건에 자금을 지원하는 것도 아주 중요한 일이다.

세계무역기구와 같은 국제경제기구의 예산도 개발도상국을 지원하는데 활용될 필요가 있다. 개발도상국의 관료들이 국제경제와 통상협상에 대한 전문지식을 갖출 수 있는 교육 프로그램을 제공하여, 세계화가 제공하는 기회를 활용해 자국의 이익을 충분히 챙길 수 있도록 도와야 한다는 것이다.

한 개발도상국이 세계무역기구에 가입해 협약을 집행하는데 약 2억 5,000만 달러를 지출하는 것으로 나타났다. 이는 지적재산권 보호, 기술표준 준수, 관세 등에 관한 협약을 준수하는데 들어가는 비용으로 자국내에서 도로건설, 통신확충 등에 투입하는 1년 예산보다 많은 액수이다.[11]

미국의 대외원조정책은 2002년 봄이 되면서 변화의 조짐을 보이고 있지만, 아직 정확한 윤곽이 드러나지 않고 있다. 부시는 2002년 3월 중순, 멕시코에서 열린 국제회의에서 2006년까지 해외 원조를 50% 늘리겠다고 발표한 바 있다. 미국 정부는 지원받는 나라가 건전한 재정·금융 정책을 실시한다는 조건 안에서 지원하겠다고 밝혔지만, 해외 원조의 확대는 국제사회를 기쁘게 할 만했다. 그러나 미국이 과거와 달리 해외 원조를 탐탁치 않게 여기고 있는 것은 분명하다.

부시는 "그동안 미국이 실시한 해외 원조는 자원의 유출 측면에서만 평가되었을 뿐 무엇을 성취했는지에 대해서는 별 관심이 없었다"며 "현상태를 유지하면서 자금을 지원하는 것은 가난한 나라에 도움이 되지 않는다"고 말했다.[12] 이로부터 석달 뒤 부시 행정부는 아프리카의 교육지원과 에이즈 퇴치를 위한 자금을 두배 늘리겠다고 발표했다.

마셜 플랜이 종결된 이후 해외 원조는 미국에서 인기없는 정책으로 전락했다. 부시의 제안에 따라 유럽이 원조액을 늘리겠다고 나서도 유엔이 산정한 원조 필요액수의 20%도 되지 않는다. 정치적 현실과 빈곤이 확산·악화되었을 때 발생하는 각종 문제점 등에 비추어볼 때 빈곤퇴치를 위한 근본적인 해결책이 반드시 필요하다.

근본적인 해결책으로는 교역, 이산화탄소 배출, 군사장비 판매 등에 세계적으로 세금을 물려 조달한 자금으로 가난한 나라를 지원하는 것이다. 비즈니스 리더와 정책 담당자 대부분은 이런 아이디어를 실상 '터무니 없는 제안'으로 간주하고 있다.

그러나 선진국이 실패할 수밖에 없는 미봉책을 내놓고 있다는 사실과 빈곤이 퇴치 노력을 비웃으며 확산되는 현실에 눈을 뜨면 발상의 전환을 통해 생산한 아이디어를 터무니없다고 치부해버릴 수 있을까?

과세가 가능한 국제적인 시스템을 통해 조달된 자금이 가난한 나라를 지원하는 펀드에 제공되고 이를 통해 빈곤을 줄일 수 있다고 본다. 물론 엄밀한 관리와 지침을 통해 자금이 효율적으로 배분·지출되어야 한다.

어떤 기구나 단체가 이 자금을 관리할 것인지도 아주 중요한 문제이다. 세율, 징수절차, 배분 시스템도 국제적 세금부과 구상의 핵심사항이다.

비즈니스 리더가 이런 제안에 찬성하고 적극적으로 참여한다면, '사회주의적인 발상'이라는 반대를 극복하는데 아주 큰 도움이 될 것이다. 문제는 세금으로 투자를 촉진하는 시스템을 갖추고 있는 선진국이 하나도 없다는 점이다.

제3세계에 만연하는 각종 질병을 퇴치하기 위해 노력하는 것만큼 가난한 나라의 국민에게 직접적으로 혜택줄 수 있는 프로젝트는 없다. 건강문제를 개선하는 것은 그 자체만으로 훌륭한 목적일 수 있지만, 경제개발에도 필수요건이라 할 수 있다.

WHO 산하 조직인 '거시경제와 보건위원회' Commission on Macroeconomics and Health는 2001년 12월 세계의 질병 문제를 해결하기 위해 정책적 대안을 만들어 제시했다.

'거시경제와 보건위원회' 는 「거시경제와 보건, 경제개발을 위한 보건투자 Macroeconomics and Health, Investing in Health for Economic Development」라는 보고서에서 개발도상국에서 발생한 질병 중 전염성이 강한 것을 열거하고, 인명과 경제적인 손해를 적나라하게 보여주었다. 또 이의 해결을 위해 제3세계 국가의 정치개혁과 국제적 금융지원의 필요성을 직시했다.

특히 위원회는 극복할 수 있는데 여전히 맹위를 떨치고 있는 질병이나 문제점으로 에이즈, 말라리아, 결핵, 어린이 질환, 취약한 모자보건 등을 꼽았다. 그리고 이의 해결을 위해 선진국과 후진국의 공동노력이 필요하다는 사실도 지적했다.[13]

보건 분야에서 비즈니스 리더가 해야 할 일은 너무나 많다. 유수 기업은 자사의 이익과 산업의 이익을 위해 이미 다양한 노력을 기울이고 있다. 알코아, 코카콜라, 다임러 크라이슬러, 엑손모빌, 화이자, 네슬레, 하이네켄 등은 스위스 제네바에서 열린 세계경제포럼에서 조직된 '세계보건개혁' Global Health Initiative을 통하여 적극적으로 대처하고 있다.

기업은 질병이 노동력에 끼치는 영향을 적극적으로 모니터하고 대책을 수립하는 일을 하고 있다. 개혁방안에 따른 장기적인 비용 대 효과가 무엇인지 조사해 해당 국가와 NGO 등과 정보를 공유한다. 그리고 지원에 참가한 기업이나 조직과도 이런 정보를 공유하면서 에이즈, 결핵, 말라리아 퇴치를 위한 기금처럼 모금활동에 적극적으로 참여한다.

WHO는 기업이 가난한 나라에 많은 특정 질병(열대성 질환) 등을 조사·분석하는 작업에 적극적으로 참여하도록 설득하고 있다. 또한 제약회사들이 해당 국가가 백신과 치료제를 개발하는데 적극적으로 도와줄 것을 촉구하고 있다. 특히 가난한 나라의 국민이 부담없이 구입할 수 있도록 약품값을 아주 저렴하게 책정해줄 것을 요구하고 있다. 이 모든 일이 최고 경영자가 관심을 기울여야 할 사항이다.

AGENDA ITEM
최고 경영자는 경제개발의 전략 마련에 적극 참여할 필요가 있다.

전문가들 사이에서는 한 국가의 경제개발 이론을 두고 치열한 논쟁이 진행중이다. 어떤 경제이론보다 논쟁이 뜨겁다고 할 수 있다.

대표적인 화두 가운데 하나가 '사회간접자본과 사회복지분야에 어떻게 자본을 배분할 것인가' 이다. 즉 도로 · 항만 · 통신개발과 교육 · 보건에 자원배분을 어떻게 해야 최상의 투자효과를 거둘 수 있는가에 관한 논쟁인 것이다.

두번째 화두는 '국제지원과 가난한 나라의 내부개혁 정도를 어떻게, 그리고 어느 정도 연계시킬 것인가' 이고, 세번째는 '빈곤퇴치를 위하여 가난한 나라에 제도와 관행을 마련하는데 가장 바람직한 방법은 무엇인가' 이다.

정답은 없지만, IMF, 세계은행, 세계무역기구, NGO, 해당 국가의 정부는 현실적이고 바람직한 방안을 찾기 위해 노력하고 있다. 전세계 기업이 빈곤퇴치에 적극적으로 나선다면, 곧바로 참여할 수 있는 곳이 바로 이 분야다. 또한 비즈니스 리더가 참여할 수 있는 분야는 정부와 민간이 공동으로 벌이는 경제개발이론의 연구에 자금을 대는 것이다.

기존의 연구결과 중, 페루의 경제학자 에르난도 데 소토 Hernando de Soto의 연구를 살펴보자.

그는 유명한 『자본의 미스터리, 자본주의는 서구사회에서 성공하지만 왜 다른 곳에서는 실패하는가The Mystery of Capital, Why Capitalism Triumphs in the West and Fails Everywhere Else』를 발표했는

데, 가난한 사람들이 자신의 집과 소규모 사업장을 소유할 수 있도록 법을 제정하고 금융지원을 해주지만 실패하는 경우가 많다고 지적한다.

그는 특히 9 · 11 테러가 발생한 직후 "기존의 지원과 개발 방식은 가난한 이들의 주린 배를 달래기에 부족하다"고 비판했다. 또한 "국제사회는 그들이 염원하는 것이 무엇인지부터 살펴봐야 한다. 테러리스트는 그것을 잘 알고 있지만, 그들의 방법은 파괴적인 결과만을 낳는다. 테러리스트와 가난한 사람들이 정치적 · 경제적 유대를 맺지 않도록 지원하는 것만이 장기적인 대책"이라고 역설했다.[14]

비즈니스 리더는 창조적인 개발논리를 만들어 적극적으로 참여해야 한다. 구체적인 예를 들면 시스코 시스템스가 추진하고 있는 '네트.에이드' Net.Aid이다.

이 계획에는 시스코의 회장 존 챔버스, 몇몇 기업과 외부 전문가들이 적극 동참했다. 유엔개발계획UNDP과 제휴하고, 자신의 강점인 인터넷을 활용해 빈곤퇴치에 나서는 것이다.

시스코는 홈페이지www.netaid.org의 개설과 유지의 책임을 떠맡았다. 사람들은 이 홈페이지를 통해 세계의 빈곤 실태와 자신이 무엇을 할 수 있는지에 대한 정보를 얻을 수 있다. 그리고 가난한 나라마다 특성 있는 빈곤퇴치 프로그램을 개발해 적극적으로 참여할 수 있는 허브를 제공하고 있다.

자원봉사자나 후원자는 그 홈페이지를 통해 어떤 나라에 어떤 문제가 있는지 정확하게 알 수 있다. 그들은 지원하고 싶은 프로그램을 선정하여 돈을 보내고, 그 결과 어떤 효과가 있는지를 파악할 수 있다.

유엔개발계획은 100개국 이상에서 활동하고 있는 오프라인 조직이다. 시스코가 시행하는 과제는 다분히 실험적이지만, 수많은 기업이 참여할 수 있는 열린 장이다. 특히 혁신적인 정보통신기술을 활용한다는 점에서 평가할 만하다.

또다른 한 예는 '빌 & 멜린다 게이츠 재단' Bill & Melinda Gates Foundation이다. 세계 최고 갑부인 빌 게이츠만큼 빈곤퇴치를 위해 자금을 내놓을 수 있는 사람은 드물다. 그러나 여타 기업도 유수한 재단을 설립해 참여하고, 창의적이며 고도로 훈련된 퇴치 프로그램을 통해 기여하고 있다.

게이츠 재단은 가난한 나라의 빈곤을 퇴치하기 위하여 보건분야에 경영논리를 도입해 결과를 중시하는 운동을 펼치는 등 적극적으로 움직이고 있다. 게이츠 재단의 지원을 받고 싶은 국가라면 자체 개획을 스스로 수립해 자신이 할 수 있는 부문을 명시적으로 밝혀야 한다. 게이츠 재단은 가난한 나라가 스스로 수립한 계획에 결정적인 도움이 되지 않는다면 아예 지원하지 않는 것을 원칙으로 하고 있다.

게이츠 재단은 지원한 뒤 실적에 대해 실사를 벌여 결과를 엄격히 평가한다. 『뉴스위크』의 제프리 코울리Geoffrey Cowley는 "빌 게이츠가 후원사업에도 경영논리를 적용해 자금지원이 단순

히 '후덕한 인심'으로 끝나지 않고 의도한 효과를 얻을 수 있도록 하고 있다"고 평가했다.[15]

미국은 9 · 11 테러 이후 이슬람 세계에 촉각을 곤두세우고 있다. 비즈니스 리더들도 이슬람 세계가 근본주의에 의존할 수밖에 없는 사태가 발생했을 때 세계경제가 어떻게 될지에 큰 관심을 기울여야 한다.

비즈니스 리더는 이슬람 국가들이 세계경제에 참여해 사회를 현대화하고 이익을 볼 수 있는 경제적인 틀을 만들도록 도와야 한다. 이는 세계의 정치 · 경제 지도자가 당면한 어떤 과제보다도 시급한 사안이다. 이슬람 국가들이 정치 시스템을 개방하고 교육 시스템을 개혁하는 등 전면적인 개혁에 관심을 보이지 않는다면 변화와 발전은 기대할 수 없다. 그러나 이런 변화와 개혁이 조만간 이루어질 가능성은 거의 없어 보인다.

현재 국제사회가 이슬람 세계에 내놓고 있는 지원계획은 상당하다. 선진국이 더 많이 참여할 필요가 있다. 경제의 개방화와 자유화만이 이슬람 세계의 정치구조를 변화시킬 수 있기 때문이다. 이런 주장에 반론도 있을 수 있겠지만, 이는 아무것도 하지 않는 것에 대한 변명에 지나지 않는다.

세계은행과 여러 이슬람 연구단체는 중동과 북아프리카의 이슬람 국가들이 왜 세계경제의 흐름에 동참하는데 실패했는지 규명하기 위해 많은 조사와 연구를 벌였고, 나름의 분석과 진단이 보고서 형태로 발표되기도 했다.

이슬람 국가는 다른 나라들이 세계경제에 참여해 성장하고 있는 동안 교역과 투자의 빈곤으로 정체의 늪에서 허덕였다. 한국과 이집트는 1950년대 1인당 국민소득이 비슷했다. 하지만 오늘날 이집트의 1인당 소득은 한국의 20%에 지나지 않는다.

사우디아라비아는 1950년대 대만보다 많은 GDP를 자랑하고 엄청난 오일 달러도 벌어들였는데 지금에 와서는 대만의 절반밖에 되지 않는다. 또 모로코의 1950년대 1인당 소득은 말레이시아와 비슷했지만, 이제는 절반에 그치고 있다.

이슬람 민족은 전세계 인구의 20%를 차지하고 있지만, 교역과 해외투자의 비중에서는 6%에도 미치지 못하고 있다. 높은 출산율과 인구의 절반이 20세 이하인 점 등을 고려하여 특단의 조처가 취해지지 않는다면, 이슬람 세계의 미래는 계속 암담하기만 할 것이다.[16]

이슬람 세계의 변화를 위하여

비즈니스 리더는 이슬람 세계에서 변화를 일으키기 위해 무엇을 해야 할까? 전세계적으로 펼쳐지는 빈곤퇴치는 이슬람 국가의 이해와 맞아떨어지는 분야이다. 비즈니스 리더가 적극적으로 참여하면 상당한 진척이 있을 것으로 보인다. 가난한 이슬람 국가는 마땅한 수단과 통로가 없기 때문에 세계화를 자국의 경제발전에 활용하지 못하고 있기 때문이다.

다국적 기업은 회사내의 컴퓨터 교육시설을 이용해 새벽, 점심, 야간 시간대에 기술교육을 실시하고, 일정한 수준에 이른 이슬람 인들을 지역공동체의 컴퓨터 교사로 파견하는 등의 기술지원을 해줄 수 있다.

다국적 기업이 실시하는 교육 프로그램이 큰 효과를 낼 것이라는 점은 분명하다. 다국적 기업이 진출한 이슬람 지역에 소규모 교육기관을 설치해 젊은이들을 교육시키고, 이들에게 취업 기회를 제공할 경우 엄청난 효과를 거둘 수 있다. 그 젊은이들이 이슬람 세계 안팎에서 고등교육을 받을 수 있는 스폰서가 되어주는 것도 하나의 방법이다.

다국적 기업이 선진국의 대학과 제휴해 진출한 이슬람 지역에 서구식 대학을 설립하고, 나라 안팎에서 교수진을 초빙해 선진 교육의 기회를 제공할 필요가 있다. 그러면 최신의 정보통신기술을 활용한 교육은 지역공동체를 뛰어넘어 엄청난 파급효과를 가져올 것이다.

비즈니스 리더는 국제적인 금융회사를 참여시키는 교육 프로그램으로 확대할 필요도 있다. 특히 다국적 기업이 높은 경쟁력을 자랑하는 기술과 경영 훈련프로그램을 통해 이슬람 지역사회의 발전을 도울 수 있다.

최고 경영자는 자국 정부를 설득해 아랍국가에 대한 경제봉쇄 등 규제를 완화하게 하고, 이슬람 국가를 설득하여 외국인 투자를 촉진시키는 정책을 실시토록 해야 한다. 특히 이슬람권은 중요 산업시설에 대한 국유화를 완화해야 한다.

아랍국가와 선진국은 관세인하, 수출입 쿼터의 확대 등을 위하여 함께 노력하도록 해야 한다. 또 아랍국가는 산업을 고사시키고 외국인 투자를 쫓아내는 각종 면허제를 개선해야 한다. 그리고 그들의 수출을 막는 각종 장벽을 낮춰야 한다.

미국의 대외정책연구소는 이미 각국 지도자와 최고 경영자가 아랍국가를 위해 할 수 있는 과제를 구체적으로 제시해놓고 있다. 핵심과제는 중동과 북아프리카 지역에서 개인과 기업의 활동에 장애를 일으켜 경제발전을 억제하는 요인을 제거하는 것과 관련이 높다. 연구소의 주장은, 국내개혁, 외국인 투자와 국제교역의 확대가 따로 추진될 때는 별 효과가 없고 동시에 추진되어야 한다는 것이 핵심이다.[17]

연구소가 제시한 과제 가운데 이미 추진되고 있는 것도 있다. 문제는 비즈니스 리더의 참여가 부족하다는 것이다. 이를 위해서는 이슬람 지역에 진출한 미국의 상공회의소가 해당 지역의 개발과 발전을 위해 허브 역할을 할 수 있다.

어떤 아랍국가에는 미국 정부가 지원하는 경제발전위원회 Business Development Commissions가 진출해 있는데, 이 위원회를 통해 그 국가의 경제인과 미국의 경제인을 참여시켜 공동과제를 추진하도록 할 수 있다. 투자환경과 기업경영의 분위기를 개선하는데 협력할 수 있는 통로를 만들어주는 것이다.

수단과 인도네시아 등에 파견된 선진국 대사는 해당 국가의 경제인과 자국 경제인의 가교 구실을 할 수 있다. 그들은 그 나라의 경제관료와 NGO 등의 도움을 받아 다양한 국제회의나 토론회를 개최해 이슬람 지역의 현대화에 관련된 주제를 검토해볼 수 있다. 효율적인 금융센터 건설과 생산성 높은 노동력의 배양 등도 다루어볼 만한 주제이다. 핵심은 지속적인 유대관계를 만들어 상호신뢰 구축, 아이디어 교환 등을 하는 것이다.

이슬람 세계의 발전은 다양한 경로를 따라 진행될 수 있을 것이다. 이슬람 세계 자체가 모로코에서 인도네시아까지 넓은 지역에 걸쳐 있고, 문화적 차이도 다양하다.

전문가들은 경제발전을 저해하는 이슬람의 정치적 · 사회적 · 역사적 요인을 지적할 수 있지만, 가장 중요한 조건은 경제개발과 성장이다. 이를 위해 다국적 기업이 보유하고 있는 자금과 경영 노하우, 첨단기술 등은 이슬람 세계의 경제개발과 성장에 밑거름이 될 수 있다.

빈곤퇴치는 미래의 마켓을 위한 노력

빈곤은 어떤 정치구조 아래에서도 감정적인 분

노를 촉발할 수 있는 요인이다. '부자는 가난한 사람을 도와야 하는가' 하는 문제는 장구한 세월 동안 지속된 논란거리였고, 우리 세대가 끝날 때까지도 풀리지 않을 숙제이다.

현대 지구촌 사회의 시급한 과제는 세계경제의 통합이다. 이런 상황에서 지구촌 사회의 구성원 가운데 엄청난 사람들이 빈곤에 시달린 나머지 낙담하고 있다는 사실은 모두의 안전과 행복을 위협하는 요인이라고 할 수 있다.

그러나 가난에 찌들린 수십억 명이 빈곤에서 탈출한다면 새로운 기회가 열리게 된다. 이를 위해서는 민간기업이 적극적으로 참여해야 하며, 비즈니스 리더는 빈곤퇴치에 적극적으로 기여해야 한다.

또한 가난한 나라와 선진국의 정부가 함께 노력하도록 촉구해야 한다. 투자를 확대하는 것뿐만 아니라 투자가 제 효과를 거둘 수 있는 터전을 마련하는데 힘을 보태야 하는 것이다.

바로 지금이 이런 노력을 해야 할 때이다.

9_ 이제 이기주의 시대는 끝났다!

윤리경영의 문제

윤리경영의 현실적 딜레마

'법인격체인 기업도 선량한 시민이 되어야 한다'는 사실을 부정하는 경제인은 거의 없을 것이다. 윤리경영의 시작은 기업이 영업활동을 벌이고 있는 나라의 법규를 준수하는 것에서부터 출발한다.

그러나 법규가 나라마다 다르고, 개발도상국 중에는 법규가 제대로 갖춰지지 않은 나라도 있다. 집행도 선진국처럼 체계화되지 않은 곳도 있다. 따라서 기업이 시민(법인격)으로서 지켜야 할 규범을 한마디로 단정하기는 힘들다.

최고 경영자가 윤리경영이라는 문제와 관련해 어려움을 느끼는 이유는 간단하다.

"경쟁이 나날이 치열해지고, 최고 경영자는 주주의 이익을 위해 수익을 내야 하는 의무를 짊어지고 있다. 현재 진출한 나라의 법규를 준수하는 것은 당연한 일이다. 또한 본사가 위치한 나라의 법규도 지켜야 한다. 각 나라의 법규가 요구하는 최소한의 기준을 초월해 더 많은 임금과 더 높은 환경기준을 스스로 지켰는데, 그 결과 우리 기업의 경쟁력이 떨어진다면, 최고 경영자인 나는 어떻게 해야 할까?"

이는 경영자들이 현실세계에서 맞닥뜨릴 수 있는 딜레마를 극적으로 보여준다. 어떤 다국적 석유회사가 폭력사태로 얼룩진 남미의 콜럼비아에 진출했다고 가정해보자.

기업은 직원과 설비를 지키기 위해 사설 경비원이나 경호원을 채용할 수밖에 없을 것이다. 이는 아주 효과적인 대응일 수 있지만 미국법에 따르면 인권침해의 논란이 있는 조처이다. 노동자를 감시하기 위한 사설 경호원의 채용을 금하고 있기 때문이다. 최고 경영자는 어떻게 해야 할까?

미국계 금융회사의 최고 경영자인 존이 건설중인 중국의 삼협댐에 자금을 지원하기로 결정했다고 가정해보자. 그런데 미국 정부기관인 수출입은행과 해외민간투자보증공사OPIC는 댐건설로 수많은 사람이 피해를 입고, 환경파괴가 발생할 가능성이 높다는 이유로 참여나 지원을 거부한다.

존의 회사는 미래를 위해 중국과 밀접한 관계를 맺어둘 필요가 있고, 세계 최대 프로젝트인 그 댐의 건설에 참여해 상당한 수익을 올릴 전망이다. 게다가 존의 책상에는 댐건설로 수백만 명이 이익을 보게 될 거라는 컨설팅 회사의 보고서가 놓여 있다.

이런 상황에서 존은 어떤 결정을 내리는 게 옳을까?

다국적 기업의 의무와 권한(권리)은 복잡하기 짝이 없는 논란거리이다. 전세계 기업의 최고 경영자들은 어떤 정부나 압력단체보다도 미약하다. 그들은 오직 정부만이 법을 제정하고 집행하여 시민의 이익을 살필 수 있는 합법적인 권한을 보유한다고 믿는 경향이 있다.

최고 경영자는 진출한 나라의 정부와 압력단체로부터 직원뿐 아니라 지역사회의 구성원을 위해 교육·보건·인권 지원사업을 펼쳐달라고 요구받았을 때, '시간과 돈도 없는데 그런 과외의 일까지 해야 하나' 하며 걱정하는 게 일반적이다.

기업의 경쟁력이나 수익에 전혀 도움되지 않는 일에 망설이게 된다는 얘기다. 또 그들은 자신의 권한으로 처리할 수 없는 결과까지 책임지는 사태가 발생할까봐 두려워한다.

반면에 각국 정부와 국제기구, 시민단체 등은 다국적 기업 정도면 충분한 자원과 여유, 영향력을 보유한다고 보고 있으며, 그럴 의무도 있다고 생각한다. 그래서 정부와 시민단체는 정부가 추진하다 실패했던 사회개혁과 경제개발을 촉진시킬 수 있는 역할까지 다국적 기업에게 빈번히 요구한다.

최고 경영자와 이사진은 이런 관점의 차이를 어떻게 극복해야 하는지 거의 알지 못한다. 하지만 피할 수만은 없는 상황이다. 기업은 공공의 이익을 위해 무엇인가를 해야 한다는 압력을 받고 있으며, 이런 과제를 어떻게 수행하느냐에 따라 기업의 이미지 등이 다르게 평가받는다.

특히 세계에서 가장 유능하고 재능있는 직원을 선발하고 싶다면, '사회적으로 올바른 일을 하는 기업'이라는 이미지가 유능한 인력을 채용하는 요건임을 명심해야 한다.

포드의 회장 윌리엄 포드 2세는 "가장 유능한 인재를 채용하고 싶다면, 그들이 자랑스럽게 여길 만한 기업 이미지를 구축할 필요가 있다"고 말했다.[1]

사실상 윤리경영과 주주의 이익 사이에서 발생하는 딜레마를 어떻게 해결해야 하는지에 대한 분명한 해결책은 없다. 그렇다고 해서 비즈니스 리더는 남들이 해결책을 제시할 때까지 기다릴 시간적인 여유가 없다. 현재 서 있는 곳에서 시작해야 하고, 직관과 통찰력으로 행동에 나서야 한다. 가장 화급한 과제는 기업이 건실한 시민으로서 의무를 다하는 것이다. 물론 세심하고 조심스러운 분석을 통해 의무를 다해야 한다.

AGENDA ITEM

비즈니스 리더는 기업의 윤리와 사회적 책임에 대하여 진취적이고 투명해야 한다.

정치적, 사회적으로 요동치는 현실의 바다를 항해할 때 비즈니

스 리더가 취해야 할 가장 중요한 태도는, 기업이 짊어진 책임의 시작과 끝이 어디인지 명료한 생각을 갖는 것이다.

세계적인 보편성을 띤 가이드라인이 존재하지 않기 때문에 최고 경영자와 이사진은 독자적인 판단능력을 갖추어야 한다. 주주이익의 극대화가 기업의 존재 이유라는데는 이의가 없지만, 기업이 고객과 직원의 만족을 위해 그밖에 또 무엇을 할 수 있는지 명확하게 파악해둘 필요가 있다.

비즈니스 리더는 공동체 안에서 기업이 할 수 있는 일의 범위에 관해 분명한 철학을 가져야 한다. 범위가 명료하게 드러나는 것은 아니기 때문에 진출한 나라의 정부나 지역공동체 리더의 자문을 받을 필요가 있다. 그리고 이사진에게 회사가 이윤추구 외에 무엇을 해야 할지 제안하고 설명해야 한다.

최고 경영자와 이사진은 회사가 어디에 서 있는지 정확히 이해해야 한다. 회사가 무엇을 지향하고, 주주뿐 아니라 전세계의 이해당사자에게 어떤 의무를 지고 있는지 분명히 깨닫고 공유할 필요가 있다는 얘기다. 그리고 기업의 구성원에게 애매모호한 말이 아닌 구체적인 영업준칙을 제시해야 한다. 이는 이해당사자에게 현실적 목표치나 기대치를 이해시키기 위해서다.

기업이 이런 일을 효과적으로 하는 방법은, 회사의 사회적 철학과 목표, 그리고 이를 위해 어떻게 노력할 것인지, 어떤 성과를 거두었는지 등을 담아 보고서를 만들어보는 것이다.

포드, 로열 더치 / 쉘 그룹, 영국석유BP, 3M 등은 이미 자체 보고서를 만들어 공표하였다. 기업이 이런 보고서를 한번 발표하고 나면, 난제를 정면돌파할 수 있는 역량을 키우게 된다. 그렇지 않은 경우 난제를 대충 처리하고 넘어가거나, 아니면 적절히 타협하게 된다.[2]

다국적 기업의 대부분은 지구촌 사회의 '성실한 시민'이 아니라는 이유로 비판받고 있으며, 이런 비판에 대해 수세적으로 대응하고 있다는 사실을 인정한다. 이제는 수세적인 위치에서 벗어나기 위해 노력해야 할 시기이다. 지구촌 사회의 구성원이 중요하게 여기고 있는 가치인 환경보호라든지 직원의 고용 및 건강 등을 적극 옹호하고 나서는 것이다.

선진적인 기업은 유능한 임원을 지명해 지역적·국제적 변화와 압력을 적극적으로 모니터해 능동적으로 대처해나갈 것이다. 담당 임원은 먼저 다른 산업의 다국적 기업이 겪고 있는 각종 압력과 대응방식을 조사·분석해 자사에 맞는 방법을 찾으려 할 것이다. 정치적·사회적 변화에 편승해 기업에 대한 비판기조로 바뀌기 전에 대응해야 할 것이다.

농생물·화학관련 업체인 몬산토Monsanto가 변화하는 흐름에 적극적으로 손을 썼다면, 유전자 변형식품에 대한 유럽국가와 시민의 응징을 피할 수 있었을 것이다. 코카콜라가 세상에 대해 열린 자세를 가졌다면, 식품의 안전성 문제를 두고 유럽의 정부와 정면충돌하는 사태는 피할 수 있었다. 나이키가 청소년노동 문제에 대해 전향적으로 대처했다면, 브랜드 이미지의 악화를 피할 수 있었다.

기업이 적극적으로 나선다고 해서 모든 문제가 해결되는 것은 아니다. 목표, 정책, 추진전략에 대해 더 투명한 자세를 갖추어야 한다.

미국의 대표적 제조업체 모임인 제조업연맹MAPI과 제조업협회 MAM는 2001년 4월, 개발도상국의 인종·노동·환경기준에 대해 44개 기업을 상대로 실태조사를 실시한 바 있다.

보고서 내용을 살펴보면 흥미로운 사실들이 발견된다. 폴라로 이드는 미국내 생산시설에 설치한 장비를 전세계 공장에도 똑같 이 설치해놓았고, 아메리카 홈 프로덕트는 전직원으로부터 서명 받은 윤리원칙을 제정해두고 있었다.

보고서는 미국 기업이 높은 윤리성을 갖추고 있고, 앞으로 자체 기준을 상향조정할 예정이며, 개발도상국 직원에게도 동일하게 적용하는 것으로 나타났다고 결론내렸다.[3]

보고서 내용은 전체적으로 사실일 것으로 보인다. 그러나 높은 기준을 제정해 발표했다고 해서 기업이 의무를 다했다고 말하기 는 힘들다. 기업은 기준을 만들거나 보고서를 발표하는 것 이상 의 일을 해야 한다.

차세대 기업윤리는 이미 본격화하고 있다. 지역공동체에 문호 를 개방하고, 기업이 펴고 있는 사회정책 등을 제3자에게 평가받 아야 하는 것이 다음 단계의 기업윤리이다. 이는 재무회계에 대 해 외부 감사를 받듯이, 사회정책도 외부 감사를 받아야 한다는 얘기다. 제3자가 기업의 사회정책을 정확하게 평가하기 위해서는 현재의 통일되지 않은 평가기준을 하나로 통일하는 작업이 선행되어야 한다. 전세계 상황에서 보편적으로 활용될 수 있는 기준을 마련해야 한다는 것이다.

최근에 사회정책 감사의 중요성이 급격하게 부상하고 있다. 사회정책을 감사하면, 경영진이 기업의 사회적 책임을 어떻게 이해하고 있는지, 구성원이 어떻게 받아들이고 있는지 등이 드러나게 된다. 또한 최고 경영자가 현재 진출해 있는 지역의 공동체에서 행하는 일을 정확하게 평가받을 수 있다. 기업의 사회적 기여에 대하여 폭넓은 토론이 이루어질 수 있고, 기업은 외부인의 가치 있는 평가와 제안을 받아들여 사회활동을 개선해나갈 수 있을 것이다.

기업이 사회정책에 대한 외부평가를 성실히 받으면, 정치적인 공격을 피할 수 있을 것이다. 영업활동으로 빚어진 다양한 문제가 정치문제로 확대되는 것을 미리 막을 수 있기 때문이다. 자연히 문제점을 사전에 파악하고 해결책을 찾을 수 있다.

기업의 사회정책에 대한 외부 감사와 관련해 최근 두드러진 발전은 지구환경 보고협의회 GRI Global Reporting Initiative의 등장이다. 이는 기업체, 연구기관 등 다양한 조직이 기업의 상품과 서비스 등을 경제적 · 환경적 · 사회적 차원에서 분석 · 평가하기 위해 통일적인 가이드라인을 만들려는 계획이다.

이들은 1997년 처음으로 문제를 제기하고 작업에 들어가 2002

년 4월에는 독립성을 갖춘 국제조직을 구성하는 데까지 이르렀다. 이 조직은 기업을 평가할 수 있는 가이드라인을 제정하고, 더욱 정교하게 다듬을 계획이다.

평가과정은 아주 구체적이다. 먼저 임금과 이익의 상관관계를 따져보고, 노동 생산성을 정밀하게 평가한다. 기업의 일자리 창출 기여도를 평가하는 것과 함께 제품과 서비스, 제조공정이 환경에 어떤 영향을 끼치는지에 대해서도 점수를 매긴다. 또한 본사 작업장의 환경, 산업안전, 노동권 보호실태를 비롯해 협력업체의 작업환경 등을 사회정책과 연관해 평가할 예정이다.

GRI는 "평가기준 등에 대한 혼동을 최소화하여 공표하기 위해 가능한 한 균형잡힌 기준을 만들 것"이라고 밝혔다.[4] GRI는 스스로 기업의 재무회계 보고와 쌍벽을 이루는 보고 시스템을 구축하는 선구자라고 자평하고 있다. 그리고 언젠가는 재무회계처럼 포괄적이고 정확한 기준을 마련하는데 성공할 것이라고 자신한다. 결국 GRI와 같은 노력이 더욱 심화될 것이기 때문에 기업은 관심을 가질 수밖에 없을 것이다.

AGENDA ITEM
비즈니스 리더는 경제단체의 활동범위를 넓히기 위해 노력해야 한다.

나이키, 파타고니아Patagonia, 리즈 클레이본Liz Claiborne 등 섬유·의류업계의 11개 선두기업은 '인권을 위한 변호사 위원회'

Lawyers Committee for Human Rights '전국소비자연맹' National Consumers League '대학교' 등과 함께 '공정한 노동협회' FLA Fair Labor Association'를 구성해 활동하고 있다.

노동협회는 저임금에 장시간의 노동을 강제하는 '착취공장' Sweatshops을 폐쇄하는 운동을 세계적으로 펼치고 있다.

협회에 참여한 기업은 강제노동과 어린이의 노동을 금지하고 노동자 결사의 자유보장, 최저임금제 실시, 노동시간 단축, 노동 환경 개선 등을 위해 노력하겠다고 서약했다. 제대로 약속이 지켜지는지에 대한 불시 현장조사도 달게 받겠다는 서약이 포함되어 있다. 대신 기업은 자사 제품에 FLA의 규범을 준수하는 로고를 부착할 수 있다.

FLA가 노동조건을 혁신적으로 개선할 것이라고 보는 사람은 거의 없다. 하지만 시도는 훌륭하고 다른 기업과 산업으로 확대될 만한 가치가 있는 움직임이라고 볼 수 있다.

이 운동을 먼저 수용할 수 있는 업계가 광산업이다. 광산업체는 사회 · 노동기준을 충실히 실천함으로써 기업의 이미지를 혁신적으로 개선할 수 있다. 특히 대형 광산회사는 금융회사로부터 자금을 조달하는데 상당한 애를 먹고 있다. 금융회사는 광산회사가 사회적 분노를 촉발시키는 문제를 야기할 경우 자금을 회수할 길이 막막해지기 때문에 자금지원을 꺼리는 것이다.

광산개발의 환경문제 등을 독립적으로 조사하기 위한 그룹인 '광산, 미네랄, 그리고 지속 가능한 개발' MMSD Mining, Minerals and Sustainable Development은 광산업의 환경, 노동자 보건·안전, 윤리기준 개선방안에 대한 정보공유를 위해 결성되었다. 바람직한 노력이라고 할 수 있다.[5]

사회적 비판에 쉽게 노출될 수 있는 또다른 업종은 생명공학업계다. 생명공학업협회BIO의 회장인 칼 펠드바움Carl Feldbaum은 2002년 '대외정책'을 적극 개발할 필요가 있다고 회원 1만 5,000명에게 말했다. 기업이 개발도상국에서 사회적·윤리적 논쟁에 휘말릴 경우 심각한 손실을 피할 수 없기 때문이다.

펠드바움은 생명공학업체는 다른 기업이나 산업의 실패담을 교훈삼을 필요가 있다고 지적했다. 그는 "생명공학업체는 외국 정부, WHO, NGO 등과 신뢰를 바탕으로 한 밀접한 관계를 수립할 필요가 있다"고 말하기로 했다.[6] 펠드바움도 올바른 길을 걷고 있다고 볼 수 있다.

기타 다른 기업들도 집단적으로 사회적 책임을 다하기 위해 다양한 노력을 기울일 수 있다. 한 기업만이 그런 노력을 한다면, 사회적 책임을 외면하는 기업이 높은 경쟁력을 누리며 시장에서 살아남을 수 있는 역선택이 발생할 수 있기 때문에 반드시 공동으로 노력할 필요가 있다.

토론토 대학 로트먼 매니지먼트스쿨의 학장인 로저 L. 마틴 Roger L. Martin은 『하버드 비즈니스 리뷰』에 기고를 통하여 에너지 기업은 지구 온난화 가스를 줄이기 위해 공동으로 노력해야 한다고 지적했다. 그리고 언론은 전세계에서 어린이 포르노를 금지하

는데 더 큰 관심을 가져야 한다고 촉구했다.[7]

비즈니스 리더는 공공 · 민간 기구의 참여를 더욱 확대할 필요가 있다. 참여에 관심이 많은 최고 경영자들이 벤치마킹해볼 만한 예는 바로 유엔 사무총장인 코피 아난과 나이키, 다임러 크라이슬러, 로얄 더치/쉘 등 10여개 기업, 그리고 12개의 노동단체와 시민단체 등이 2000년 6월에 나란히 서명한 '글로벌 서약' Global Compact이다.

서약의 내용은 인권을 개선하고, 어린이 노동을 철폐하며, 환경보호에 앞장서겠다는 자발적인 약속이다.

기업이 위반했을 때 제재할 수 있는 수단이 없기 때문에 서약은 단지 구두선일 뿐이라고 비판받는 것은 사실이다. 하지만 서약에 참가한 최고 경영자는 중요한 첫발을 내디뎠다고 말할 수 있다. 그들은 자사의 홈페이지에 서약 이후의 진척사항을 공개해야 하고, 서약한 목표를 달성하기 위해 효과적인 방안을 찾아 힘껏 노력할 것을 약속한 것이다.

최고 경영자들이 참여한 모임의 또다른 예는 '안전과 인권을 위한 자발적인 원칙' Voluntary Principles on Security and Human Rights이다. 이 원칙은 전 국무장관 매들린 올브라이트Madeleine Albright

와 영국의 전 외무장관 로빈 쿡Robin Cook이 셰브론, 텍사코, 로얄 더치/셸, BP, 그리고 다양한 인권단체 등이 참여한 가운데 맺은 약속으로, 인권을 존중하면서 위험한 곳에서 어떻게 안전을 도모할 것인지를 모색하기 위해 제정되었다.

그 원칙에 견주어 기업이 행하고 있는 인권보호 노력을 평가하는 것이다. 그리고 안전을 위해 경찰, 군인 등 정부의 공권력과 기업이 보유하고 있는 사설 경비인력이 어떻게 공조하는지도 점수를 매긴다.

국무부의 대표로서 그 협약을 이끌어낸 베네트 프리먼Bennett Freeman은 "원칙은 제한적인 사안을 해결하기 위하여 맺어진 것"이라며 "위반 여부는 아직 확인되지 않았다. 하지만 시간이 흐르고, 원칙들이 구체화하면…… 옛날 외교계가 세계화라는 미지의 세계를 개척한 것만큼이나 중요한 선례가 될 것"이라고 그는 말했다.8)

기업은 지역공동체의 일상적인 사안에 대해 시민단체와 적극적으로 공조할 필요가 있다. BP의 경영자 존 브라운John Browne은 2002년 초 런던 차삼 하우스Chatham House에서 행한 연설을 통해 "기업과 시민단체가 적대적인 관계를 보이고 있는 것처럼 보도하는 언론의 태도는 잘못"이라고 지적했다.

브라운은 "언론의 그런 보도는 사실이 아니다. 기업은 외부 감사와 문제제기를 통해 많은 이득을 보고 있고, 어떤 분야에서든 기업이 일구어낸 진전은 시민단체의 협력이 있었기에 가능했다"

고 강조했다.

BP는 콜롬비아에서 석유를 개발하는 동안, 국제적인 빈곤퇴치 연대인 CARE와 지역 시민단체들과 유기적인 협조관계를 맺고 있다. 전쟁으로 피폐해진 앙골라의 난민을 구제하기 위하여 적십자와 협조하고 있으며, 인도네시아와 브라질의 환경을 보호하기 위해 WWF World Wildlife Federation(세계 야생동물 보호기금)와 긴밀히 관계맺고 있다.

맥도널드는 동·식물의 다양성을 유지하기 위해 '컨서베이션 인터내셔널' Conservation International과 손잡고 있다. 맥도널드가 농산물 제공업자와 비즈니스를 하는 과정에서 발생할 수 있는 동·식물의 파괴를 조금이나마 만회해보자는 것이다.[9]

나이키, 갭Gap, 세계은행, 인터내셔널 유스 재단International Youth Foundation은 '노동자와 공동체를 위한 국제연대' Global Alliance for Workers and Communities의 지원을 받아 인도네시아, 태국, 베트남, 중국 등 전세계에 산재한 현지 공장과 일선 매장에서 일하는 노동자의 작업환경을 개선하기 위해 노력하고 있다. 노동자의 보건·교육 개선을 위해 애쓰는 것이다.[10]

카드회사인 아메리칸 익스프레스는 브라질 정부, 지역 전문기구들과 손잡고 청소년들이 여행에서 경험을 쌓을 수 있는 기회를 제공하고 있다.

기업이 시민단체, 정부와 손잡고 공동의 목적을 위해 일한다는 아이디어는, 이제 최고 경영자에게 중요한 사안이 되었다. 비즈니스 리더는 NGO와 협력관계를 맺을 때 다른 기업과 전략적 제휴를 맺는 것만큼 세심한 검토를 해야 한다.

현재 전세계적으로 활동하고 있는 시민단체는 수만 개에 이른다. 몇몇 단체는 그저 시위하기 위해 조직된 경우도 있고, 어떤 단체는 세계화에 반대하면서 반기업적인 행동을 하는 경우도 있다. 그러나 대부분은 현명하고 합리적으로 현안을 해결하기 위해 노력하는 단체들이다.

비즈니스 리더가 시민단체와 제휴를 맺기 위해 첫번째로 해야 할 일은 누구와 손을 잡을지 결정하는 것이다. 지역단위에서 일하는 NGO를 선택할 것인지, 아니면 전세계적인 활동망을 갖추고 있는 시민단체와 손잡을 것인지 결정해야 한다.

최고 경영자는 시민단체가 다국적 기업과 공조하는데 있어 아주 적극적이라고 해도, 특정 기업과 손을 잡는 문제에는 매우 신중하다는 사실을 이해할 필요가 있다. 특정 정책을 지지하는 단체가 많기 때문이다. 또 최고 경영자 입장에서 볼 때 시민단체가 몇 가지를 양보해줄 만하다고 생각하겠지만, 완고하게 원칙을 고수하는 경우가 많다.

기업과 시민단체가 제휴를 맺는 과정에서 다양한 불일치를 발견할 수 있을 것이다. 그러나 서로 어떤 사안을 손잡고 해결해 나가는데 중요한 파트너가 될 수 있다는 사실을 인정해야 한다. 비록 제휴관계 맺기가 아주 힘들지만, 사회적 이슈를 공동으로 해결하는데는 효과적이라는 얘기다.

반세계화 NGO들이 1999년 시애틀에서 대대적인 시위를 벌인 이후, 기업과 정부는 전세계를 뒤흔들고 있는 반세계화 운동에 대해 마땅한 대응방법을 찾지 못해 갈팡질팡하고 있다.

실제로 자신들이 설정한 목표를 달성하기 위해 필사적으로 투쟁하는 NGO에 대해 일률적이고 통일된 대응전략을 마련한다는 것은 상당히 어려운 일이다.

강력하게 투쟁하는 NGO들이 주장하는 내용은 세계은행 폐지에서 여성의 인권향상까지 매우 다양하다. 그들은 잘 조직되어 있고, 충분한 자금을 보유하고 있으며, 다국적 기업, 국제기구, 각국 정부보다 인터넷을 효율적으로 활용하며 대중과의 관계를 훌륭하게 유지하고 있다.

기업이 이에 대응하는 방법은 앞서 소개했던 과제들을 훌륭하게 수행하는 것이다. 윤리경영 강화, 보수적 NGO와의 제휴관계 설정 등을 적극적으로 추진하는 것이다. 그렇다고 이것으로 모든 문제가 해결되지는 않는다. 그들은 기업과 정부처럼 외부의 감시에 노출되지 않으면서 여론의 지지를 확보하고 있다.

문제의 심각성은 그들이 사실관계를 너무 쉽게 왜곡하고 별다른 책임을 지지 않으면서 다른 조직의 이미지를 아주 나쁘게 만들 수 있다는 점이다.

기업과 정부는 이에 대처하기 위해 NGO도 엄격한 검증을 받아야 한다는 사실을 널리 알릴 필요가 있다. 자신들이 옹호하는 시민의 이해를 바탕으로 한 기준에 맞추어 검증받아야 한다는 얘기다. NGO 지도자 선출의 적법성, 의사결정 구조의 투명성과 민주성, 자금조달 방법, 자금지원자가 진정으로 원하는 목적 등을 검증받아야 한다고 주장하는 것이다. 그리고 회계의 투명성을 위해 외부 감사를 받아야 하는 점도 빼놓을 수 없다.

미국의 경우 시민단체가 특정 사안에 대해 의회에서 로비활동을 펼치려면 법규에 따라 등록절차를 밟아야 한다. 기업과 정부는 언론이 정치적 · 경제적 사안에 대해 탐사보도를 하듯이 NGO와 관련된 사안에 대해서도 끊임없이 취재하도록 여론을 환기시켜야 한다.

시민단체는 다국적 기업과 국제기구의 투명성, 책임을 강조하듯이 자신도 동일한 기준에서 평가받아야 한다. NGO가 엄격한 평가를 받는다면, 세계화가 어떻게 진행되는지, 어떤 결과를 낳고 있는지에 대해 건설적인 토론이 가능해질 것이다.

NGO 가운데에는 책임성과 투명성을 인정하고 실천하는 경우도 많다. 인권단체인 앰네스티 인터내셔널의 책임자인 이렌느 칸 Irene Khan은 『파이낸셜 타임스』와의 회견에서 "시민단체는 나름대로 권한을 보유하고 언론의 감시를 받고 있기 때문에 책임성이 특히 중요하다"고 말했다. 그리고 "정부와 기업에 요구하는 만큼 자신도 투명성을 갖춰야 한다"고 덧붙였다.[11]

> ### AGENDA ITEM
> 비즈니스 리더는 각국 정부와 국제기구에 국제적 행동규범을 제정하도록 압박해야 한다.

어떤 나라, 어떤 환경에서든 다국적 기업의 역할은 제한적이고 모호할 수밖에 없다. 비즈니스 리더는 법과 기준이 존재하지 않을 때 그 공백을 벌충하는 기능을 요구받기도 한다.

그러나 각국 정부와 국제기구가 세계적 자본주의의 틀을 제시하는 것이 가장 바람직하다. 오직 정부만이 법과 규정을 제정하여 집행할 수 있는 정당성을 보유하고 있기 때문이다. 따라서 비즈니스 리더는 각국 정부의 정책 담당자들을 설득하여 임금, 노동조건, 환경기준, 반부패 조처, 인권보호 등에 관한 국제규범을 제정하도록 해야 한다. 세계에서, 그리고 한 나라 차원에서 적절한 행동규범이 없다는 것은 비즈니스 리더에게 무척 곤혹스러운 일이다.

환경문제, 어떻게 대처할까

윤리경영과 사회적 책임 부문에서 아주 중요한

이슈인 환경정책 등에 대해서는 아직 제대로 살펴보지 못했다. 기업이 취할 수 있는 정책에 초점을 맞추었기 때문이다. 그러나 간략하게나마 여기서 다루고 넘어가야 할 성싶다.

기업은 비즈니스 전략과 직접적인 관련이 있는 환경 이슈에 대하여 나름대로 접근방식을 가져야 한다. 환경문제는 심각한 상황이고, 그에 따르는 위험도 너무 크다. 그러나 정부, 기업, 환경단체, 개인이 다함께 대처하는 방식은 너무 더디다.

옥스포드 대학의 예일 산림스쿨 & 환경스쿨의 학장인 제임스 구스타프 스페스James Gustave Speth는 이에 대해 "국제협상, 정상회담, 컨퍼런스, 컨벤션, 의정서 등을 통해 행동의 필요성을 느끼는 단계에까지 이르렀다고 자위할 수 있지만, 이는 잘못된 것이다"라고 지적했다. 이어 "현재 환경파괴의 속도가 전혀 줄어들지 않고 있으며…… 좋지 않은 단계에서 심각한 단계로 넘어갔다"고 덧붙였다.[12]

그의 말은 비즈니스 리더와 정책 담당자가 미래에 발생할 수 있는 환경문제를 이해할 때 반드시 참고해야 할 것이다.

비즈니스 전략의 핵심

비즈니스 리더는 미래에 기업과 지역공동체의 관계에 더 많은 관심을 기울여야 할 것이다. 또 윤리경영과 사회적 책임은 박애주의나 PR의 방편이 아니라 비즈니스 전략의 핵심이라고 여겨야 할 것이다.

비즈니스 리더는 약속을 남발해서도 안 되지만, 자신이 속해 있는 사회를 위해 에너지와 재능을 헌사하는데 주저해서도 안 된다. 기업이 지구촌 사회의 일원으로 사회적 책임을 다할 수 있는 방법은 지난 수십년 동안 발전해왔다. 하지만 최고 경영자, 정책 담당자, NGO 활동가의 사고방식과 정책은 아직 시작단계를 벗어나지 못하고 있다.

실천하기 어려운 만큼 윤리경영과 사회적 책임이라는 과제의 중요성은 크기만 하다고 말할 수 있다.

10_ 경제와 외교의 함수관계
부시의 외교, 누군가 나서서 비판해야 한다

경제와 외교의 함수관계

비즈니스 리더는 정부의 대외정책에 큰 이해관계를 가질 수밖에 없다. 국제분쟁은 기업의 영업활동과 투자심리를 위축시키기 때문에 최고 경영자는 당연히 긴장이나 갈등을 피하려고 한다.

특히 미국의 비즈니스맨은 국제사회의 긴장이 고조되면 또다른 위험을 겪게 된다. 반미감정이 풍선처럼 부풀어오를 경우 해외법인이나 해외 거래선이 테러의 피해에서 자유롭지 못하기 때문이다.

비즈니스 리더는 세계경제가 더 개방되고, 시장지향적이고, 집행가능한 법규에 의해 통제받는 시스템이 되도록 하기 위해서 정부의 외교력에 의지할 수밖에 없다.

그들은 자사의 문제를 해결하기 위해 정부가 해병대를 파견해주리라고 기대하진 않지만, 최고 통치자 사이의 커뮤니케이션이나 외교적인 통로를 통해 자사의 이익을 극대화하는 쪽으로 배후적인 압력을 행사해주기 소망한다.

기업인은 자신들의 비즈니스가 미래에도 중요한 외교수단이될 것이기 때문에 정부의 대외정책에 민감하게 반응한다. 국가간의 관계에서 가장 중요하고 지속적인 요소는 바로 경제관계라는고리이다. 오늘날 모든 나라는 대부분의 국가와 경제적 이해관계를 맺고 있다. 기업은 진출한 나라의 금융법규, 통신정책, 민영화등에 적잖은 조언을 하고 있다.

다국적 기업은 진출한 나라의 주요한 일자리 창출기관으로 구실하고 있으며, 핵심적인 자본 · 기술을 비롯해 경영상의 노하우를 전수해주는 창구역할을 담당하고 있다. 때로는 자국의 현지공관보다 더 큰 영향력을 행사하기도 한다. 이런 사실에 비추어볼 때 각국 정부가 대외관계를 강화하기 위해 기업인의 도움을받으려 한다는 것은 놀랄 일이 아니다.

미국의 비즈니스 리더는 1980년대 이후 국제적인 경제활동을확대하는 것만이 자신의 일이고, 정치적이고 외교적인 일은 워싱턴의 몫이라고 생각해왔다. 왜 아니었겠는가? 미국은 탈냉전 이후 세계 유일의 강국으로 떠올랐고, 대규모 전쟁은 발생하지 않았다. 무역장벽도 서서히 무너져내렸다. 이런 상황에서 기업이 해야 할 일은 그저 열심히 움직여 돈을 모으는 것뿐이었다. 기업인은 외교당국에 대해 "열심히 일하세요"라는 말 외에는 부탁할 일도, 딱히 할 말도 없었다.

그러나 비즈니스 리더는 그동안 당연하게 여겼던 정부의 대외정책에 대해 다시 생각해야 하는 상황에 놓이게 되었다. 전세계의 정치적 · 경제적 · 사회적 상황이 급격하게 변한 것이다.

부시의 외교, 무엇이 문제인가

부시 대통령은 2001년 1월 백악관에 입성한 이후, 클린턴 행정부보다 훨씬 강경하고 일방주의적인 외교정책을 추진해갔다. 하지만 9 · 11 테러가 발생한 이후 부시 행정부는 마음을 고쳐 먹어야 했다. 테러와의 전쟁이 외교와 안보정책의 최우선 과제로 부상한 것이다. 냉전시기의 세계에는 '민주주의 대 공산주의'라는 분명한 전선이 형성되어 있었다. 1980년대와 1990년대에는 '열린 경제 대 닫힌 경제'라는 전선이 중요한 축으로 작용했다.

미국은 운명적인 9 · 11 테러 이후 새로운 전선을 구축하기 시작했다. 부시의 말대로 '반테러 전선의 일원이냐, 아니면 적대적 체제의 편이냐'로 양분하고 있는 것이다.

『뉴욕 타임스』서지 슈메먼Serge Schmemann은 "부시 행정부가 현재 추진하고 있는 전선은 한순간 분명해졌다. 미국편이냐 아니면 미국에 반대하느냐에 따라 '친구 아니면 적'이라는 이분법으로 구분하는 것이다. 미국이 세계 각국에 '친구 대 적' 중 하나를 선택하라고 요구하는 바람에, 부시 집권초기에 한때 추구되었던 신고립주의는 증발해버렸다"고 진단했다.[1]

하룻밤 사이에 엄청난 변화가 발생한 것이다. 애초에 부시 행정부는 국제조약과 협력에 의존한 대외정책을 부정하고 일방주의 정책을 추구하려고 했으나, 이제는 테러와의 전쟁을 위해 폭넓은 국제동맹이 필요하다는 쪽으로 방향을 바꾸었다.

부시 행정부는 본디 유엔을 달가워하지 않았지만, 이제는 국제사회의 동의를 얻어내는 창구로 활용하고 있다.

실제로 유엔은 테러가 발생한 다음날인 2002년 9월 12일, 과거에는 상상도 못했던 일을 신속하게 처리했다. 이슬람 세계에 대한 강력한 개입을 천명한 것이다. 워싱턴은 이와 함께 테러 발생 1주일 전만 해도 시원찮게 여겼던 국가건설이라는 화두에 관심을 갖기 시작했다. 정부의 권력이 약한 나라가 테러리스트의 온상으로 작용한다는 판단에서이다.

부시 행정부는 대외정책을 수립·추진하는 과정에서 경제적 목적을 최우선했지만, 테러라는 미증유의 사태를 겪은 후 냉전시대의 논리였던 군사적 동맹을 가장 중요시하기 시작했다.

1990년대 미국의 외교정책은 국무부와 국방부에서 재무부, 상무부, 수출입은행 등으로 중심이 이전되고 있었다. 하지만 테러와의 전쟁이 선포된 이후 게임의 룰이 전면 개편되었다. 테러 발생한달 뒤부터 아프카니스탄, 파키스탄, 필리핀, 인도네시아, 예멘, 그루지아 등지에서 군사작전을 시작했다.

펜타곤은 그동안 콜럼비아에서 수행해왔던 마약과의 전쟁을 테러와의 전쟁으로 재분류하며 현지에 대한 군사적 개입을 키워왔다. 이와 함께 FBI와 CIA가 콜럼비아 등의 정보기관과 밀접한 관계를 수립하고 개입을 더욱 확대하고 있다. 미국의 개입에는 끝이 없는 것처럼 보인다.

부시는 "미국이 모든 전쟁과 전투에 개입하지는 않을 것이지만, 해당 국가가 테러와의 전쟁을 제대로 수행할 수 있도록 준비시킬 것이다. 외국 정부가 테러와의 전쟁을 위한 훈련과 자금이 필요하다면 미국이 제공할 것"이라고 선언했다.[2]

미국의 외교방향이 경제와 통상에서 안보와 정보쪽으로 전환되었다는 사실은 두번 강조해도 지나침이 없다. 클린턴 행정부 시절, 미국의 외교목적은 경제적 이익을 극대화하는 편이었다. 투자와 교역의 개방을 위해 외교역량을 집중했고, 외국이 투명하고 공정한 법규제정과 집행을, 지적재산권 보호를 강화하도록 외교적 압력을 행사하는데 주저하지 않았다.

전세계에 파견된 미국의 대사들은 상무부, 에너지부에서 하달한 경제임무를 시행하기에 바빴다. 현지 대사로도 해결되지 않는 난처한 사안에 대해서는 재무장관, 무역위원회 책임자 등이 직접 나서기도 했다.

정부는 다자간 협상을 통해 경제목표를 달성하는데 모든 힘을 쏟았다. 이렇게 해서 거둔 성과가 북미자유무역지대협정 NAFTA, 우루과이 라운드, 통신과 서비스에 관한 의정서 등이었다.

양자간 협상도 중요한 창구였다. 인도 · 터키 등과 무역, 투자에 관한 협정을 채결해 미국의 자본과 상품이 들어갈 수 있는 통로를 넓혔다. 미국의 비즈니스 리더가 해외를 방문할 때는 단독방문이든, 고위급 사절단의 일원이든 경제적 이익을 확대하기 위한 임무를 띠고 있었다. '주식회사 미국'으로서 경제적 이익을 확대하는 게 최우선 과제였던 것이다.

그러나 펜타곤, CIA, FBI 등이 대거 전면에 나서는 대외정책은 질적으로 다른 것이다. 물론 부시 행정부에서 어떤 인사도 경제와 통상의 목적이 1990년대보다 덜 중요하다고 말하지는 않는다. 그러나 고위급 인사들이 군사적 목적에 치중하면, 경제 · 통상의 중요성이 상대적으로 희석될 수밖에 없는 것이 자연스러운 이치라고 할 수 있다.

중요한 외교관계가 군사-군사, 정보-사법 당국을 축으로 형성되면서 안보가 최우선 과제로 부상하면, 극단적인 민족주의의 성향을 지닌 그룹이 권력을 장악하게 되는 것이 일반적인 경향이다. 특히 정보기관 사이의 유대강화는 불가피한 측면이 있지만, 다른 한편에서는 불투명하고 견제와 재평가할 수 없는 유착을 야기하는 경향이 있다.

일반 시민과 엘리트들은 CIA 등 정보기관의 권한과 활동강화에 두려운 눈길을 던지는 것도 사실이다. 냉전시대 유행했던 음습한

뒷거래가 횡행할 것이라는 의혹도 일고 있다. 특히 해외의 지역 사회에 잘 보여야 하는 비즈니스맨은 군사와 정보기관의 활동강화로 싸잡아 의심받는 사태가 발생할 수도 있다.

정보기관 요원들은 테러리스트에게 두려움을 안겨주는 방식으로 테러와의 전쟁을 수행할 수밖에 없다. 그 세계는 목적이 수단을 정당화하고, 인권이 침해당하는 곳이다. 테러리스트에 대한 추적과 조사는 일반 시민과는 아무런 상관없는 일이 되어버릴 수 있는 소지도 있다.

테러와의 전쟁에서 바람직하지 않은 이런 요소는, 국제사회에서 협력관계를 모색해온 비즈니스 리더의 이익과 정면으로 배치된다. 동맹국은 테러와의 전쟁에서 미국을 적극적으로 지원하겠지만, 이런 유대관계는 열린 경제·정치 시스템을 발전시키는데 방해가 될 가능성이 높다.[3]

미국의 슈퍼 파워, 어떻게 할까

미국은 테러와 엔론 사태 이후 새롭게 열린 세계에서 넘치는 힘을 어떻게 사용할 것인지 잘 따져보아야 한다. 실제로 미국의 군사력과 경제적 힘은 세계 어느 나라보다 강력하다. 심지어 미국의 군사비는 세계 10대 군사비 지출 국가 가운데 2~10위까지의 예산액을 합친 것보다 많다.

더욱 놀라운 사실은 부시 행정부가 2002년을 위한 방위비 증액분이 유럽연합의 전체 군사비보다 많다는 점이다.

하버드 케네디스쿨의 학장인 조지프 나이Joseph Nye는 전세계 어디든 공격할 수 있는 핵무기와 재래식 무기를 두루 갖춘 나라는 미국이 유일하다고 지적했다.

예일 대학의 역사학자 폴 케네디는 미국이 국제경제와 교역에서 지배적인 지위를 점유하고 있는 사실과 더불어 다른 부문의 자산도 불균등하게 지배하고 있는 상태라고 말했다. 미국은 국제적 인터넷 상거래의 45%를 차지하고 있으며, 자연과학과 경제학에서 노벨상 수상자 75%를 배출했다.[4]

그러면 미국은 역대 패권국가였던 로마나 영국이 겪었던 역풍과 반발을 피하기 위해 어떻게 힘을 사용해야 할까?

미국의 발등에 떨어진 불은 다른 나라를 장기적으로 자신의 편에 묶어놓는 일이다. 유럽과 일본 등 전통적인 우방을 비롯해 러시아, 중국, 인도, 브라질 등 지역내에서 큰 영향력을 행사하는 나라를 자기편으로 끌어들여야 하는 힘겨운 과제를 짊어지고 있다고 말할 수 있다.

동맹과 유대관계를 지속하기 위해서 미국은, 한편으로는 투박한 군사력을 적절하게 제어하면서 사용해야 하고, 다른 한편으로는 경제적·사회적 정책을 구사해야 한다. 군사력과 경제력 사이에서 적절한 균형을 유지해야 한다는 얘기다. 미국은 장기전으로 진행될 테러와의 전쟁에서 가치관이 다른 정부와 사람들과 적절한 관계를 설정해야 할 것이다.

2002년 중반 부시 행정부는 유일 강대국으로써 힘을 행사하는 데 충분한 준비가 되었다는 점을 드러냈을 뿐 아니라, 2차대전 후 실시한 공산주의 봉쇄정책만큼이나 극적인 함의를 품고 있는 새로운 외교정책을 추진할 수 있는 능력을 보여주었다.

그리고 테러와의 전쟁을 수행하면서 대량살상무기 등을 생산하거나 보유하고 있는 나라에 대하여 압력을 행사하는 정책도 추진하고 있다.

부시 외교정책팀은 대량살상무기를 제조 · 보유하고 있는 나라를 무턱대고 비난하는 것만이 능사가 아니라고 말한다. 그 무기가 생산 · 확산되는 것을 막기 위해 더 많은 일을 해야 한다고 입을 모으고 있다. 공격적이고 선제적인 작전을 펼쳐 대량살상무기의 생산 · 확산을 막아야 하는 의무가 미국에 있다고 주장하는 셈이다.

콘돌리자 라이스Condoleezza Rice 백악관 외교안보 보좌관은 『뉴요커』의 니콜라스 레먼Nicholas Lemann과의 인터뷰에서 "지금의 상황은 옛 소련에 대한 봉쇄정책이 형성되었던 1945~47년대와 비슷하다"고 진단했다.

국무부의 고위 전략가인 리처드 하스Richard Haas는 레먼과의 인터뷰에서 "미국이 실시하는 대외정책은 '주권제한론'(옛 소련의 서기장인 부르지네프가 민주화를 요구하는 동구권에 군대를 파견하면서 주장했던 논리)에 근거하는 것 같다"고 조크했다.

어떤 나라든 미국이 벌이고 있는 테러와의 전쟁을 어떤 형태라도 돕게 될 경우 어느 정도는 주권을 제한받을 수 있다는 것이 그의 주장이다.

하스는 이어 "미국은 테러를 예방하기 위해 선제적인 조처를 취할 수밖에 없을 것이다. 실제 공격이 일어날지 의문을 품고 이것저것 생각하다가는 공격받을 수 있다"고 강조했다.[5]

부시도 육군사관학교(웨스트 포인트)에서 "위협이 분명하게 드러날 때까지 기다릴 경우, 우리는 너무 오래 기다린 우를 범하게 될 것이다. 적을 선제공격하고 그들의 계획을 미리 막아야 한다. 적의 전선이 위협적으로 형성되기 전에 분쇄해야 한다"고 목소리를 높였다.[6]

과거의 비즈니스 리더가 추구했던 정책이 그러했던 것처럼, 미국의 새로운 대외정책은 이제 전체 정부조직의 핵심적 논리가 되었다.

그러나 미국이 수단과 방법을 가리지 않고 테러와의 전쟁을 수행한다고 하더라도, 짧은 시간 안에 너무 성급하게 추진하다보면 장기적인 목표달성을 어렵게 할 가능성이 높다. 성급하게 군사력을 동원하고, 엄연한 주권국가의 영토 안에서 사태의 파장을 고려하지 않고 완력을 행사했을 때 심각한 부작용이 발생할 수 있다는 얘기다.

윌리엄 풀브라이트William Fulbright 상원의원은 베트남전쟁 때 '힘의 오만'을 지적한 적이 있다. 그때 하버드 대학 정치학과 교수였던 스탠리 호프먼Stanley Hoffman은 걸리버가 소인국의 밧줄에 꽁꽁 묶인 것에 비유해 "미국이 유연성 없는 외교정책에 묶여 있다"고 비판했다. 혹시 미국은 지금 그 방향으로 움직여 나가는 것은 아닐까?

비즈니스 리더들이 외교정책을 수립하고 실행할 수 있는 것은 아니다. 지금까지 살펴본 모든 현안을 떠맡을 수 있는 처지도 아니다. 경쟁력이 있고, 이해관계가 분명한 분야를 골라야 한다. 외교정책과 관련해 뒷전에 물러앉아 모든 것을 정부에 맡겨두는 것은 경제계의 이해나 국민의 이익에 도움되지 않는다.

> ## AGENDA ITEM
> 비즈니스 리더는 미국의 일방주의적 외교를 비판해야 한다.

비즈니스 리더는 미국의 외교정책이 일방주의로 흐르지 않도록 노력해야 한다. 테러로 미국은 미증유의 피해를 입었지만, 어떤 나라도 넘볼 수 없는 힘을 갖고 있다. 어느 나라도 '미국은 우리와 동일한 지분을 갖는 나라' 라고 주장하지 않는다.

미국은 자국의 이익을 지켜야 하고, 필요할 경우 혼자서라도 나서야 한다. 그러나 다른 나라와 공조하기 위해 최대한 노력해야 하고, 다른 나라의 요구에 귀기울여야 하며, 다른 나라와 가능한 분야에서 협조해야 한다.

이는 너무 논리적이기 때문에 현실성이 떨어진다고 비판받을 수도 있다. 그러나 부시 행정부가 처음 워싱턴에 도착했을 때와 같은 일방주의로 흐를 가능성이 농후하기 때문에 미리 경고하는 것이다.

더욱이 미국은 아프카니스탄에서 벌인 보복전쟁을 손쉽게 일단락했고, 어느 나라도 넘볼 수 없는 막강한 군사력을 보유하고 있으므로 자칫 일방주의로 흐를 가능성이 더욱 높아졌다. 9·11 테러 이후 추진했던 공조-동맹의 가치를 되새겨볼 필요가 있다는 얘기다.

일방주의의 가능성은 부시의 연두교서에서도 잘 드러난다. 그는 2002년 1월 29일 발표한 교서를 통해 이라크, 이란, 북한 등을 '악의 축'으로 규정하고 테러와의 전쟁을 확대해 나가겠다고 천명했다. 이들 나라가 생산·확산하고 있는 대량살상무기가 전세계를 위협한다는 것이 그 근거였다.

부시의 정책이 협의할 수 있는 사안인지는 불분명하지만, 외국의 반응을 통해 볼 때 가까운 동맹국과도 사전 협조나 조율이 없었다는 것을 쉽게 이해할 수 있다. 유럽연합 외교책임자인 크리스 패튼Chris Patten은 "미국이 일방주의로 흐르지 않기를 희망한다. 일방주의는 방향을 잘못 잡은 것이 분명하기 때문이다. 9·11 테러가 남긴 교훈은 미국과 국제사회가 과거보다 한단계 높게 공조해야 한다는 것이다"라고 지적했다.[7]

『뉴욕 타임스』칼럼리스트인 톰 프리드먼Tom Friedman은 "미국은 만찬을 준비하면서 메뉴와 요리방법을 혼자 결정할 수 있는 주방장이고, 나토는 뒷정리나 해야 한다"고 꼬집었다.[8]

미국이 주장한 선제적 테러 억제정책은 우방의 우려를 고조시키고 있다. 그 정책이 어떤 강점을 갖고 있든, 국제법과 관련한 여러가지 문제점을 내포하고 있는 것은 분명해보인다.

특정 국가를 선제적 목적을 위해 공격하기로 했다면, 미국이 독단적으로 결정할 수 있는 사안인가? 유엔이나 나토의 사전동의나 지원을 받아야 하는 것은 아닌가?

이러한 문제제기가 본격화되지는 않았다. 하지만 제대로 논의되지 않고 일방주의로 흐르게 될 경우 미국의 장기적인 이익을 침해할 가능성이 있는 것이다.

부시 행정부내 몇몇 사람은 '일방주의'라는 말이 적절하지 않다고 지적한다. 미국은 다양한 이슈에 대해 다양한 연대를 맺고 있다는 게 그들의 주장이다. 하지만 연합이나 연대는 안정적인 동맹과는 의미가 사뭇 다르다. 양쪽 모두 기회주의적인 의도를 갖고 있기 마련이다. 심각한 문제점이 발견되었을 때에도 충분한 협력관계를 유지할 수 있는 것은 아니기 때문이다.

『뉴욕 타임스』크리스토퍼 마르퀴스Christopher Marquis는 "끊임없이 요동치는 상황에 있는 국가는 기본적으로 위험하고 예측가능하지 않다"고 지적하며 "누가 진정으로 우리 편인지를 알 수 없다"고 말했다.9)

기업인의 처지에서 볼 때 동맹관계가 시시각각 변하거나 일방주의가 판을 칠 때는 더욱 위험한 시기이다. 외교정책은 세계경제의 흐름을 결정하는 경우가 많기 때문에 일방주의는 상호적이고 다자간 협력관계보다 얻을 것이 적다.

따라서 비즈니스 리더는 미국이 세계의 패권국가로서 선진적인 아이디어를 제공하고, 인적·물적 자원을 지구촌 공동체를 위해 헌신할 줄 알아야 하며, 많은 나라가 연합해 공동이익을 추구해야 함을 주장해야 한다. 혼자서 독단적으로 결정하는 사태는 심각한 손실을 초래할 수 있기 때문이다.

미국은 어떤 나라를 석기시대로 되돌려놓을 수 있는 무력을 갖추고 있지만, 혼자만의 힘으로 이슬람계 테러리스트를 제거할 수는 없다. 대량살상무기의 생산을 중단시킬 능력도 없고, 전세계 금융 흐름을 인위적으로 돌려놓을 수도 없다. 개발도상국을 괴롭히고 있는 에이즈를 제거하기도 벅차다.

미국 정부는 이 모든 문제를 풀어나가는데 있어 다른 나라뿐아니라 민간 부문의 도움을 받아야 한다. 충분한 협의 없이 입맛대로 나갈 경우 우방은 갑작스런 돌발상황을 두려워하며 적극적인 협조를 하지 않을 가능성이 높다. 우방의 우려를 배려하지 않으면서 어떻게 자국의 이익을 고려해달라고 다른 나라에게 요구할 수 있겠는가?

민주당 상원의원인 러셀 페인골드Russell Feingold는 미국이 국제범죄재판소와 관련된 조약에서 일방적으로 탈퇴한 것은, 우방의 반대를 불러오는 행위라고 지적했다. 그는 국제범죄재판소를 지지하는 것은 아니지만, 미국이 일방적으로 등을 돌리는 행위는 비판받아 마땅하다고 말했다.

그는 "미국의 행동은 국제적인 노력에 대한 미국의 신뢰성을 떨어뜨리는 것이다. 우리는 테러와의 전쟁을 하는 과정에서 다른 나라의 도움을 받아 테러리스트와 국제 범죄자들의 통신과 금융 거래를 끊어야 한다. 그러니 일방주의를 강행하는 것은 더욱 이롭지 않다"고 덧붙였다.[10]

비즈니스 리더는 다양한 방법으로 상호협력 전략이 최대한의 성과를 거둘 수 있도록 측면 지원할 필요가 있다. 차세대 리더는 국제문제와 관련한 다양한 모임이나 조직, 연구소, 대학 등에서 활동하는 경우가 많다. 이런 자리에서 적극적으로 문제를 제기하고 글을 통해 여론을 불러일으켜야 한다.

비즈니스 리더는 고위 관료들과 친분을 갖고 있는 경우가 많은데, 개인적으로 만나 우려를 전달하면 상당히 도움될 것이다. 경제단체의 모임 등에서 일방주의가 얼마나 위험한 태도인지 지적하면서 분위기를 형성할 필요도 있다.

최고 경영자가 상호협력을 추구하는 외교전략을 수립하도록 정부에 요구하기에 아주 적당한 기회가 만들어졌다.

미국의 주요 협력 파트너는 유럽연합과 나토 회원국인 경우가 많다. 금융 · 교역 · 투자 등을 따져볼 때, 미국이 유럽과 맺고 있는 경제적 이해관계는 북미자유무역지대를 제외하고 어떤 지역이나 나라보다 크다고 할 수 있다. 양쪽이 대서양을 사이에 두고 주고받는 거래 규모는 연간 1조 달러에 이른다. 역사적 · 문화적 유대관계는 더욱 깊다.

미국은 이처럼 유럽과 깊고 끈끈한 유대관계를 지속할 수밖에 없다. 테러와의 전쟁을 둘러싼 시각 차이가 있긴 하지만 극복해야 한다. 실제로 유럽은 이라크에 대한 대응방식과 대중동정책, 양쪽의 무역 현안 등에서 인식의 차이를 드러내고 있다.

중요한 사실은 미국이 전쟁의 와중에 있다는 것이다. 그것도 전세계를 무대로 한 대규모 전쟁을 벌이고 있는 것이다. 유럽은 그렇지 않다. 이점에 비추어볼 때 상당한 차이가 날 수밖에 없는 것 아니겠는가?

비즈니스 리더는 자유무역의 확대, 다양한 채널의 협력 강화, 분쟁 발생시 초기단계에서 해결할 수 있는 통로구축 등을 통해 대서양 사이에 '21세기형 파트너십'을 기반으로 한 교량을 건설하도록 워싱턴을 촉구할 필요가 있다. 기업인이 이런 노력을 할 때 두 지역 사이에서 일어날 수 있는 정치적 갈등을 치유하는 건설적인 결과를 낳을 것이다. 이는 어떤 분쟁에서도 구심력을 유지할 수 있는 기반이 될 것이다.

테러 직후 미국이 구축한 중국, 러시아와의 협력관계도 더욱 확대시키고 강화할 필요가 있다. 지역권에서 영향력을 행사하는 나라와 끈끈한 관계를 유지하는 것은 아주 중요하다. 비즈니스 리더는 이를 위해 각종 조약으로 모스크바와 베이징을 국제사회의 일원으로 참여시키는데 기여해야 한다.

두 나라가 경제개발을 위해 절실한 기술을 지원하는 것도 관계를 돈독히 하는데 훌륭한 촉매제가 될 것이다. 특히 두 나라가 기술지원을 받아 열린 경제, 건전한 법규정을 갖춘 나라가 되었을 때 기업인이 얻을 수 있는 이익은 막대하다.

나아가 비즈니스맨은 환경보호, 노동기준 제정, 지적재산권 보호, 생화학 테러방지, 핵무기 비확산, 전염병 및 질환 퇴치 등을 추진하기 위해 글로벌 협력관계를 맺는데 기여해야 한다.

AGENDA ITEM
비즈니스 리더는 정부가 외교정책에서 글로벌 경제를 우선 고려하도록 힘써야 한다.

비즈니스 리더는 외교정책에서 안보가 최우선시 되는 상황을 타개하기 위해 힘을 보태야 한다. 행정부, 의회, 언론, 연구소, 대중의 관심을 세계경제를 활성화하는 쪽으로 돌려놓아야 한다는 얘기다. 일본 경제의 붕괴 가능성, 라틴 아메리카의 보호무역주의, 미국의 무역적자 누적 및 대외채무 급증 등이 초미의 현안이라고 할 수 있다.

최고 경영자는 의회가 앞장서 세계경제의 현안을 다루는 청문회를 개최하도록 해야 한다. 경제단체는 업계의 이익을 위해 시장개방과 투자정책에만 관심을 가질 게 아니라 세계경제 전반의 이슈에 대해 깊이 있는 보고서를 생산해낼 필요가 있다. 워싱턴, 언론, 국민이 큰 관심을 보일 것이다.

미국 의회는 1960년대 정당의 이익을 떠나 의회 차원에서 직면하고 있는 세계경제의 문제점을 연구하기 위해 전문가위원회를 구성했다.

닉슨 행정부 시절인 1970년대 초에는 상무장관 피터 피터슨이 주도한 위원회가 세계경제의 현안을 깊이 있게 분석한 보고서를 발표해 경제정책과 외교정책 수립에 상당한 기여를 했다.

그 보고서는 왜 미국이 유럽, 일본, 캐나다와 긴밀한 협력관계를 맺어야 하는지 이유를 정확하게 제시했으며, 특히 세계경제에서 미국의 이해가 변하고 있는 이유를 규명했다.

최고 경영자는 9 · 11 테러 이후 세계금융과 세계경제의 과제가 무엇인지 밝히기 위해 비슷한 위원회를 조직하도록 정부와 의회를 설득해야 한다.

과거와 비슷한 위원회가 조직된다면, 의제는 특정 지역이나 나라, 특정 금융과 무역정책에 관해 의견을 내는 수준에 그쳐서는 안 된다. 세계경제에서 슈퍼 파워인 미국이 어떤 역할을 해야 하는지에 관해 집중해야 한다. 이를 위해 최소한 두 가지에 관심을 기울여야 한다.

첫째, 군사와 경제의 관계에 대해 집중적인 조명을 해야 한다. 행정부는 막강한 군사력을 바탕으로 경제적 이익을 극대화하는 방향으로 나아가야 한다고 생각하는 듯하다. 그러나 행정부가 의도한 대로 될지는 미지수이다.

미국이 막강한 군사력을 갖고 있지만 과거처럼 유럽과 일본을 상대로 한 통상교섭 등에서 그만큼의 영향력을 행사할 수 있을지

의문이다. 오히려 반작용이 발생할 가능성마저 지적되고 있다. 유럽과 일본 등이 미국의 일방주의에 저항하며 워싱턴이 하자는 대로 따라오지 않을 가능성이 높다는 얘기다. 따라서 미국은 경제와 통상 현안에 더 많은 관심을 기울여야 한다.

둘째, 부시 행정부는 막강한 힘을 보유하고 있다는 사실만으로도 국제사회에서 상당한 책임이 따른다는 점을 인식하지 못하고 있는 듯하지만, 반드시 이에 상응하는 의무를 다해야 한다. 역사를 돌이켜보면, 헤게모니를 장악한 채 이를 영속적으로 유지하고 싶은 나라는 반드시 무역과 금융의 기본 시스템을 유지해야 하는 책임을 졌다.

패권국가는 국제규범을 만드는데 주도적인 역할을 해야 할 뿐 아니라 지원자의 구실도 해야 하고, 다른 나라가 패권국가의 물건을 사들일 수 있을 만큼 경제력을 갖추도록 도울 의무도 있다. 국제기구를 적극적으로 지원해야 한다. 그렇지 않다면 그 패권국가는 유지될 수 없다.

그러나 미국은 마땅히 해야 할 의무를 제대로 이행하지 않고 있다. 의무를 제대로 이행할 뜻이 있었다면, 미국이 많은 부담을 져야 한다는 이유로 교토의정서를 폐기하는 행위는 하지 않았어야 했다. 의정서에 문제점이 있다면 건설적인 대안을 내놓고 국제사회의 동의를 얻어 수정했어야 했다.

부시 행정부는 수입철강에 보복관세를 부과하지 않고 다른 해결책을 찾으려 했을 것이다. 미국이 국내의 이해관계자들을 달래기 위해 국제사회의 게임룰을 저버린 것은 패권국가답지 않은 행동이었다. 그리고 책임을 제대로 인식하고 있었다면, 다른 국가들이 농업보조금을 지급하는데 대해 그토록 강하게 비판하면서, 자국 농민에게 보조금을 주는 이율배반적인 행동은 하지 않았을 것이다. 이와 함께 워싱턴이 주도권을 쥐고 나서지 않았다고 해서, 국제사회가 추진하는 각종 노력을 방해하는 모습은 보이지 않았을 것이다.

최고 경영자들은 법과 규정 등에 지배받는 열린 경제를 망가뜨려 결국 막대한 손실을 야기하는 현재의 상황을 바꾸기 위해 비상한 노력을 경주해야 한다. 그렇지 않으면 국제사회의 분노로 자신이 경영하는 기업이 큰 피해를 입을 수 있기 때문이다.

『파이낸셜 타임스』의 칼럼리스트인 도미니크 모이시Dominique Moisi는 2002년 6월 "나날이 강해지는 미국과 나날이 복잡해지는 국제사회가 경쟁하는 양상이 벌어지고 있는데, 미국은 승리할 가능성이 낮은 싸움을 하고 있다"고 꼬집었다.[11]

> ### AGENDA ITEM
> 비즈니스 리더는 인권신장과 민주주의에 대한 지원을 늘려야 한다.

테러와의 전쟁과 관련해 음울한 사실은 미국이 인권을 짓밟았던 국가의 지원을 받아 전쟁을 수행해야 한다는 점이다. 워싱턴이 공군기지를 제공받고 정보를 공유하며 테러리스트들과 거래하는 금융회사에 대해 제재를 가하기 위해 국제적인 연합전선을 유지하려면, 인권에 대해 침묵해야 한다. 물론 테러와의 전쟁이 없었다면 인권에 더 많은 관심을 기울였을 것이다.

더욱이 테러와의 전쟁에 새로 참여한 나라 가운데에는 자국내 반체제 단체나 분리·독립을 원하는 소수민족을 테러리스트로 지목하고 폭압적으로 탄압하고 있는 경우도 있었다.

중국이 신장자치지구의 분리·독립주의자를 어떻게 탄압했고, 러시아가 체첸반군을 어떻게 살육했는지에 대해 서방세계는 침묵으로 일관하고 있다. 그리고 타지키스탄과 우즈베키스탄은 자국내 특정 집단에 대한 탄압을 미국이 눈감아주는 대가로 공군기지를 제공했다. 수단, 이집트, 시리아, 사우디아라비아도 비슷한 경우이다.

인권문제는 미국이 테러와의 전쟁을 위하여 독재자와 손을 잡는 것보다 훨씬 더 우선하는 가치이다. 우즈베키스탄의 이슬람 A. 카리모프Islam A. Karimov 대통령은 아프카니스탄에 대한 보복공격 당시 비행기를 제공했다는 이유로 2002년 3월 백악관을 방문할 수 있었다.

하지만 그는 『뉴욕 타임스』의 토드 퓨덤Todd Purdum이 말한 대로 "천한 부랑자 출신 동맹자"였다. 국무부는 그가 테러와의 전쟁을 이유로 고문·폭력·구금을 저질렀다고 비판했다.[12]

하버드 케네디스쿨의 마이클 이그나티에프Michael Ignatieff는 "테러와의 전쟁을 둘러싼 지적, 정치적 분위기는 냉전시대와 흡

사하다. 그때 미국은 소련과 중국의 제국주의적 팽창에 대응하느라 다른 나라의 인권유린에 대해 침묵했다. 미국 외교정책의 중요한 임무는 알 카에다를 퇴치하기 위해 '어떻게 공군기지와 정보 등을 얻어내느냐' 일 뿐이다"라고 일침을 놓았다.13)

중앙아시아의 내부 사정은 더 복잡할 수 있다. 정치불안은 극에 달해 있고, 경제는 취약하기 짝이 없으며, 보건과 교육 시스템은 원시적이다. 더욱이 날이 갈수록 심해지는 정치탄압에 극단주의자들의 저항은 더욱 강화되고 있다. 아프카니스탄의 사태는 겨우 시작에 불과하다는 것을 미국은 곧 깨닫게 될지 모른다.

『월스트리트 저널』의 아메드 라시드Ahmed Rashid는 "중앙아시아의 악순환은 지역 국가들을 불안하게 할 만한 단계에 이르렀다.

이 지역이 엄청난 소동에 휘말릴 가능성이 있고, 결국에는 알 카에다가 미국에 했던 것과 비슷한 공격을 하게 될 수도 있다"고 지적했다.14)

비즈니스 리더에게 있어 이런 사태가 발생하는 것이 달갑지 않다는 것은 두말하면 잔소리이다. 어떤 나라에서 소요사태가 발생하는 일은 접어두더라도, 어떤 부문에서 국민을 억압했던 권력이라면 다른 부문에서도 같은 짓을 할 가능성이 높다. 인권을 무시한 나라가 경제적 자유를 보장할 리 없다는 얘기다.

인권을 무시하는 독재자는 기업의 활동에 적대적일 수 있고, 국민이 자유롭게 선택해 투자하는 것을 가로막을 가능성이 높다. 또한 표현 · 언론 · 집회 · 결사의 자유가 보장될 리도 없다. 간단

하게 말해 그들은 법과 국민 위에 국가를 위치시키고 군림하려고
한다.

이미 1980년대와 1990년대 이란, 폴란드, 러시아, 필리핀, 남아
프리카공화국 등에서 경험했듯이 독재체제는 취약하기 짝이 없
고, 미국의 벗으로도 부적절하다.

억압받는 국민은 외국의 정보와 지원 등을 얻게 될 때 언제든
지 들고 일어나 독재자를 축출해버린다. 기업인에게 이런 나라의
인권상황을 드러내놓고 비판하라고 요구하는 것은 아니다. 다만
뒤에서 워싱턴을 조용하게 움직여 미국과의 관계를 생각해서라
도 인권과 자유를 보장하도록 해야 한다.

AGENDA ITEM
비즈니스 리더는 정부의 공식적 외교활동을 지원해야 한다.

비즈니스 리더는 정확한 정보가 전달되지 않고, 내부 권력자의
선전선동에 속아 진실을 모르는 지역에 자국의 정확한 메시지를
건네는 방법으로 정부의 외교를 도와야 한다. 예를 들어 반미 선
전에 대응해 미국의 메시지를 전달하는 것은, 테러와의 전쟁에서
일익을 담당하는 것과 같다.

실제로 미국은 탈레반과의 전쟁 초기 상당한 어려움에 직면했
다. 미국의 전직 대사였던 리처드 홀브루크Richard Holbrooke는
2001년 10월 『월스트리트 저널』과의 인터뷰에서 "이슬람 전문가

에 따르면 믿을 수 없는 일이 일어나고 있다. 오사마 빈 라덴이 이슬람권 사람들의 마음을 얻는데 아주 성공한 것으로 보인다"라고 말했다.[15]

홀브루크의 발언은 몇 달 뒤 실시한 갤럽의 여론조사에서 사실로 확인되었다. 여론조사는 모로코에서 인도네시아까지 뻗어 있는 아랍세계를 상대로 실시하였는데, 압도적으로 많은 응답자들이 미국을 무자비하고, 공격적이며, 사기성이 짙은 오만한 국가로 생각한다고 말했다.

또한 그들은 미국과 서구사회가 아랍문화와 종교를 무시하고 있다고 여기며, 서구사회의 생활양식은 무절제하고 비도덕적인 것으로 파악하고 있다. 심지어는 9·11 테러가 미국이나 이스라엘이 저지른 일이며, 공격을 감행한 테러리스트가 아랍인은 아닐 거라고 짐작하고 있었다. 사정이 이렇기 때문에 미국이 아프카니스탄을 공격하는 것에 대해 그들의 비판적인 시각은 당연한 결과일 수 있다.

대외정책연구소는 2001년 11월에 발표한 연구보고서를 통해 아랍인의 생각을 바꾸기 위해서는 몇 가지 조처가 필요하다고 지적했다.

아랍권을 상대로 한 선전방송이 아닌 뉴스방송을 강화할 필요가 있고, 미국인이 아니라 신뢰받는 아랍인을 활용해 외부의 정보와 사실을 해설하도록 해야 한다고 밝혔다.

또한 아랍인의 진심을 알아내기 위해 현대적인 여론조사 테크

닉을 활용해야 한다고 지적했다. 그리고 아랍지역에서 활동한 경험이 있는 마케팅과 광고 전문가들을 참여시킨 대민외교자문위원회를 구성할 필요성도 제기했다. 이런 조처는 모두 중요하고 필수적인 것이라고 평가할 수 있다.[16]

하지만 그것만으로는 부족하다. 케네디 대통령은 1960년대 언론인 출신 에드워드 R. 머로우Edward R. Murrow에게 외국인을 상대로 한 정부의 선전기구인 USIA United States Information Agency를 이끌도록 한 적이 있다. 더 나아가 케네디는 머로우를 국가안보위원회 회의에 참석하도록 했다. 머로우는 국가정책의 핵심을 파악할 수 있었을 뿐만 아니라, 미국의 정책이 외국에서 어떤 반응을 얻고 있는지 정확하게 전달할 수 있었다.

비즈니스 리더는 이와 관련해 두 가지 노력을 해야 한다.

첫째, 저명한 저널리스트를 지명해 머로우와 같은 역할을 하도록 해야 한다.

둘째, 21세기형 USIA를 설립하도록 한다. 이 기구는 민간과 정부가 공동 참여하는 형식으로 꾸며져야 한다. 또한 재래식 매체와 인터넷 매체를 적확하게 이해하는 사람들을 참여시켜야 한다. 활동 대상은 외국 정부뿐만 아니라 비즈니스맨, 청장년, 학생들까지 확대할 필요가 있다.

비즈니스 리더들이 대민외교를 강화하기 위해 할 수 있는 노력은 의회와 행정부를 설득해 다양한 채널의 교환 프로그램을 만드는 것이다. 미국인이 직접 상대국가에서 일정기간 체류해보고, 반대로 그 나라의 국민은 미국에서 문화적·사회적 경험을 체험할 수 있는 기회를 제공하는 것이다.

교환 프로그램의 대상이 되는 사람들은 다양할수록 좋다. 고등학생, 대학생, 각급학교 교사, 언론인, 중간 관리, 의사, 변호사 등이 참여해 상대방에 대한 이해도를 높이도록 해야 한다. 미국의 입장에서 교환 프로그램은 미국 사회의 복잡성을 이해시키는 장기적인 포석이라고 할 수 있다.

교환 프로그램은 이미 존재하고 있지만, 1990년대를 거치면서 예산이 1/3 수준으로 줄어들었다. 프로그램의 열기를 다시 되살려야 하고 방향을 다시 설정할 필요가 있다.[17]

다행히 부시 행정부도 미국의 이미지 악화를 우려하고, 이를 개선하기 위한 노력에 들어갔다. 2002년 2월 말 백악관에 대외정책을 설명하는 상설기구의 설치를 검토한 것이다. 그리고 런던 등지에 백악관 합동정보센터를 설치해 상대방 국가의 국민에게 미국에 대한 정보를 제공하는 방안을 추진하고 있다.[18]

국민은 '제대로 알리기' 사업이 테러와의 전쟁이 끝난 뒤에도 계속되기를 희망하고 있고, 미국의 민주주의 내용과 자유주의적 자본주의의 의미, 세계화에 관한 미국의 시각을 제대로 전달해주기를 바라고 있다.

그러나 이미지를 획기적으로 개선하는 일은 지극히 어렵다. 미국이 아무리 노력을 배가해도 편향된 시각을 전파하는 아랍의 텔레비전, 인터넷 홈페이지, 위성방송이 있는 한 쉽게 개선될 것 같지는 않다. 그리고 '제대로 알리기' 사업 자체가 냉전시대 유행했던 천박한 선전선동으로 전락할 가능성도 있다.

특히 미국 정부가 늘 그랬듯이 시작만 해놓고 마침표를 찍지 않을 가능성도 있다. 국무부 차관보인 샬롯 비어스Charlotte Beers는 2002년 봄, 예일 대학에 모인 최고 경영자를 상대로 "대민외교의 기본은 '우리가 무엇을 말할까'가 아니라 '그들이 무엇을 들을까'에 관심을 갖는 것"이라고 말했다.[19]

'제대로 알리기'는 어떤 외교정책 과제보다 힘겨운 일이다. 백악관 대변인실의 짐 윌킨슨Jim Wilkinson은 이에 대해 "10년은 걸려야 효과를 기대해볼 수 있는 일"이라고 지적했는데, 사실을 정확하게 직시했다고 볼 수 있다.[20]

> ## AGENDA ITEM
> 비즈니스 리더는 외교정책자문기구의 구성을 촉구해야 한다.

비즈니스 리더가 정부의 외교정책 수립에 기여할 수 있는 방법과 길은 많다. 그들은 다국적 인재로 구성된 경영진의 일원이면서 전세계에 걸쳐 있는 네트워크를 보유하고 있기 때문이다. 외교 관료들과는 달리 이방인의 눈으로 세상을 볼 수 있는 여유도 갖추고 있다.

미국의 경영자들은 새로운 세계경제 질서가 출범해도 주도적인 역할을 하게 될 것이다. 어느 나라든 해외투자를 유치하여 경제를 발전시키는 것이 핵심과제이기 때문이다.

부시 행정부는 이런 인적 자원을 활용하기 위해 경제인이 참여하는 외교정책자문기구를 구성할 필요가 있다. 주기적으로 각료들과 모임을 가질 필요가 있고, 때로는 대통령이 참여해 대외전략을 분석·평가할 수도 있어야 한다.

외교정책자문기구를 국무부의 산하기관쯤으로 만들지 않는 것이 중요하다. 현대의 외교는 전통적인 외교의 범위를 넘어서기 때문이다. 앞서도 말했듯이 재무부·상무부·농무부·법무부 등이 직접 나서서 외교적 현안을 처리하는 경우가 다반사다. 그리고 조직이 완성되면 국가안보부도 중요한 외교적 기능을 수행하게 될 가능성이 아주 높다.

위원회는 전반적인 국가안보 사안에 대해 자문하는 것이 바람직하다. 관료의 시각이 아닌 자유로운 입장에서 국가의 외교정책을 거시적인 안목으로 조망해볼 수 있는 것이다. 다양한 이해와 시각을 반영해 하나의 전략을 마련하는데 기여할 수 있으면 금상첨화라고 할 수 있다.

위원회는 특정 기업이나 산업의 단기적인 이해를 초월해 경제계 전체의 시각을 외교정책에 반영할 수 있을 것이다. 이것은 관료가 갖지 못한 장점이다. 그리고 '9·11 이후의 시대'를 준비하는 중요하는 기관으로 구실할 수 있다.

정부가 규제와 자율의 균형을 유지하면서 열린 경제를 지향하도록 지원할 수 있고, 안보정책이 금융, 이민, 교통, 사이버 세상에 대해 끼칠 수 있는 영향을 미리 평가할 수 있다.

'냉전 이후의 이후 시대'에 대한 대비

냉전시대가 끝난 이후 기업인은 과거의 지정학적인 한계를 뛰어넘어 활발한 경제활동을 할 수 있을 것이라는 시각이 지배적이었다. 규제완화, 민영화, 관세인하, 자본의 자유화는 정부의 기능을 약화시키고 시장의 힘을 더욱 배가시킬 것으로 예상되었다.

그러나 '냉전 이후의 이후 시대'에서는 그 예상처럼 사태가 간단하게 전개될 것 같지는 않다. 그래도 비즈니스 리더들이 외교정책을 수립하는데 아주 중요한 구실을 할 것으로 보는 것은 여전히 타당하다.

기업인의 개입이 커질수록 거센 논란 또한 일어날 것이다. 하지만 테러 공격이 미국의 대외정책 방향을 바꾸어놓았듯이, 비즈니스 리더는 빠르게 등장하는 새로운 세계의 형성에 중요한 역할을 담당해야 한다.

11_ 비즈니스스쿨의 혁신
차세대 리더에게 진정 필요한 것들

차세대 비즈니스 리더의 요건

테러와 엔론 사태 이후 서방세계에서는 '차세대 비즈니스 리더'에 대한 교육을 전면 재검토해야 한다는 여론이 높아지고 있다.[1]

차세대 최고 경영자는 금융, 마케팅, 경영 노하우 등에서 기본적인 경쟁력을 갖추어야 할 뿐 아니라 국가의 정책에까지 폭넓은 지식을 구비해야 한다. 정부의 기능이 어떻게 작동하고, 정부와 파트너십을 어떻게 구축해 일할 것인지 등에 비전과 견문을 갖추어야 하는 것이다.

또한 국제기구와 NGO를 깊이 이해할 수 있는 능력도 갖추어야 한다. 글로벌 비즈니스 이슈에 대한 의미를 정확하게 분석 ·

평가할 수 있어야 하고, 다양한 정치적·법률적 시스템을 제대로 이해해야 한다. 문화적 다양성과 천차만별인 고객의 선호를 짚어내면서 기업을 이끌어나가야 하는 것이다.

그들은 본국과 진출지에서 기업이 어떤 사회적 책임을 져야 하고, 책임을 질 수 있는 영역이 무엇이고, 어떤 책임은 짊어질 수 없는지 등에 관해 명확한 비전을 갖추어야 한다. 지정학적 요인이 기업의 비즈니스에 어떤 영향을 끼칠 수 있는지 등에 대해 정확하게 파악하고 대처해야 한다.

미래의 최고 경영자는 분명한 윤리의식을 갖추어야 한다. 땅에 떨어진 기업윤리를 다시 곧추세우기 위해서는 엄정하고 균형잡힌 윤리의식을 필요로 한다. 이는 기업의 수익성과 경쟁력만을 중시했던 1980~90년대와는 정반대 현상이다.

기업이 수익성과 경쟁력을 갖추는 것은 앞으로도 중요하겠지만, 그것만으로 충분하지 않을 가능성이 높다. 복잡한 외부환경을 제대로 이해하는 게 반드시 필요하고, 경제적 성과를 지속적으로 거두기 위한 필수적 요인이 될 것이다.

현재의 비즈니스 교육 시스템은, 최고 경영자를 사회의 리더로 양성하는데 부적절하다. 교육의 범위를 더 넓혀야 하고, 교육기간도 확대해야 한다. 기업을 어떻게 경영할 것인가에만 초점을 맞출 게 아니라 이사진과 협력관계를 어떻게 수립할지에 대해서도 가르칠 필요가 있다.

이를 위하여 교육내용을 현재의 MBA 과정뿐 아니라 최고 경영자의 덕목까지 가르치는 것으로 해야 한다.

비즈니스 리더를 위한 교육개혁은 단순한 일이 아니다.

현재 미국에는 각급 대학 2,400개에 비즈니스 교육 프로그램이 설치되어 있다. 해마다 학생 10만 명 이상이 MBA 코스를 밟고 있는데, 이는 전체 대학원 졸업생의 25%를 차지한다.

기업도 자사 간부를 위해 정규교육 프로그램을 제공하고 있다. 제너럴 일렉트릭이 뉴욕 크론토빌에 보유하고 있는 캠퍼스가 가장 대표적인 예일 것이다. 다른 기업들도 제너럴 일렉트릭을 벤치마킹하고 있다. 모토롤라, 펩시, 골드먼 삭스, 선 마이크로시스템스, 존슨 & 존슨, 지멘스 등이 자체교육 프로그램을 개설해 간부들을 훈련시키고 있다.

기존 MBA 교육내용을 전면적으로 개혁하지 않고, 2년짜리 코스에 기술적인 교육내용과, 앞서 말한 폭넓은 내용까지 담아 넣는다는 것은 현실적인 대안이 될 수 없다.

기본적인 개혁방향을 제시한다면, 환경의 지속성, 세계화, 공공정책, 윤리경영 등을 독립 과정으로 편성해 미래의 최고 경영자에게 제시할 필요가 있다. 이를 위해서는 가르치는 교수진도 현재의 전문성을 뛰어넘어 폭넓은 지적 능력을 보유해야 한다. 계몽주의 시대 백과사전학파들이 추구했던 '지식의 통합'을 갖춘 교수진이 차세대 리더를 훈련시켜야 한다는 얘기다.

비즈니스스쿨이 이에 동의하고 적극적으로 개혁에 나선다고 하더라도, 가시화하는데 10여년의 세월은 족히 걸릴 것이다. 현재의 단기 비즈니스 교육과정으로 폭넓은 주제를 가르치기에는 무리가 있다.

현재 세계 정상급 비즈니스스쿨의 교육과정을 살펴보면, 지나치게 세분화되어 있음을 알 수 있다. 고성장 기업과정, 협상을 위한 컨센서스 형성, 글로벌 물류망 구축 등 세부적이고 기술적인 내용에 치중하고 있는 것이다.

기업의 사내 캠퍼스에서 실시되는 교육과정도 사정은 마찬가지다. 추진팀 구성방법, 지식과 정보의 공유방법, 실적배가전략 등이 사내교육 프로그램의 전형이라고 할 수 있다.

기업의 사내교육과정이 이처럼 실무 중심으로 흐를 수밖에 없는 것은 사내 자원을 활용하기 때문이다. 결국 이런 교육을 통해 양성된 비즈니스 리더는 폭넓은 지식과는 거리가 먼 고립적인 존재들일 수밖에 없다.

그렇다고 기존의 프로그램이 모두 틀린 것이고, 새로운 것만이 좋다는 흑백논리를 주장하는 것은 아니다. 현재 MBA 코스를 밟고 있는 학생들도 다른 단과대학의 과목을 수강하고 있다. 예일대 비즈니스스쿨의 학생들은 법학, 국제정치, 철학 등을 수강하면서 스페셜리스트로서뿐 아니라 제너럴리스트로서 자질을 닦고 있는 것이다. 하버드, 스탠포드, 듀크 등의 정상급 비즈니스스쿨의 학생들도 사정은 마찬가지다.

2001년 애스펜Aspen & 월드 리소스World Resources 연구소의 조사를 통한 보고서를 보면, 환경과 사회 이슈에 대해 충분한 과목을 가르치고 있는 비즈니스스쿨이 상당수에 이른다는 사실을 알 수 있다. 하버드, 예일, 미시건, 조지 워싱턴 대학의 비즈니스스쿨이 그 대표적인 예다.

그러나 비즈니스스쿨의 숫자와 견주어볼 때 그런 과목에 강점을 갖추고 있는 경영대학원 수는 많지 않다.

그 보고서는 "기업은 경영전략을 결정하는데 나날이 다양화하는 과제들을 검토해야 하는 상황이다. 따라서 다양한 문화적 · 사회적 · 정치적 시스템에 대해 지식을 갖춘 인재들을 급히 충원해야 한다. 이는 UN, 세계은행, NGO 등과 머리를 맞대고 일을 풀어나갈 수 있어야 21세기 기업경영을 제대로 할 수 있기 때문이다. 이제야 MBA 과정에 이런 과목이 포함되고 있기 때문에 현재 그런 과제를 능수능란하게 풀어나갈 비즈니스 리더는 거의 없다고 말할 수 있다"고 지적했다.[2]

펜실베이니아 대학의 와튼스쿨, 노스웨스턴 대학의 켈로그 비즈니스스쿨 등도 폭넓은 주제를 가르치는 과정으로 높이 평가받고 있다.

일선 기업이 설치한 사내교육과정 가운데 눈여겨볼 만한 것도 있다. 영국석유BP가 개설한 사내교육 프로그램은 사회적 책임뿐만 아니라 NGO와 정부가 어떻게 관계를 맺고 일을 풀어나가야 하는지 가르치고 있다.

그러나 국가적인 차원에서 살펴볼 때 미국의 비즈니스 교육 프로그램은 다양한 현안을 융합 · 조정 · 해결할 수 있는 비즈니스 리더와 이사진을 양성하기에 역부족이라고 말할 수 있다.

사회는 무엇을 요구하는가

비즈니스 교육을 체계적으로 연구하기 시작한 시기는 1950년대 후반과 1960년대 초반으로 거슬러 올라간다. 그때 포드 재단과 카네기 코퍼레이션은 연구보고서를 통해 미국의 비즈니스 교육이 학문적 타당성과 전문성이 부족하다며 통렬히 비난했다.

두 기관은 당시 비즈니스스쿨의 입학기준이 너무 낮고 교수진의 연구성과도 형편없으며, 지나치게 세분화되어 있다고 비판했다. 그리고 교육내용은 장기적인 경력에 도움이 되기보다는 교양과목 수준이라고 혹평했다.

많은 대학이 이후 두 기관의 권고를 받아들여 교육과정을 적극적으로 개혁했다. 그 결과 현재까지 상당한 성과를 거둔 것도 사실이다. 지은이가 예일 대학에 몸담고 있던 7년 동안 교수진은 제자들이 글로벌 시대에 맞는 비즈니스 전망을 갖출 수 있도록 하기 위해 노력했다.

정보기술을 경영전략에 어떻게 통합시켜 나갈 것인지, 수익성을 추구하는 기업뿐 아니라 비영리기관의 운용에도 건전한 경영원칙을 적용할 수 있는지 등이 교육의 주요 내용이었다.

이제는 비즈니스스쿨의 교육내용을 9 · 11 테러와 엔론 사태 이후의 '새로운 세계'에 걸맞게 바꾸는 문제가 주요 과제로 떠오르고 있다. 한 인간의 전 생애에 걸맞는 교육이 무엇인지 찾아내는 것이 그 과제의 핵심이라고 할 수 있다.

현재 비즈니스스쿨 대부분은 한 인간이 어떻게 성공할 수 있는가에 초점을 맞추어 교육하고 있다. 기업내 승진이라는 사다리를 타고 오르든, 아니면 자신만의 기업을 만들든, 어떻게 하면 성공하는지에 대해 가르치고 있는 것이다. 한마디로 성공학 교육이라고 말할 수 있다. 그러다보니, '사회는 비즈니스 리더에게 무엇을 요구하는가' 등의 주제는 교육대상이 되지 못한다. 생략할 수 없는 핵심주제를 빼먹고 있는 것이다.

차세대 비즈니스 리더를 위한 교육에서 중요한 과제들은 이 책에서 지금까지 살펴본 내용이어야 한다. 비즈니스 리더가 미래의 우리 사회에 기여할 수 있는 일을 폭넓게 가르치는 게 교육의 본질이라고 할 수 있다.

비즈니스 리더는 폭력이 점증하는 세계에서 경제적 진보와 발전이 중요하다는 점을 지구촌 사회구성원에게 알릴 수 있어야 한다. 정부의 기능과 개입이 확대되고 있는 상황에서 모든 법규는 시장친화적이어야 한다는 사실을 지적할 수 있어야 한다. 수백, 수천만 명이 증시의 변덕에 노출된 상황에서 많은 사람의 미래를 지킬 수 있는 역할을 기꺼이 맡아야 한다.

한마디로 차세대 비즈니스 리더를 개인의 발전뿐 아니라 국가와 세계경제가 요구하는 업무를 수행할 수 있는 인물로 만들어야 한다는 것이다.

정부가 위원회를 구성해 비즈니스 교육을 다각적인 방법으로 조사·분석하고 개혁을 추진하면 그 과실은 기업에게 돌아갈 가능성이 높다. 과거 포드 재단과 카네기 코퍼레이션이 했던 것을 벤치마킹하면 충분한 성과를 거둘 수 있을 것이다. 개혁 내용은 단순히 MBA를 고치는 것만이 아니다. 각 단계의 교육과정을 혁신할 필요가 있다는 얘기다.

비즈니스 교육을 맡고 있는 각각의 학교가 무엇을 달성하고, 누가 책임지고 추진할 것인지 결정하는 것이 위원회의 임무이다. 교육을 담당하는 교수진을 어떻게 재교육할 것인지도 검토해야 한다. 교수진이 수행하는 연구과제의 범위와 타당성까지도 조사·분석해볼 필요가 있다.

개혁위원회에 기존의 비즈니스 리더가 참여해야 하는 것은 당연하다. 그리고 국회의원, 노동운동가, 경제·경영 전공이 아닌 학자 등 각계 각층의 외부인도 참여시켜 비즈니스 교육의 개혁안을 만들어낼 필요가 있다.

이들에게 주어질 과제는 간단하다. 21세기가 요구하는 책임이 무엇인지를 아는 인재로 '차세대 비즈니스 리더를 교육시키기 위해서 위원회는 무엇을 해야 할까'이다. 이를 위하여 몇몇의 분야에서 조사와 연구가 필요할 성싶다.

학교 평가는 어떻게 해야 할까.

MBA는 외부기관의 평가에 의해 서열화가 상당 많이 진척되어 있다.

『비즈니스위크』『US 뉴스 & 월드 리포트』『월스트리트 저널』 등이 앞다투어 MBA 과정을 평가해 점수를 매기고 있다.

평점을 매기는 데는 신입생 수준, 졸업 뒤 첫 연봉, 기업 채용담당자들의 평가, 최근 졸업생이 평가하는 교육내용과 질, 학생이 평가하는 교육내용과 질 등이 기준이 된다. 그러나 언론의 평가기준 어디에도 사회의 미래 지도자를 제대로 교육시키고 있는지에 대한 항목은 없다.

학생이나 졸업생이 지구촌 사회에서 기업의 역할을 제대로 파악하고 있는지, 엔론과 아서 앤더슨 같은 기업을 만들지 않기 위해 어떻게 해야 하는지를 알고 있는지, 테러 시대를 맞아 민간-공공 부문의 과제가 무엇인지를 간파하고 있는지 등을 따져볼 수 있는 평가표가 전혀 없는 것이다.

이와 관련해 로체스터 대학 시몬 비즈니스스쿨의 제롤드 짐머만Jerold Zimmerman 교수의 지적이 적절하다고 본다.

미국의 비즈니스스쿨은 언론이 매기는 점수에 지나치게 매달려 있다. 그렇다보니 지식을 창조하는 등의 장기적인 과제보다는 순위를 올리기 위한 홍보에 집중하고 있다. 그리고 학생에게는 인생에서 필요한 지혜나 지식을 가르치기보다는 입사 첫해 어떻게 하면 성과를 낼 수 있는지에 초점을 맞추고 있다.[3]

개혁위원회는 MBA와 비즈니스 리더 교육 프로그램을 제대로 평가할 수 있는 시스템을 개발해야 한다. 현재 언론의 평가는 지극히 주관적이고 소비자 만족도조사를 넘어서지 못하고 있다. 경제계와 사회가 진정으로 요구하는 기준을 반영하지 못하고 있다는 얘기다.

최고 경영자가 알아야 할 회계 · 법규 · 신뢰성은 무엇인가.

현직에 있는 비즈니스 리더가 반드시 알아야 할 사항을 깨우쳐주는 사건이 우리 눈앞에서 벌어져 진행중에 있다. 바로 엔론 사태이다.

공인회계사와 변호사들은 '그 정도면 됐다'고 말했지만 엔론이라는 거대기업은 굉음을 내고 파산했다. 이 사건은 최고 경영자와 이사진이 어떤 책임을 지고 있는지 정확하게 알려주는 사건이다. 그러나 현재의 비즈니스 교육은 이런 사태에 대해 관심을 거의 두지 않는다.

**비즈니스 교육은 수익창출과 사회적 책임 사이에서 최고
경영자가 어떻게 대처해야 하는지를 가르쳐야 한다.**

세계화가 진행되고 경쟁이 더욱 치열해짐에 따라 기업의 수익
과 책임이 중요한 이슈로 부상하고 있다. 금융산업의 경우, 월스
트리트 투자회사나 증권사는 인수한 주식의 발행기업과 투자자
사이에서 일상적으로 이해상충을 경험하고 있다.

언론산업의 경우도 사정은 마찬가지이다. 저널리스트로서 객관
성을 유지해야 하지만, 흥미롭고 재미있게 기사를 써 소속 매체
의 주주이익을 극대화해야 하는 의무도 있다.

제약업체의 최고 경영자는 약값을 결정할 때 수익성과 공익성
을 놓고 갈등해야 한다. 특히 아프리카 지역의 가난한 에이즈 환
자를 위해서는 약값을 떨어뜨려 봉사해야 하지만, 기업이라는 특
수성 때문에 무한정 낮출 수 없는 것이다. 하지만 이런 갈등을 적
절하게 처리할 수 있는 기업인이 드문 현실이다.

**기업이 지구촌 사회의 '성실한 시민'으로 구실할 수 있도
록 교육해야 한다.**

학생과 교수는 좋은 행동과 나쁜 행동을 구분할 줄 알아야 하
듯이, 비즈니스 리더도 엄격한 기준을 갖고 있으면서 명확하게

구분할 능력을 갖추어야 한다. 기업의 윤리성과 신뢰에 관해 수많은 연구결과와 책이 발표되어 있다. 하지만 현실만큼 훌륭한 교재는 없다. 비즈니스 교육은 이런 현실을 적절하게 활용해 이루어져야 한다.

기업은 이런 교육이 제대로 실천될 수 있도록 하기 위해 장기적인 전략과 책임성 등을 겸비하면서 실적을 올릴 수 있는 MBA 출신의 학생을 우선 선발할 필요가 있다. 그런데 불행하게도 그런 경우는 드물다.

그러나 애스펜 & 월드 리소스 연구소는 이에 대해 "기업이 요구하는 능력과 MBA 코스에서 얻을 수 있는 능력 사이에, 또한 MBA가 가르치고 있는 기술과 기업이 신규직원을 채용하면서 기대하는 능력 사이에는 불일치가 존재한다"고 지적했다.[4] 이 불행은 여전히 계속되고 있는 듯하다.

정부, NGO 등과 상호관계를 잘하는 비즈니스 리더가 제대로 평가받아야 한다.

최고 경영자는 기업이 아닌 정부, 시민단체의 구조가 어떠한지를 잘 알고 있어야 한다. 또한 그들의 전략과 정책이 어떤 과정을 통하여 결정되는지도 정확하게 파악해야 한다. 그들과 건전한 유대관계를 맺을 수 있어야 하고, 이를 위하여 효율적인 의사소통이 가능해야 한다.

그러나 현재로서는 정부, NGO 등과 관계를 구축하는 일은 미지의 영역을 개척해나가는 것이다. 기업이 그들과 효율적인 관계를 구축하면 기업의 발전에 상당한 도움을 얻을 수 있다. 변화무쌍한 경제적 · 정치적 상황에 제대로 대처할 수 있을 뿐만 아니라 기업의 명성에 치명적인 실수를 전략적으로 예방할 수 있기 때문이다.

이런 사안은 치열한 논쟁을 벌여야 할 주제이다. 기업인이 맞닥뜨릴 수 있는 외부의 도전을 제대로 처리할 수 있도록 하기 위해서이다.

신뢰 · 책임 · 윤리 경영시대의 교육

비즈니스 리더는 테러와 엔론 사태 이후 펼쳐질 '새로운 세계'에서 과거에는 경험해보지 못했던 복잡한 상황에 처할 수도 있다.

지난 수십년 동안 시장의 힘과 기업의 모험정신이 막강한 영향력을 발휘해왔다. 세계경제는 이론적인 자유시장에 근접하는 결과도 얻을 수 있었다. 기업인은 과거 상상도 하지 못했던 '규제로부터 자유'를 만끽하고 있는 것도 사실이다.

그러나 테러와 엔론 사태 이후 펼쳐질 세계는 지금까지와는 전혀 다르다. 두 사태는 국가안보 · 신뢰 · 책임 · 윤리 경영의 시대를 여는 계기가 되었다. 두 사건은 정부가 경제적 세계화에 걸맞는 법적, 제도적 기반을 마련하지 못한 상황에서 발생했다.

이 모든 사태는 비즈니스 리더가 더 많은 과제를 수행하도록 하는 계기가 되고 있다. 그런데 그들이 무엇을 해야 하고, 무엇을 하지 말아야 하는지에 대해서는 명확한 한계가 없다. 과제가 무엇인지도 뚜렷하게 제시되어 있지 않다.

바로 이런 상황에 걸맞는 비즈니스 교육이 필요하다는 얘기다.

12_ 새로운 시대를 향하여

테러와 엔론 사태가 발생한 지 상당한 시간이 흘렀건만, 미국을 비롯한 각국의 경제와 외교정책은 여전히 요동치고 있다.

미국이 국가안보를 이유로 추진하고 있는 정책이 타당하고 적절한 것인지에 대해 많은 의문이 제기되고 있다. 테러와의 전쟁 다음 단계는 이라크에 대한 공격이다.

또한 기업 내부자의 부정행위로 투자자의 신뢰가 곤두박질했다는 비판이 계속되고 있다. 심지어 2000년 3월 성층권을 비행하던 주가가 곤두박질친 이유는 바로 내부자의 불법·탈법 행위라는 지적도 있다.

주가폭락이 그동안 쌓아올린 '부의 바벨탑'을 위협하고 있다는 지적은 새로운 것이 아니다. 미국 경제에 대한 해외투자자들의 믿음이 흔들리고 있다는 우려가 비등하고 있다.

미국의 재정과 무역적자가 1980년대의 위기를 다시 불러올 것이라는 예측이 힘을 얻고 있다. 여기에 시장개방을 위한 국제협상은 탄력을 잃고 지지부진하며, 달러의 위상은 세계 외환시장에서 흔들리고 있다. 아프리카와 라틴 아메리카의 경제는 심각한 위기의 늪에 빠져 있다.

세계의 빈곤을 퇴치하기 위해 전면전을 펼쳐야 한다는 목소리가 높지만, 실천의 흔적을 찾기란 쉽지 않다. 미국이 테러와의 전쟁 등을 수행하면서 우방의 의견을 무시하는 일방주의가 판을 친다는 비판이 거세게 일고 있다.

혼란스럽고 걱정되는 사건과 현상이 줄지어 발생하고 있지만, 이런 와중에도 희망이라는 새싹이 움트고 있다. 미국은 신속하게 국가안보부 설치를 위하여 적법한 절차를 밟아나가고 있다. 미국 내에서 발생할 수 있는 테러를 예방하기 위한 방안을 찾아가고 있는 것이다.

기업 내부자의 부정행위를 막기 위한 법적, 제도적 장치가 국민의 절대적 지지를 받으며 마련되고 있다. 1930년대 이후 최대의 개혁이 추진되고 있는 셈이다. 증권거래위원회는 기업과 최고 경영자에 대해 역사상 가장 엄격하고 촘촘한 감시망을 구축하고 있으며, 증권거래소는 기업지배구조를 고치기 위해 발빠르게 움직이고 있다.

미국의 경제성장률은 정치적 · 경제적 · 사회적 소용돌이에도 불구하고 추락을 피하여 그런대로 안정적인 흐름을 보이고 있으며, 노동생산성은 여전이 높다. 인플레이션은 사실상 사라진 것처럼 보인다.

테러와 엔론 사태 이후 발생한 근본적인 원인에 대한 탐색이 진행되고 있다. 기업과 정부가 새로운 균형을 찾아야 하는 세계에 진입한 것이다. 1980년대와 1990년대처럼 고삐 풀린 자유시장만을 옹호해서 안 되고, 무소불위의 정부 권한이 모든 결정을 압도하는 것도 바람직하지 않다. 그 사이의 어느 지점쯤이 가장 바람직하다.

민간과 공공 부문이 새롭고 지속 가능한 균형을 찾기까지는 상당한 시일이 걸릴 것이다. 그 과정에서 기업인은 무너진 명예를 회복할 수 있기를 기대해본다. 그리고 국가와 지구촌 사회, 또 자신이 경영하는 기업을 위하여 바람직한 공공정책을 수립하는데 기여하기를 소망한다.

비즈니스 리더는 장기적인 관점에서 주주의 가치를 극대화할 수 있는 제도적 장치를 건설할 책임이 '자신에게' 있다는 사실을 잘 알고 있으리라 믿는다. 지속적인 가치를 추구하는데 제도적인 장치가 필수적이기 때문이다.

그러나 최고 경영자는 주주의 이익뿐 아니라 노동자, 고객, 협력업체, 지역공동체를 위한 과제를 수행해야 한다. 특히 그들이 지역공동체도 넓은 의미에서 이해당사자라는 사실을 잘 알고 있기를 바란다. 공공정책을 수립하는데 비즈니스 리더가 건전하고 깨인 리더십을 발휘하는 것도 필수적인 사안이라는 점을 인식해 주었으면 한다.

지은이는 다가오는 '새로운 시대'에는 비즈니스 리더가 공공의 선을 위해 적극적으로 참여해야 한다는 점을, 이 책의 처음부터 여기까지 반복하여 강조해왔다. 그들이 집단적으로 공공의 이익을 위해 일을 할 것인지는 아직 불투명하다. 더욱이 공공의 이익을 위해 일하는 게 자신들의 임무라고 생각하고 있는지조차도 알 수 없다. 시간적인 여유, 전문적인 능력, 경험을 갖추고 있다는 사실을 자각하는지도 미지수이다.

그러나 지은이는 비즈니스 리더들이 시도조차 하지 않는다면 세계는 더욱 악화될 수밖에 없고, 그들이 경영하고 있는 기업은 더 큰 어려움에 직면할 수밖에 없다는 사실을 마지막으로 지적하고 싶다.

인용출처

이 책을 쓰면서 지은이는 『뉴욕 타임스』『파이낸셜 타임스』『비즈니스위크』
『포천』『이코노미스트』 등의 자료를 자주 인용했다. 인용출처를 밝히는 것이
마땅하다고 느낄 때마다 출처를 정확하게 밝혔지만, 이들 매체의 보도내용 가
운데 특히 의미있고 뛰어난 분석인 경우 이 책에 풀어쓰면서 첫머리에만 그 출
처를 밝혔다.

1. 세계는 지금 지각변동의 시대

1. 「국가의 미래 The Future of the State」, 『이코노미스트 인터넷판』, 1987. 9.
   18., <www.economist.com>.
2. 앤드루 그로브 Andrew S. Grove, 『생존의 강박관념, 기업과 개인에게 다
   가오는 위기를 어떻게 이용할 것인가 Only the Paranoid Survive, How to
   Exploit the Crisis Points that Challenge Every Company and Career』 (뉴
   욕: 커렌시/더블데이, 1996).
3. 「몰락한 영웅들 Fallen Idols」, 『이코노미스트 인터넷판』, 2002. 5. 2.
4. 데이비드 레온하트 David Leonhardt, 「제왕적인 비즈니스 리더들 궁지에
   몰렸다 The Imperial Chief Executive Is Suddenly in the Cross Hairs」,

『뉴욕 타임스』, 2002. 6. 24., p. 1.

5. 안나 버나섹 Anna Bernasek, 「파열하는 경제 The Friction Economy」, 『포천』, 2002. 2. 18., p. 104.

6. 리 발레자크 Lee Walezak, 「미국 최대의 직업 America's Biggest Job」, 『비즈니스위크』, 2002. 6. 10., p. 34.

2. 역사가 말해주는 것

1. 로버트 나산 Robert Nathan, 칼 슈리프트기서 Karl Schriftgiesser 재인용, 『경제와 공공 정책 Business and Public Policy』, (뉴욕: 프렌티스 홀, 1967), p. 3.

2. 칼 슈리프트기서, 『비즈니스 시대의 도래, 1942~60년 경제개발위원회의 이야기와 영향력 Business Comes of Age, The Story of the Committee for Economic Development and Its Impact upon Policies of the United States, 1942~60』, (뉴욕: 하퍼스 & 브러더스, 1960) · 『경제와 공공정책』 ; 존 B. 주디스 John B. Judis, 『미국 민주주의의 패러독스, 엘리트, 특권, 대중신뢰에 대한 배반 The Paradox of American Democracy, Elites, Special Interests, and the Betrayal of Public Trust』 (뉴욕: 루트리지 프레스, 2001), pp. 59~79.

3. 칼 슈리프트기서, 『비즈니스 시대의 도래』, p. 3.

4. 위의 책, p. 21.

5. 주디스, 『미국 민주주의 패러독스 The Paradox of American Democracy』, p. 67.

6. 다이안 B. 쿤즈 Diane B. Kunz, 『빵과 총칼 Butter and Guns, America's Cold War Economic Diplomacy』, (뉴욕: 프리 프레스, 1997), p. 32.

7. 지은이는 마셜 플랜의 배경을 이해하는데 쿤즈의 책뿐만 아니라 마이클 J. 호건 Michael J. Hogan, 『마셜 플랜, 미국, 영국, 그리고 서유럽의 부흥 The

Marshall Plan, America, Britain, and the Reconstruction of Western Europe, 1947~52년』, (캠브리지: 캠브리지 대학 출판부, 1987) 참고했다.

8. 알버트 O. 허쉬맨 Albert O. Hirschman, 『시민 참여의 변화, 사적 이익과 대중운동 Shifting Involvements, Private Interest and Public Action』, (프린스턴: 프린스턴 대학 출판부, 1982).

9. 아서 M.슐레징거 Arthur M. Schlesinger 2세, 『미국 역사의 주기 The Cycles of American History』, (보스턴: 휴턴 미플린, 1986), p. 255.

10. 리처드 톰킨스 Richard Tompkins, 「백 투더 퓨처 Back to the Future」, 『파이낸셜 타임스』, 2001. 11. 3. 주말판, p. I.; 로저 로젠블래트 Roger Rosenblatt, 「역사의 소용돌이 속으로 Back into the Fray of History」, 『타임』, 2001. 11. 12., p.106.

11. 지은이가 잭 웰치와 한 인터뷰에서, 1999. 7. 10.

12. 「조지 부시 대통령이 실시한 연두교서」, 2002. 1. 29. ; 부시가 말콤 볼드리지 내셔널 퀄리티 어워드 Malcolm Baldrige National Quality Award 기념식장에서 행한 연설(2002. 3. 7.)은 백악관 홈페이지 <www.whitehouse.gov>에서 확인할 수 있다.

3. 전략적인 변곡점에서

1. 「무너진 우상, 유명 비즈니스 리더들의 몰락 Fallen Idols, The Overthrow of Celebrity CEOs」, 『이코노미스트 인터넷판』, 2002. 5. 2. <www.economist.com>. ; 「Plenty」, 『비즈니스위크 인터넷판』, 2002. 5. 13., <www.businessweek.com>.

2. 알렉스 베런슨 Alex Berenson, 「엔론 사태의 최대 희생자, 신뢰 The Biggest Casualty of Enron's Collapse, Confidence」, 『뉴욕 타임스 인터넷판』, 2002. 2.10., <www.nytimes.com>.

3. 다니엘 알트먼 Daniel Altman, 『뉴욕 타임스』, 2002. 4. 14., 「재무책임자

의 순응 The Taming of the Finance Officers」에 인용한 재무책임자에 관한 설문조사 결과.

4. 알렉스 베런슨 기사 재인용.

5. 마샤 비커스 Marcia Vickers, 「배반당한 투자자 The Betrayed Investor」, 『비즈니스위크』, 2002. 2. 25., p. 105. ; 애론 번스타인 Aeron Bernstein, 「퇴보에 대한 쐐기 Bracing for a Backlash」, 『비즈니스위크』, 2002. 2. 4., p. 33.

6. 존 하우드 John Harwood, 「엔론 사태 전후 상장기업 도덕성 몰락 Public' s Esteem for Business Falls in Wake of Enron」, 『월스트리트 저널 인터넷판』, 2002. 4. 11., <www.wsj.com>.

7. 스티븐 라바톤 Stephen Labaton, 「화이트칼라 범죄의 변화 Downturn and Shift in Population Feed Book in White Collar Crime」, 『뉴욕 타임스』, 2002. 6. 2., p. 1.

8. 수잔 풀리엄 Susan Pulliam, 「증권거래위원회 회계부정 조사 박차 SEC Broadens Accounting-Practices Inquiry」, 『월스트리트 저널 인터넷판』, 2002. 4. 3., <www.wsj.com>.

9. 마이클 세시트 Michael Sesit, 「증시 버블, 경제계 폭넓은 변화 야기 Stock Bubble Magnifies Changes in Business Mores」, 『월스트리트 저널(유럽판)』, 2002. 6. 20., p. 1.

10. 데이비드 우드러프 David Woodruff, 「최고 경영자들의 신뢰 하락으로 곤욕 Chief Executives Suffer Diminished Reputation」, 『월스트리트 저널(유럽판)』, 2002. 6. 17., p. 1.

11. 엔론이 정치자금을 미끼로 얼마나 큰 로비력을 발휘했는지는 수많은 언론 보도를 통해 알려졌다. 대표적으로 데보라 맥그리거 Deborah McGregor, 「엔론, 정치자금법 개정의 촉매 Enron Boost for Party Funds Reform」, 『파이낸셜 타임스』, 2002. 1. 16., p. 6. 등을 꼽을 수 있다. 엔론은 이외에도 2002년 3월, 정치자금 규모를 수정 공시했으나 전체 총액은 당분간 밝

혀지지 않을 가능성이 높다.

12. 제인 메이어 Jane Mayer, 「공인회계사들의 전쟁 The Accountants' War」, 『뉴요커』, 2002. 4. 22., p. 64.

13. 존 A. 바이른 John A. Byrne, 「미국 기업의 신뢰 회복 Restoring Trust in Corporate America」, 『비즈니스위크(유럽판)』, 2002. 6. 24., p. 37.

14. 마이크로소프트의 로비 내용은 다음 자료에 잘 나타나 있다. 제프리 H. 번바움, 「마이크로소프트는 워싱턴을 어떻게 장악했나」, 『포천 인터넷판』, 2002. 4. 29.

15. 에너지 기업과 부시 행정부의 커넥션은 댄 반 나타 Dan Van Natta 2세, 「부시는 에너지 기업 편이었다 Bush Policies Have Been Good to Energy Industry」, 『뉴욕 타임스』, 2002. 4. 21., p. 22. ; 라우라 콘 Laura Cohn, 「에너지 기업 로비효과 보다 The Energy Lobby Hits Pay Dirt」, 『비즈니스위크 인터넷판』, 2002. 4. 29. <www. businessweek.com>.

16. 헨리 폴슨 Henry Paulson 2세가 2002년 6월 5일에 행한 연설. 「투자자 신뢰회복, 변화를 위한 어젠다 Restoring Investor Confidence, An Agenda for Change」, <www.gs.com>.

17. 에밀리 소튼 Emily Thornton · 데이비드 헨리 David Henry, 「총구는 변화를 요구한다 Big Guns Aim for Change」, 『비즈니스위크(유럽판)』, 2002. 6. 24., p. 43.

18. 데이비드 레온하트 David Leonhardt, 「제왕적 비스니스 리더 궁지에 몰렸다 The Imperial Chief Executive Is Suddenly in the Cross Hairs」, 『뉴욕 타임스』, 2002. 6. 24., p. 17.

19. 데이비드 E. 로젠바움 David E. Rosenbaum, 「9월 11일, 로비스트들, 테러를 빌미로 숙원사업 해결에 나서 Since September 11, Lobbyists Use New Pitches for Old Please」, 『뉴욕 타임스』, 2001. 12. 3., p. B3에 인용된 에드워드 J. 마키Edward J. Markey의 말.

20. 브루스 누스바움 Bruce Nussbaum, 「누군가를 믿을 수 있겠는가 Can

You Trust Anybody Anymore」, 『비즈니스위크 인터넷판』, 2002. 1. 28., <www. businessweek.com>.

21. 존 하우드 John Harwood · 데이비드 로저스 David Rogers, 「새로운 정치자금법 제정으로 권력은 어떻게 움직여질 것인가 How New Legislation to Curb 'Soft Money' Might Redirect Power」, 『월스트리트 저널』, 2002. 2. 15., p. 1.

22. 블룸버그 뉴스, 「오닐, 회계부정 비판 O' Neill Condemns Corporate Scandals」, 『뉴욕 타임스』, 2002. 6. 24., p. C2.

23. 조지프 노세라 Joseph Nocera, 「시스템 실패 System Failure」, 『포천』, 2002. 6. 24., p. 64.

4. 또 하나의 어젠다

이 장은 워싱턴 소재 컨설팅업체인 인텔리브리지Intellibridge가 이메일을 통해 서비스하는 '테러 이후의 국가안보' 라는 정보를 많이 참조했다. 그리고 국토안보부Homeland Security, 대외정책연구소The Council on Foreign Relations, 브루킹스Brookings 연구소 자료도 참조했다.

1. 헨드릭 헤르츠버그 Hendrick Hertzberg, 「화요일과 그 이후 Tuesday, and After」, 『뉴요커』, 2001. 9. 24., p. 27.

2. 톰 리지 Tom Ridge, 2002. 4. 23., 워싱턴 전기산업협회 회의에서 행한 연설. <www.whitehouse.gov>.

3. 딕 체니 Dick Cheney, 2002. 2. 15., 뉴욕 대외정책연구소에서 행한 연설. <www.cfr.org>.

4. 보험과 관련한 추가 정보는 데이비드 헤일 David Hale, 「악몽 보험들기 Insuring a Nightmare」, 『월드 링크 매거진』, 2002. 3~4월호 참조.

5. 제임스 F. 호지 James F. Hoge · 기디언 로즈 Gideon Rose, 「어찌 그런 일

이, 테러와 새로운 전쟁 How did This Happen? Terrorism and the New War」, (뉴욕: 퍼블릭 어페어스, 2001), p. 183에 인용된 스티븐 E.플린 Stephen E. Flynn의 「무방비인 본토 The Unguarded Homeland」.

6. 랠프 W. 슈래더 Ralph W. Shrader · 마이크 맥코넬 Mike McConnell, 「비연속성 시대의 안보와 전략, 포스트 9 · 11 세계를 위한 경영의 프레임 워크 Security and Strategy in the Age of Discontinuity, A Management Framework for the Post-9/11 World」, 『스트레티지+비즈니스 26』, 2002. 1~2월호, p. 32.

7. 톰 리지가 전기산업협회에서 행한 연설.

8. 워-게임 시뮬레이션에 대해 좀더 자세히 알기 위해서는 그레이 알퀴스트 Gray Ahlquist · 헤더 번스 Heather Burns, 「바이오테러리즘, 준비태세 개선과 대응 Bioterrorism, Improving Preparedness and Response」 요약본 (뉴욕: 부즈 · 앨런 & 해밀턴) 참조.

9. C. 마이클 암스트롱 C. Michael Armstrong, 2002. 6. 6., 맥그로-힐 본토방위 최고회의 연설에서. <www.att.com>.

10. DRN에 대해 자세히 알기 위해서는 2002년 2월 2일 세계경제포럼이 발표한 「경제포럼이 DRN 구축을 발표했다 World Economic Forum Announces Disaster Response Network」을 참조할 필요가 있다. 또한 파슨스 브링커오프 Parsons Brinckeroff (주소: 506 Carnegie Center Boulevard, Princeton, NJ, 08450)가 제시한 기타 보충자료에도 자세한 정보가 들어 있다.

11. 백악관 홈페이지의 「부시 대통령은 다른 사람들을 자문위원으로 임명했다 President Bush to Appoint Following Individuals to Serve as Members of the President's Homeland Security Advisory Council」, 2002. 6. 11., 자료 참조. <www.whitehouse.gov>.

12. 브루킹스 연구소, 「국가안보, 부시 행정부의 제안에 대한 분석과 권고사항 Homeland Security, New Brookings Study Analyzes Bush

Administration's Proposals, Recommends Additional Steps」, 2002. 4. 30., 브루킹스 연구소 홈페이지 참조. <www.brook.edu>.

13. 브루킹스 연구소가 인용한 제인 하먼 Jane Harman의 국가안보에 대한 연설에서.

14. 제프리 로센 Jeffrey Rosen, 「스파이 게임 Spy Game」, 『뉴욕 타임스 매거진』, 2002. 4. 14., pp. 46, 48.

15. 데이비드 J. 로스코프 David J. Rothkopf, 「비즈니스 대 테러 Business vs. Terror」, 『포린 폴리시』, 2002. 5~6월호, p. 56.

16. 요치 J. 드레즌 Yochi J. Dreazen, 「부의 확산 Spreading the Wealth」, 『월스트리트 저널』, 2002. 3. 28., p. R7에 인용된 필 앤더슨 Phil Anderson의 발언.

17. 중국이 제조업 허브로 성장하면서 미국이 직면하게 될 문제점을 자세히 알기 위해서는 일반회계국 General Accounting Office이 2002년 4월에 발표한 보고서, 「수출관리, 중국 반도체산업의 급성장은 미국의 정책에 대해 재검토 필요성을 제기한다 Export Controls, Rapid Advances in China's Semiconductor Industry Underscore Need for Fundamental US. Policy Review」 참조. ; 배리 린 Barry Lynn, 「미국 이외에서 만들어진 상품들 Unmade in America」, 『하퍼스』, 2002. 6., p. 33. ; 제프리 E. 가튼 Jeffrey E. Garten, 「WTO 체제 아래의 중국, 긴장할 필요가 있다 China in the WTO, Let's Cut It Some Slack」, 2001. 10. 8., 『비즈니스위크 인터넷판』 참조. <www. businessweek.com>.

5. 자본시장의 투명성을 위하여

1. 금융시장 스캔들에 대해 자세히 알기 위해서는 클리프턴 리프 Clifton Leaf, 「이제 그만 Enough Is Enough」, 『포천』, 2002. 3. 18., pp. 62~64.

2. 앤드루 힐 Andrew Hill · 존 라베이트 John Labate, 「망설이는 스트리트 파

이터 A Reluctant Street Fighter」, 『파이낸셜 타임스』, 2002. 5. 12., p. 7에 나타난 피트의 말.

3. 존 A. 바이른, 「기업지배구조를 어떻게 개혁할 것인가 How to Fix Corporate Governance」, 『비즈니스위크』, 2002. 5. 6., p. 69.

4. 최고 경영자와 월스트리트의 상호작용 방식이 어떻게 변하고 있는지에 대해서는 조지프 풀러 Joseph Fuller · 마이클 젠센 Michael Jensen, 「주가를 어떻게 낮게 유지할까 How to Keep Your Stock Price Low」, 『월스트리트 저널』, 2001. 12. 31., p. A8 등을 참조한다.

5. 스티븐 버틀러 Stephen Butler, 2002. 2. 13., 보스턴에서 열린 캠브리지 에너지연구협회 회의에서 행한 연설.

6. 로이 스미스 Roy Smith · 잉고 월터 Ingo Walter, 「자본주의는 자정능력이 있다 Capitalism Will Clean Itself Up」, 『파이낸셜 타임스』, 2002. 4. 12., p. 13.

7. 이 장에서 스톡옵션에 대해 인용한 각종 데이터는 그레그 히트 Gregg Hitt · 자콥 M. 슐레진저 Jacob M. Schlesinger, 「엔론 사태로 비판받는 스톡옵션 Stock Options Come Under Fire in Wake of Enron's Collapse」, 『월스트리트 저널』, 2002. 3. 26., p. 1에서 주로 인용했다.

8. 「최고 경영자, 그들은 왜 사랑받지 못하는가 CEOs, Why They Are So Unloved」, 『비즈니스위크 인터넷판』, 2002. 4. 22. 사설 참조.

9. 존 C. 화이트헤드 John C. Whitehead · 아이레이 밀스타인 Ira M. Millstein 이 2002년 4월 2일, 상원의 금융 · 주택 · 도시위원회 소속 스티븐 B. 해리스 Steven B. Harris 의원에게 편지형식으로 보낸 「입법 제안」 참조. <www.senate .gov/~banking>.

10. 존 C. 보글 John C. Bogle, 「기업 지배구조가 우리를 실명시켰는가 Has Cprporate Governance Let Us Down」, 『The Corporate Board ⅩⅩⅩⅢ』, no. 134(2002. 5~6월호), pp. 8~10.

11. 위의 책.

12. 시몬 타깃 Simon Targett · 토니 타셀 Tony Tassell, 「기관투자가들 기업의 탐욕을 제어할 계획마련에 나서 Institutions Draw Up Plans to Tackle Corporate Greed」, 『파이낸셜 타임스』, 2002. 6. 24., p. 17.

13. 패트릭 맥기한 Patrick McGeehan, 「메릴 린치 회장은 애널리스트 행위에 사과하다 Merrill Chief Is Apologetic over Analysts, One Dismissed」, 『뉴욕 타임스』, 2002. 4. 27., p. C1에 인용된 데이비드 코만스키 발언.

14. 마리아 바티로모 Maria Bartiromo, 「마리아 바티로모와 함께 하는 금주의 시장 Market Week with Maria Bartiromo」과의 인터뷰, <CNBC>, 2002. 4. 29., 방송 원고.

15. 제임스 오툴 James O'Toole, 「아서 앤더슨에 대한 광범위한 비난 Spreading the Blame at Anderson」, 『뉴욕 타임스』, 2002. 3. 26.

16. 앨런 그린스펀, 「뉴욕 대학 스턴비즈니스스쿨에서 행한 연설」, 2002. 3. 26.

6. 사회안전망의 확보가 곧 사회의 안정

1. 의회예산국이 2002년 1월 23일 발표한 「예산과 경제전망 The Budget and Economic Outlook」에서 2001년과 2002년 예산 통계 참조.

2. 조지 부시가 2002년 1월 29일 발표한 연두교서 참조.

3. 「워싱턴 예산 박스 The Washington Budget Box」, 『뉴욕 타임스』, 2002. 4. 22., p.A28 참조.

4. 「재정 건전성에 대한 보고서 Report on Fiscal Responsibility」, 『화해연합』, 2002. 6. <www.concordcoalition.org>.

5. 의료보장에 관한 문제는 다음의 자료를 참조했다.
   로버트 피어 Robert Pear, 「의료비 급증으로 건강관련 지출 2000년 팽창 Propelled by Drug and Hospital Costs, Health Spending Surged in 2000」, 『뉴욕 타임스』, 2002. 1. 8., p. A14. ; 로버트 피어 · 로빈 토너 Robin Toner,

「주정부 재정위기에 몰려 의료지원 삭감 Amid Fiscal Crisis, Medicaid Is Facing Cuts from States」, 『뉴욕 타임스』, 2002. 1. 14., p. 1. ; 론 윈슬로우 Ron Winslow, 「비용 증가로 의료보장 논란 발생 Health Debate Emerges as Costs Rise Again」, 『월스트리트 저널』, 2001. 12. 17., p. 1. ; 리드 아벨슨 Reed Abelson, 「의료비용 증가에 따른 직원들에 대한 가혹한 결정 Hard Decisions for Employees as Costs Soar in Health Care」, 『뉴욕 타임스』, 2002. 4.16., p. C1.

6. 데이비드 브로더 David Broder, 「의료보장제도를 당장 개혁해야 한다 Fix Health Care Now」, 『워싱턴 포스트』, 2002. 1. 6., p. B7.

7. 피터 랜더스 Peter Landers, 「산업계, 의료비용의 대책 마련에 부심 Industry Urges Action on Health Costs」, 『월스트리트 저널』, 2002. 6. 11., p. A3.

8. 앨리슨 미첼 Alison Mitchell, 「사회보장 공약이 양당을 곤혹스럽게 할 듯 Social Security Pledges May Haunt Both Parties」, 『뉴욕 타임스』, 2002. 2. 6., p. A18에 인용된 부시의 발언.

9. 폴 크루그먼 Paul Krugman, 「더이상 나빠질 수 있을까 Could've Been Worse」, 『뉴욕 타임스』, 2001. 12. 28., p. 19.

10. 기업연금제도에 대해 자세한 정보가 필요한 경우 다음 자료를 참조하면 된다. 에드워드 와이어트 Edward Wyatt, 「기업연금 변경은 노동자 부담 가중 Pension Change Puts the Burden on the Worker」, 『뉴욕 타임스』, 2002. 4. 5., p. 1.

7. 테러와의 전쟁, 그리고 세계화

1. 폴 볼커 Paul Volcker, 2002. 2. 14., 상원의 금융 · 주택 · 도시위원회에서 행한 증언. <www.senate.gov/~banking>.

2. 다니엘 예르긴, 2002. 3. 15., 지은이와의 인터뷰에서.

3. 소미니 센굽타 Somini Sengupta, 「유엔 보고서는 알 카에다 테러 자금 조달방법 변경을 말해준다 UN. Report Says Al Qaeda May Be Finding New Ways to Finance Terror」, 『뉴욕 타임스』, 2002. 5. 23., p. A14. ; 카렌 디영 Karen DeYoung · 더글라스 파라 Douglas Farah, 「당구자, 알 카에다 자산은 이제 금융자산이 아니라 상품이라 밝혀 Qaeda Assets Now in Commodities, Not Banks, Officials Say」, 『인터내셔널 헤럴드 트리뷴』, 2002. 6. 19., p. 4.

4. 정부가 테러 자금 추적을 위해 기울인 노력은 주로 다음의 자료들을 인용했다. 재무부 차관 케네스 W. 댐 Kenneth W. Dam이 2002년 1월 29일 상원 금융위원회에서 실시한 증언 에드워드 앨던 Edward Alden, 「복잡한 금융거래가 추적 어렵게 해 Complex Finances Defy Global Policing」, 『파이낸셜 타임스』, 2002. 2. 21., p. 5. ; 찰스 M. 세노트 Charles M. Sennott, 「금융감독당국 테러와의 전쟁에서 승기잡아 Financial Regulators Seize Momentum of War On Terrorism」, 『인터내셔널 헤럴드 트리뷴』, 2002. 2. 2~3., p. 11. ; 마이클 M. 필립스 Michael M. Phillips, 「G7 테러 자금 추적과 봉쇄를 위한 경찰 네트워크 구축 요구 G7 to Call for a Police Network to Track, Cut Off Terror funding」, 『월스트리트 저널』, 2002. 4. 15., p. A4. ; 글렌 R. 심슨Glen R. Simpson · 제션 샙스포드Jathon Sapsford, 「자금세탁방지에 관한 새로운 법, 금융거래 투망식 감시 New Money Laundering Rules to Cut Broad Swath in Finance」, 『월스트리트 저널』, 2002. 4. 23., p. 1.

5. 토니 주트 Tony Judt, 「미국의 고집 센 파트너들 America's Restive Partners」, 『뉴욕 타임스』, 2002. 4. 28., 섹션 4, p. 15.

6. 「강화된 난민 유입 억제 Tougher Policies on Refugees」, 『뉴욕 타임스』, 2002. 2. 18. 사설, p. A18.

7. 정부와 항공사의 정보 공유에 대한 자료는 다음을 참조했다. 로버트 오해로우Robert O'Harrow 2세, 「항공여행객 새로운 검열 대상이 되어 Fliers'

Private Lives Face New Screening」, 『인터내셔널 헤럴드 트리뷴』, 2002. 2. 2~3., p. 1.

8. 모이제스 나임 Moises Naim, 「개발도상국의 젖줄이었던 이민 The Diaspora That Fuels Development」, 『파이낸셜 타임스 인터넷판』, 2002. 6. 10. <www.ft.com>

9. 「위험한 행동 Dangerous Activities」, 『이코노미스트 인터넷판』, 2002. 5. 9.

10. 농수산물 검색에 대한 자료는 다음을 주로 참조했다. 로버트 피어 Robert Pear, 「식품가공업체들, 음식물을 보호하기 위해 스톨스 법에 반기 Food Industry's Resistance Stalls Bill to Protect Food」, 『뉴욕 타임스』, 2002. 4. 16., p. A22.

11. 「위험한 행동」, 『이코노미스트』 참조.

8. 세계는 지금 빈곤과의 전쟁중

1. 빈곤에 관한 통계는, 어네스토 제딜리오 Ernesto Zedillo가 이끈 유엔의 「개발을 위한 금융지원위원회 Report of the High-Level Panel on Financing for Development」의 2001년 6월 22일치 보고서를 주로 참조하였다.

2. 제임스 D. 울펜손 James D. Wolfensohn, 「세계 빈곤 문제를 해결하기 위한 새로운 약속 A New Compact to Meet the Challenge of Global Poverty」, 2001. 5. 14., 스위스 베른에서 열린 세계은행의 의회 네트워크 제3차 총회에서 행한 연설. <www.worldbank.org>.

3. 앨런 프리드먼Alan Friedman, 「유엔, 국가간 건강 불균형의 위험을 경고하다 UN Lenders Warn of Dangers in Health Gap」, 『인터내셔널 헤럴드 트리뷴』, 2002. 2. 4.에 인용된 오닐의 발언.

4. 밀레니엄 목표에 대해 자세한 정보가 필요한 경우는 2002년 12월 6일 제임스 울펜손이 워싱턴에서 열린 경제포럼에서 행한 연설, 「개발과 평화를 위

한 협력 A Partnership for Development and Peace」 참조. <www.worldbank.org>.

5. 코피 아난 Kofi Annan, 「런던 정경 대학에서 행한 연설」, 2002. 2. 25.

6. C. K. 파할라드 C. K. Prahalad 스튜어트 L. 하트, Stuart L. Hart, 「피라미드 최하층의 부 The Fortune at the Bottom of the Pyramid」, 『스트레티지+비즈니스』(26호, 2002. 1~2.), p. 55.

7. 「세계 빈곤이라는 과제 The Challenge of World Poverty」, 『이코노미스트 인터넷판』, 2002. 4. 19. <www.economist.com>.

8. 교역 통계는 다음 자료를 참조했다. 세계은행, 「세계경제 전망 2002 Global Economic Prospects 2002」, 2001. 12. <www.worldbank.org>.

9. 유엔이 발표한 「고위급 보고서 Report of the High-Level」에 미래에 필요한 원조 규모가 잘 나타나 있다.

10. 원조 규모 10% 축소는 다음을 참조한 것이다. 앨런 비티 Alan Beattie, 「선의의 조처 A Measure of Good Intentions」, 『파이낸셜 타임스』, 2002. 3. 11., p. 15.

11. 세계무역기구에 대한 기술지원 비용에 대해서는 다음 자료를 참조했다. 라엘 브레이너드 Lael Brainard, 「출범준비, 세계무역협상의 전망 Ready to Launch, The Prospects for Global Trade Negotiations」, 『브루킹스 리뷰』, 2001. 가을호, p. 16.

12. 조지프 칸 Joseph Kahn, 「친구 사기 아니면 국가건설 Buying Friends or Building Nations」, 『뉴욕 타임스』, 2002. 3. 24., 섹션 3, p. 5에 인용된 부시 발언.

13. 후진국 보건문제에 대한 자세한 정보가 필요한 경우는 본문에 소개한 WHO의 보고서를 비롯해, 세계경제포럼이 2002년 2월 뉴욕에서 발표한 '세계보건개혁' 등을 참고할 필요가 있다.

14. 에르난도 데 소토 Hernando de Soto, 「테러의 구성요소 The Constituency of Terror」, 『뉴욕 타임스』, 2001. 10. 15., p. A19.

15. 제프리 코울리 Geoffrey Cowley, 「빌 게이츠의 최대 베팅 Bill's Biggest Bet Yet」, 『뉴스위크』, 2002. 2. 4., p. 47.

16. 이슬람 국가들의 경제상황 등을 자세히 알기 위해서는 다음의 자료를 참조할 필요가 있다. 버나드 호크먼 Bernard Hoekman · 패트릭 메설린 Patrick Messerlin, 「중동의 개발과 성장을 위한 교역지원 Harnessing Trade for Development and Growth in the Middle East」, 『대외정책연구소의 보고서』, 2002. 2. ; 데이비드 헤일 David Hale, 「이슬람 세계, 민주주의와 경제통합 The Muslim World, Democracy and Economic Integration」, 『더 글로벌리스트 인터넷판』, 2002. 3. 27. <www.theglobalist.com>.

17. 호크먼 · 메설린, 「중동의 성장과 개발을 위한 교역지원」 참조.

9. 이제 이기주의 시대는 끝났다!

1. 윌리엄 포드 2세, 1999. 10. 19., 지은이와의 인터뷰에서.

2. 보고서의 적절한 예를 보고 싶다면 다음 자료를 참조할 필요가 있다. 아미 코티스 Amy Cortese, 「새로운 책무, 사회적 비용 추적 The New Accountability, Tracking the Social Costs」, 『뉴욕 타임스』, 2002. 3. 24., 섹션 3, p. 4.

3. 제조업 연맹 · 제조업 협회가 2001년 4월에 발표한 「개발도상국의 윤리, 노동, 환경기준에 미국 기업이 끼친 영향, 실태조사 US. Manufacturing Industry's Impact on Ethical, Labor, and Environmental Standards in Developing Countries, A Survey of Current Practices」.

4. GRI가 2000년 6월 발표한 「기업의 경제적 · 환경적 · 사회적 행위의 관한 지속성 있는 보고 가이드라인 Sustainability Reporting Guidelines on Economic, Environmental, and Social Performance」. <www.globalreporting.org>.

5. 자세한 정보를 위해서는 다양한 자료를 참조할 필요가 있다. 매튜 존스 Matthew Jones, 「광산회사, 최소한의 사회적 기준 마련에 나서 Mining Companies to Seek Minimum Social Standards」, 『파이낸셜 타임스』, 2002. 1. 30., p. 5.

6. 제프 다이어 Geoff Dyer, 「생명공학업계, 가난한 나라의 문제에 촉각 Biotech Sector Urged to Focus on Problems of Poor Countries」, 『파이낸셜 타임스』, 2002. 6. 12., p. 8.

7. 로저 L. 마틴 Roger L. Martin, 「미덕의 매트릭스 The Virtue Martix」, 『하버드 비즈니스 리뷰』, 2002. 3., p. 72.

8. 베네트 프리먼 Bennett Freeman, 「공동분모 탐색 Drilling for Common Ground」, 『포린 폴리시』, 2001. 7~8., p. 50.

9. 존 브라운 John Browne, 2002. 2. 27., 런던 차삼하우스에서 행한 연설. 앨리슨 메이트랜드 Alison Maitland, 「반자본주의적 비판에 대한 맥도널드의 대응 McDonald's Responds to Anti-Capitalist Grilling」, 『파이낸셜 타임스』, 2002. 4. 15., p. 8.

10. 3자 협력관계에 대해 추가정보가 필요한 경우는 「제휴관계 작동하기 Putting Partnering to Work」, 『경제개발을 위한 비즈니스 파트너 Business Partners for Development』 참조. <www.bpdweb.org>.

11. 앨리슨 메이트랜드, 「인권과 책임성 Human Rights and Accountability」, 『파이낸셜 타임스 인터넷판』, 2002. 6. 13.

12. 제임스 구스타프 스페스, 「환경보호 협약 등의 실패 The Failure of Green Governance」, 2002. 5. 14., 옥스포드 대학에서 행한 연설. 지은이는 『포린 폴리시』에 발표된 연설문을 참조한 것임.

10. 경제와 외교의 함수관계

1. 서지 슈메먼 Serge Schmemann, 「급증하는 친구 A Growing List of Foes

Now Suddenly Friends」, 『뉴욕 타임스』, 2001. 10. 5., p. B3.

2. 엘리자베스 부밀러 Elizabeth Bumiller, 「부시, 테러와의 전쟁을 위해 외국 지원 약속 Bush Vows to Aid Other Countries in War on Terror」, 『뉴욕 타임스』, 2002. 3. 12., p. 1.에 인용된 부시의 발언.

3. 테러와의 전쟁이 야기할 수 있는 야만성에 대해서 다음 자료를 참조했다. 브루스 호프먼 Bruce Hoffman, 「벌거벗은 비즈니스 A Nasty Business」, 『애틀랜틱 먼슬리 인터넷판』, 2002. 1. <www.theatlantic.com>.

4. 미국의 힘에 대한 자료는 다음을 참조했다. 조지프 나이 Joseph Nye, 「새로운 로마는 새로운 야만과 직면한다 The New Rome Meets the New Barbarians」, 『이코노미스트 인터넷판』, 2002. 3. 21. <www.economist.com>. ; 폴 케네디, 「미국 국력의 척도 The Measure of American Power」, 『파이낸셜 타임스 인터넷판』, 2002. 2. 2., <www.ft.com>. ; 제럴드 베이커 Gerald Baker, 「군사력 불균형에 대한 나토의 환영 NaTo's Welcome Imbalance in Military Might」, 『파이낸셜 타임스』, 2002. 2. 7., p. 11.

5. 라이스와 하스의 인터뷰 내용은 다음 자료를 참조했다. 니콜라스 레먼, 「새로운 세계질서 The New World Order」, 『뉴요커 인터넷판』, 2002. 3. 25. <www.newyorker.com>.

6. 부시, 2002. 6. 1., 웨스트포인트에서의 연설. <www.whitehouse.gov>.

7. 크리스 패튼 Chris Patten, 「전쟁이 아닌 대화 Jaw-Jaw, Not War-War」, 『파이낸셜 타임스』, 2002. 2. 15., p. 16.

8. 토머스 프리드먼 Thomas L. Friedman, 「나토의 종말 The End of NATO 」, 『뉴욕 타임스』, 2002. 2. 3., 섹션 4, p. 15.

9. 크리스토퍼 마르퀴스, 「동맹관계에서는 '내가 한다'가 아니라 '같이 할까요' 여야 한다 For Allies, 'I Do' Becomes 'Hey, Want to Dance'」, 『뉴욕 타임스』, 2002. 4. 14., 섹션 4, p. 5.

10. 닐 A. 루이스 Neil A. Lewis, 「미국, 국제범죄재판에 대한 모든 지원 중단

US. Rejects All Support for New Court on Atrocities」, 『뉴욕 타임스』, 2002. 5. 7., p. A11에 인용된 러셀 페인골드의 발언.

11. 도미니크 모이지 Dominique Moisi, 「왜 미국은 혼자 테러리스트를 제거할 수 없나 Why the US. Cannot Defeat Terrorism on Its Own」, 『파이낸셜 타임스』, 2002. 6. 3., p. 13.

12. 토드 퓨덤 Todd Purdum, 「우즈벡 지도자는 아프카니스탄 평화의 가능성에 회의적 Uzbekistan's Leader Doubts Chances for Afghan Peace」, 『뉴욕 타임스』, 2002. 3. 14., p. A18.

13. 마이클 이그나티에프 Michael Ignatieff, 「인권시대는 끝나는가 Is The Human Rights Era Ending」, 『뉴욕 타임스』, 2002. 2. 5., p. A25.

14. 아메드 라시드 Ahmed Rashid, 「중앙아시아의 탄압강화 Repression Is Rising in Central Asia」, 『월스트리트 저널』, 2002. 5. 13., p. A13.

15. 알버트 R. 헌트 Albert R. Hunt, 「테러 위협에 대항하기 위한 긴급 과제 An Accelerated Agenda for the Terrorism Threat」, 『월스트리트 저널』, 2001. 10. 25., p. A 21.에 인용된 리처드 홀브루크 Richard Holbrooke의 발언. 갤럽이 2002년 2월 26일 실시한 이슬람인에 대한 여론조사.

16. 칼라 A. 힐스 Carla A. Hills · 리처드 홀브루크, 「테러와의 전쟁에서 미국의 대민외교의 개선 Improving the US. Public Diplomacy Campaign in the War against Terrorism」, 대외정책연구소 산하 테러에 대한 미국의 대응전략을 위한 특별팀 보고서, (뉴욕: 2001. 11.).

17. 앤서니 J. 블링켄 Anthony J. Blinken, 「이데올로기 전쟁에서의 승리 Winning the War of Ideas」, 『워싱턴 쿼터리』(25호, 2002. 봄호), p. 110.

18. 백악관 합동정보센터에 관해서는 주로 다음 자료를 참조했다. 엘리자베스 벡커 Elizabeth Becker · 제임스 다오 James Dao, 「부시, 미국을 알리기 위한 작전 펼치기로 Bush Will Keep the Wartime Operation Promoting America」, 『뉴욕 타임스』, 2002. 2. 20., p. A11.

19. 샬롯 비어스 Charlotte Beers, 2002. 5. 30., 예일 대학 매니지먼트스쿨에

서 행한 연설.

20. 미란다 그런 Miranda Green, 「워싱턴, 선전 전의 승리에 초점 Washington Focuses on Winning Propaganda War」, 『파이낸셜 타임스』, 200. 3. 13., p. 2에 인용된 짐 윌킨슨의 발언.

11.비즈니스스쿨의 혁신

1. 차세대 비즈니스 리더를 위한 교육에 대해서는 애스펜 Aspen 연구소의 「비즈니스를 통한 사회혁신 계획 Initiative for Social Innovation through Business」을 참조할 필요가 있다. 린다 앤더슨 Linda Anderson, 「경쟁이라 구요 아닙니다. 시너지입니다 Rivalry No, It is Really a Case of Synergy」, 『파이낸셜 타임스』, 2002. 3. 25.,『비즈니스교육섹션』, p. Ⅲ

2. 애스펜 & 월드 리소스 World Resources 연구소, 「그레이 컬러의 한계를 넘어 Beyond Grey Pinstripes」,『애스펜 & 월드 리소스 연구소 토론 페이퍼』, p. 7.

3. 제롤드 짐머만 Jerold L. Zimmerman, 「미국 비즈니스스쿨은 생존할 수 있을까 Can American Business School Survive」, 『시몬 비즈니스스쿨의 재정분석과 정책보고서』, #FR01 - 16. 2001. 9. 5.

4 애스펜 & 월드 리소스 연구소, 「그레이 컬러의 한계를 넘어」, p. 6.

찾아보기

옮긴이의 글

1997년 경제위기 이후 우리에게 '흘러간 옛 노래' 쯤으로 치부되던 신뢰·책임·윤리 경영이 2003년 들어 새롭게 주목받고 있다. 『동아일보』(2003. 1. 1.) 등 일부 언론은 신뢰·책임·윤리 경영을 아예 '2003년 경영 어젠다'로 의미를 부여하며 집중 조명하기도 했다.

경제위기 이후 수익 올리는 일이 기업의 지상과제로 떠오른 상황에서, '신뢰·책임·윤리 경영'이 다시 관심받기 시작했다는 사실은 얼른 이해할 수 있는 현상이 아니다. 그러나 빈부격차의 확대, 실업 누적, 비인간적인 시장논리의 전횡 등을 곱씹어볼 때, 이에 대한 반작용으로 '신뢰·책임·윤리 경영'이 다시 조명받기 시작한 것은 자연스런 흐름이라고 볼 수 있다.

이는 전세계적인 흐름이기도 하다. 2003년 1월 22~28일, 스위스 다보스에서 열린 '세계경제포럼WEF 2003'에 참석한 세계적인 경제인 · 금융인 · 정치인들은 지금까지와는 다른 주제를 놓고

기존의 조직과 시스템에 대한 대중의 신뢰도

(단위 : %, %포인트)

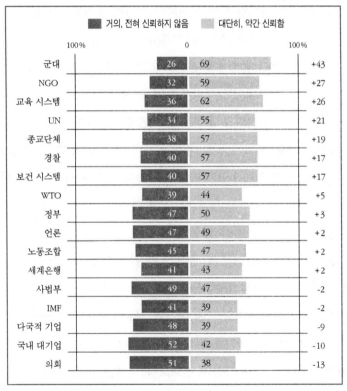

	거의, 전혀 신뢰하지 않음	대단히, 약간 신뢰함	
군대	26	69	+43
NGO	32	59	+27
교육 시스템	36	62	+26
UN	34	55	+21
종교단체	38	57	+19
경찰	40	57	+17
보건 시스템	40	57	+17
WTO	39	44	+5
정부	47	50	+3
언론	47	49	+2
노동조합	45	47	+2
세계은행	41	43	+2
사법부	49	47	-2
IMF	41	39	-2
다국적 기업	48	39	-9
국내 대기업	52	42	-10
의회	51	38	-13

자료 : 세계경제포럼(www.weforum.org)
참고 : 순 신뢰도(%포인트)=신뢰도(%)-불신도(%)

고심해야 했다. 세계경제의 불확실성, 금융시장 불안 등 전통적인 의제와는 다른 주제가 그들의 테이블 위에 올려져 있었던 것이다. '기업이 당면한 도전', '지배구조 개혁', '안전·안보와 지정학', '신뢰와 가치'라는 테마를 놓고 그들은 지식·논리·철학·경험을 총동원해 열띤 토론을 벌였다.

이중 가장 뜨거운 어젠다는 단연 '신뢰와 가치'였다. 전세계의 기업/기업인, 정치인에 대한 신뢰가 철저히 붕괴된 시점에서, 이것은 반드시 짚고 넘어가야 할 의제였던 것이다.

기업/기업인이 얼마나 불신받고 있기에 이런 의제가 세계경제포럼과 같은 자리에서 핵심의제로 떠올랐을까?

갤럽이 세계의 시민을 상대로 한 여론조사를 한번 보자. 갤럽은 2002년 7~9월 사이에 6개 대륙 47개국에 살고 있는 시민 3만 4,000명을 대상으로 '기존의 정치·사회·경제 조직과 시스템에 대한 신뢰도'를 조사한 바 있다. 직접 면접과 전화조사 방식으로 방대한 표본조사를 벌인 결과는 사뭇 참담했다(표 참조).

신뢰도 순위를 살펴보면, 군대가 1위를 차지했고, 2위 NGO, 3위 교육 시스템, 4위 유엔, 5위 종교단체 순이었다. 반대로 불신의 순위는 1위 의회, 2위 국내 대기업, 3위 다국적 기업 순이다.

미증유의 9·11 테러를 경험한 상황에서 안전과 안보의 최후 수단인 군대에 대해 시민의 신뢰도가 높아진 것은 무리가 아닐 성싶다. 그리고 정치인이야 본디부터 불신의 대상이 아니었던가. 그들이 불신 대상 1위라는 것은 새삼스러운 일이 아니다. 하지만 시대를 이끌어가는 선도자로 존경받던 기업/기업인이 불신 순위 2·3위에 올랐다는 사실은 포럼 참가자들의 마음을 무겁게 짓눌렀다.

왜 이렇게까지 되었을까?

『부의 혁명The Politics of Fortune』의 지은이 제프리 E. 가튼은 9·11 테러와 엔론 사태가 가장 큰 원인이라고 말한다. 더욱이 엔론 사태 이후 세계적 기업의 내부자들이 저지른 행악이 햇빛 아래 드러나면서 기업/기업인에 대한 신뢰는 땅에 곤두박질쳤다고 설명한다.

『부의 혁명』은 바로 이런 현실인식을 토대로 '다가오는 세계' 는 지금껏 비즈니스 리더들이 활동했던 '기존의 세계'와는 전혀 다른 곳이 될 거라고 예측한다. 실적과 수익, 그것도 단기 실적과 수익이 중시되던 세계는 지나갔고, 장기적인 기업의 가치가 존중받는 세계가 도래할 것이라고 예언한다. 한때 풍미했던 신자유주의적 윤리가 힘을 잃고, 개인이나 기업의 이익보다는 공공의 이익이, 한 집단의 이익보다는 공동체 전체의 이익이 우선시되는 '또다른 세계'가 시작된다는 뜻이다.

시민들도 9·11 테러와 엔론 사태 이후 탐욕과 이기주의의 미몽에서 깨어나 공동선과 공공이익의 중요성을 서서히 자각하고 있다. 지난 20여년 간 개인의 행복을 최우선하고, 단기적 욕망을 채우기 위해 소비에 탐닉했으나 이제는 '더불어 사는 가치'를 새롭게 인식하기 시작했다는 얘기다.

기업/기업인은 시대의 지형도를 정확히 이해하고 변화의 물결에 적극 동참할 필요가 있다. 글로벌 사회의 '선량하고 건실한 시민'으로 활동해야, 즉 신뢰·투명·책임·윤리 경영을 최고의 가치로 놓고 주주뿐 아니라 노동자, 지역사회, 국가의 발전에 기여해야 가치를 인정받을 수 있다는 말이다.

그러면 기업/기업인은 땅에 떨어진 신뢰를 회복하기 위해 어떻게 해야 할까? 제프리 E. 가튼은 기업/기업인이 경제적 이익 못지않게 성실히 추구해야 할 새로운 어젠다를 제시한다.

첫번째가 경영인 자신의 신뢰회복이고, 두번째는 탐욕·불법·편법이 난무하는 시장이 아닌 법규와 시스템에 의해 작동되는 시장을 구축하는 일이다. 이와 함께 기업/기업인은 세계의 빈곤문제를 해결하기 위해 고심해야 하며, 시민의 안전과 국가의 안보를 위해 고민하고 노력할 것을 주문받는다.

특히 일전의 '대구지하철 참사'는 현실에서 희망을 놓아버린 한 인간이 저지른 방화로 시작되었지만, 경제성과 실적을 중시하며 시민의 안전은 뒤로 미뤄두었던 경영윤리와 관행 때문에 거의 200명이 숨지는 대형참사로 전환되었다.

이외에도 기업/기업인이 관심을 가져야 할 어젠다로 기업지배구조의 개선, 열린 경제와 열린 사회를 위한 노력, 비즈니스 교육의 개혁 등이 있다.

이처럼 지은이 가튼은 요동치는 시대에 어떻게 경제가치 즉, 부를 새롭게 창출할 수 있을지를 세계적인 지도자답게 넓은 시야로

먼 곳까지 내다보고 있다.

지금까지 국내에 소개된 경영전략, 리더십, 미래예측에 관한 서적은 주로 기술발전이나 소비자의 구매행태, 수익률의 극대화를 위한 구조 등을 중심으로 서술된 것이 대부분이었다. 옮긴이가 과문한 탓에 섣부른 단정이 무리일 수도 있겠지만, 출판계의 상식에 비춰볼 때 지나친 억측은 아닐 성싶다.

비즈니스 리더나 미래의 리더가 되고자 꿈꾸는 사람은 날마다 해결해야 할 과제에 매몰되기보다 좀더 넓고 심원한 시야를 확보하기 위해 노력해야 하는 것으로 안다. 그날의 매출, 시장변화, 분기 실적, 수지에 함몰되어 시대가 흘러가는 방향을 놓쳐버린다면 이제 '미래의 부'를 만들어낼 수 없다는 얘기다.

더욱이 정치적 정세마저 급변하는 상황에서 비즈니스 리더나 차세대 리더는 변화의 표지를 한걸음 앞서 간파하고 이를 전략적으로 해석해내는 명석함이 바람직해 보인다. 이 책은 바로 이런 목적에 걸맞는 전략서라고 할 수 있다. 시대의 변화와 추세를 조망하면서 비즈니스 리더가 고민하고, 현장경영에 적용해볼 수 있는 의제를 제시하는 아주 드문 책인 것이다.

옮긴이는 그동안 금융관련 서적을 주로 번역해오면서, 거시적인 주제보다는 미시적인 이슈에 익숙해져 있었다. 금융시장의 거품이 어떻게 발생하고, 어떻게 파열하는지, 그리고 한 사회와 시대를 휩쓴 투기열풍은 어떤 양상으로 변화 · 발전 · 쇠락하는지에 관심을 집중하고 있었다.

옮긴이의 시각이 적당히 좁혀지려는 순간 접한 이 책은 시야를 좌우로 확대시켜주었을 뿐 아니라 멀리까지 내다보도록 해주었다. 또 책을 번역하는 동안 한 부분에 특히 마음을 빼앗겼다. 바로 '전략적인 변곡점' Strategic Inflection Point이라는 표현에 눈길이 멈춘 것이다.

인텔 회장인 앤드루 그로브 Andrew Grove가 처음 제시한 '전략적 변곡점' 이라는 개념은 1930년대 대공황, 1941년 일본의 진주만 기습, 히로시마 · 나가사키에 원자폭탄 투하, 중국의 개방과 개혁, 베를린 장벽의 붕괴처럼 한 시대의 종말과 함께 새로운 시대의 시작을 의미한다. 지은이는 9 · 11 테러와 엔론 사태도 '전략적인 변곡점' 이라고 역설한다.

'전략적인 변곡점' 을 굳이 거시적인 현상에만 적용할 일은 아닌 성싶다. 개인의 삶에서도 전략적인 변곡점이 발생할 수 있을 것이다. 국내의 비즈니스 리더와 차세대 리더들이 이 책을 통하여 '전략적인 변곡점' 을 경험해볼 수 있기를 소망해본다.

나름대로 정성을 쏟았지만 투박하기 짝이 없던 번역원고를 꼼꼼한 편집 · 교정 · 교열 작업으로 산뜻하게 묶어준 도서출판 참솔의 편집진에 감사드리며, 혹시 있을지 모를 번역상의 오류는 모두 옮긴이의 책임임을 밝혀둔다.

2003년 3월
강남규 (kng7 @ hananet.net)

옮긴이 강남규는 건국대학교 정치외교학과를 졸업하고
1994년 『한겨레』 신문에 입사해 2002년까지
사회부, 경제부, 국제부 등에서 일했다.
현재는 유학 준비중.
옮긴 책으로 『금융투기의 역사』(에드워드 챈슬러 지음),
『월스트리트 제국』(존 스틸 고든 지음),
『신용카드 제국』(로버트 D. 매닝 지음),
『현명한 투자자』(벤저민 그레이엄 지음) 등이 있다.

부의 혁명
미래의 부는 어떻게 오는가

펴낸날 2003년 3월 17일 1판 1쇄
지은이 제프리 E. 가튼
옮긴이 강남규

펴낸이 김혜숙
펴낸곳 도서출판 참솔
등록번호 제8-244호
등록일 1998년 5월 13일
주소 121-718 서울시 마포구 공덕동 404 풍림빌딩 521호
대표전화 3273-6323
팩시밀리 3273-6329
이메일 charmsoul@charmsoul.com

값 16,000원
ISBN 89-88430-31-X 03320